Sobek

Krokodilgott, Krieger, Jenseitsführer

Kontakt: www.HarryEilenstein.de
Harry.Eilenstein@web.de
Harry Eilenstein bei youtube

Verlag: BoD · Books on Demand GmbH, Überseering 33, 22297 Hamburg, bod@bod.de
Druck: Libri Plureos GmbH, Friedensallee 273, 22763 Hamburg

ISBN: 978-3-7693-5691-5

für Frater V∴ D∴

Inhaltsverzeichnis

I Namen

Der ägyptische Gott Sobek war im Alten Ägypten keiner der „Großen Götter", die viele Tempel und einen weitverbreiteten, von Priestern durchgeführten Kult besaßen wie Re, Osiris, Isis, Hathor oder Amun, sondern einer der „Mittleren Götter" wie Seth, Ptah, Sokar, Month, Anubis oder Thot, die zwar überall in Ägypten bekannt waren, aber die nicht in jeder größeren Stadt einen Tempel besaßen. Der Krokodilgott wurde erst am Ende des Ägyptischen Reiches zu einem der prägenden Götter.

Trotzdem wird damals jeder Ägypter gewußt haben, wer Sobek war. Das lag schon darin begründet, daß es überall in Ägypten, aber insbesondere in den Sümpfen der Fayyum-Oase in der Nähe des heutigen Kairo viele Krokodile gab und daß diese Krokodile auch Männer, Frauen und Kinder fraßen, wenn diese zu unvorsichtig waren. Krokodile waren also eine ständige Gefahr im Alten Ägypten und daher den Ägyptern auch ständig präsent – folglich kannte auch jeder den Krokodilgott Sobek.

1. Personennamen

Um den Charakter des Sobek – aus der Sicht der damaligen Ägypter – zu erkennen, kann man zunächst einmal ganz einfach die Personennamen betrachten, die im Alten Ägypten mit dem Namen „Sobek" gebildet worden sind.

In den meisten alten Kulturen drückten die Personennamen einen Wunsch für den Träger dieses Namens aus. So bedeutet der Name „Wolfgang" „der wie ein Wolf geht", also „der Ausdauernde"; und „Adelheid" bedeutet „die eine edle Gestalt hat".

Es war natürlich besonders wirkungsvoll, wenn der Name nicht nur ein allgemeiner Wunsch war wie bei „Adelheid" oder sich an Tier wandte wie bei „Wolfgang", sondern wenn sich der Name an eine Gottheit wandte. So bedeutet der Name „Thorwalt" „der gewaltig (stark, mächtig) wie Thor ist". Der Name „Gerda" setzte die Trägerin dieses Namens ganz schlicht und direkt mit der Göttin Freya gleich bzw. stellte sie unter die Obhut der Freya, die als Beschützerin den Namen „Gerda" trug.

Auch die altägyptischen Namen sind in dieser Weise gebildet worden. Auch bei ihnen gibt es in den Personennamen allgemeine Wünsche wie z.B. in dem Namen „Antef", der aus „Ini·it·f" gebildet ist und wörtlich „der seinen Vater (wieder-)bringt" bedeutet, was man in der heutigen Sprache als „der seinem Vater gleicht" übersetzen kann.

Um den Charakter des Krokodilgottes zu erfassen, kann man also anhand der Personennamen schauen, was man damals in Ägypten von Sobek erwartet hat.

Es sind sechs Männernamen bekannt:

Sobek   = „Sobek"
Sobekhotep   = „Zufriedenheit des Sobek"
Sobekemsaf   = „Sobek ist sein Schutz"
Sobeknacht   = „Stärke des Sobek"
Sobekiry   = „Erfolg des Sobek" (die Deutung von „iry" ist unsicher)
Djedusobek   = „Sobek von Busiris" (Busiris = Stadt im Delta)

Das Wort „hotep" ist ein zentraler Begriff in der ägyptischen Weltanschauung. Er bedeutet „Frieden", „Zufriedenheit", „Seelenfrieden", „Zustand, der durch das richtige Handeln entsteht", „Wohlbefinden" und ähnliche Dinge. „Hotep" ist der allgemein angestrebte Zustand. Diesen erwünschten Zustand soll der Gott Sobek durch den Namen „Sobekhotep" dem Träger dieses Namens bringen.

Es sind nur zwei Frauennamen bekannt, die mit „Sobek" gebildet worden sind:

Nofrusobek   = „schönes Krokodil"
Sobeknofrure   = „Sobek ist die Schönheit de Re"

Auch das Wort „nefer" oder „nofru" ist in der ägyptischen Weltanschauung ein zentraler Begriff. Die Wurzel dieser Vorstellungen ist die „Ma'at", d.h. die Richtigkeit, womit die Schärfe des Messer, die Rundheit des Rades, die Geradheit der Achse, die Helligkeit der Sonne, die Spitzheit des Pfeils, die Stärke des Arms, die Süße der Weintraube, die Großzügigkeit der Reichen, die Gerechtigkeit der Beamten usw. gemeint ist, also der Zustand einer Sache, in der diese Sache am besten funktioniert – oder eben auch das Verhalten eines Menschen, durch das er am besten gedeiht.

Durch das Befolgen der „Ma'at" erlangt man den Zustand des „Hotep", d.h. es geht einem gut und man erreicht seine Ziele („iry"). Die Menschen, die ihrer Ma'at treu sind, und die Dinge, die in dem Zustand der Ma'at sind, kann man dann an ihrer Schönheit erkennen. Diese aus der Richtigkeit heraus entstehende Schönheit wird als „nefer" bezeichnet.

Die Personennamen zeigen, daß der Krokodilgott Sobek dabei helfen kann, den Zustand des „schönen Friedens", also „hotep" und „nefer" zu erreichen. Dies ist dem Gott Sobek durch seine große Kraft („nacht") möglich. Durch diese Kraft kann er auch einen großen Schutz („sa") geben.

2. Pharaonen-Namen

Es hat in der Zeit von 3300 v.Chr. bis 30 v.Chr. ca. 450 Pharaonen gegeben, von denen manche jedoch nicht sicher nachgewiesen sind. Diese Pharaonen wurden in 31 Dynastien plus die Herrscher der Argeaden und der Ptolemäer eingeteilt.

Von diesen Pharaonen tragen 13 Pharaonen einen Sobek-Namen. Zu ihnen zählt auch Nofrusobek, die die erste Pharaonin gewesen ist.

ca. 3300	0. Dynastie	Sobek
1763-1759	12. Dynastie	Nofrusobek
ca. 1735	13. Dynastie	Sobekhotep I
1724-1718	13. Dynastie	Sobekhotep II
1708-1705	13. Dynastie	Sobekhotep III
1694-1685	13. Dynastie	Sobekhotep IV
1685-1680	13. Dynastie	Sobekhotep V
1656-1654	13. Dynastie	Sobekhotep VI
1646-1644	13. Dynastie	Sobekhotep VII
ca. 1634	13. Dynastie	Sobekhotep VIII
ca. 1636	13. Dynastie	Sobekhotep IX
1619-1503	14. Dynastie	Sobekemsaf I
1572-1570	14. Dynastie	Sobekemsaf II

Um die Bedeutung des Sobek-Namens für die Pharaonen einschätzen zu können, kann man betrachten, welche Götter die Pharaonen für ihre Namen ausgewählt haben. In der folgenden Übersicht sind jedoch nur die Götter in den Erst-Namen der Pharaonen aufgeführt, aber nicht die Götter-Namen aus allen fünf Titeln der Pharaonen, die sozusagen die Regierungserklärung des jeweiligen Pharaos gewesen sind:

Re	- Sonne	27	(z.B. in „Ramses")
	- *alle Falken*	*26*	
Horus	- Falke	16	
Amun	- Luft	16	(z.B in „Amenophis")
Sobek	- Krokodil	13	
Mentu	- Falke	8	
Thot	- Ibis	4	(z.B. in „Thutmosis")
Wosret	- „die Starke"	4	(z.B. in „Sesostris")
Seth	- Wüstengott	3	(z.B. in „Sethos")
Sokar	- Falke	2	
Selket	- Skorpion	2	
Ma'at	- Richtigkeit	1	
Neith	- Kriegerin	1	
Ptah	- Totengott	1	
Chons	- Mond	1	
Bastet	- Katze	1	

Diese Übersicht zeigt, daß Sobek durchaus zu den beliebteren Götternamen in den Pharaonen-Namen zählt.

Am wichtigsten ist natürlich zum einen der Sonnengott Re, da der Pharao als „Sohn des Sonnengottes Re" angesehen wurde (so wie später Christus als „Sohn Gottes" bezeichnet wurde) und zum anderen der Falkengott Horus, der die göttliche Seele ist, die den Thronfolger erst zum Pharao macht.

Dieses „Sohn des Gottes X" ist eine damals weitverbreitete Umschreibung dafür, daß die betreffenden Person innerlich eine enge Verbindung zu der Gottheit hat, wobei diese innere Verbindung die auch magisch wirksam ist.

Den Pharaonen-Namen zufolge ist Sobek nur in der 13. Dynastie der Beschützer der Pharaonen gewesen.

Wenn man einmal von dem Pharao „Krokodil" aus der Frühzeit des ägyptischen Reiches absieht, ist diese Sobek-Tradition der Pharaonen-Namen erstaunlicherweise durch die erste bekannte Pharaonin, die am Ende der 12. Dynastie gelebt hat, begründet worden.

---

3.   Beinamen des Sobek

Der Krokodilgott hat eine ganze Reihe von Beinamen, die im Folgenden thematisch sortiert sind.

Die erste Gruppe von Sobek-Beinamen besteht aus den Namen, die Sobek als den Gott kennzeichnen, der an einem bestimmten Ort verehrt worden ist. Da es über fünfzig bekannte Kultorte des Sobek gegeben hat, wird es auch entsprechend viele Orts-Sobek-Namen gegeben haben.

„der aus Krokodilopolis"
„Herr der Insel"
„Herr des Fayyum"
„Herr von Tebtunis"
usw.

Die zweite Gruppe kennzeichnet Sobek als den Gott der Nilflut, der durch die Nilflut das Wasser und die fruchtbare Erde bringt.

„der die Pflanzen an den Ufern (des Nils) *wachsen läßt"*
„der das Kraut auf den Feldern grün macht"
„der, aus dessen Leib die Speisen hervorquellen"

„Herr des Feldes“
„der mit den grünen Federn“ (seine Krone enthält zwei lange Federn)

In der dritten Gruppe finden sich die Beinamen, die Sobeks Zeugungskraft und Zeugungseifer beschrieben. Diese Form der Fruchtbarkeit ist vermutlich von der Förderung der Fruchtbarkeit der Erde, auf der die Pflanzen wachsen, durch Sobeks Nil-Fluten abgeleitet worden.

„der Stier der Stiere“ (= der mit der größten Zeugungskraft)
„der Ejakulierende“
„der Penis der Götter“
„der die Frauen ihren Männern entreißt, wann immer es ihm beliebt“
„der auch ißt, während er Geschlechtsverkehr hat“

In der vierten Gruppe werden die Beinamen aufgeführt, die das heftige Temperament des Krokodilgottes beschreiben:

„die Macht der Mächte“
„der mit dem wachsamen Gesicht“
„der mit dem erhobenem Vorderleib“ (kampfbereit)
„der mit den scharfen Zähnen“
„der Tobende“
„der Herr der Angst“
„der es liebt zu rauben“

Die fünfte Gruppe von Beinamen enthält die Beschreibungen des Sobek als einer Form des unsterblichen Sonnengottes Re, also als Sobek-Re:

„der, der im Osten aufsteigt und im Westen niedersinkt“
„der Dauernde, der Ewige“

Sobek ist auch der Urgott, der erste Gott, der Vater aller Götter, also der allmächtige Gott, der als erstes existierte und die ganze Welt erschaffen hat. Diese Namen bilden die sechste Gruppe:

„der aus dem Urmeer aufsteigt“
„Vater der Götter“
„Herrscher der Götter“
„der große Mann“
„der den Wind kontrolliert“

Weiterhin ist Sobek auch ein Königsgott – wie ja schon die vielen Sobek-Namen der Pharaonen der 13. Dynastie gezeigt haben. Dies ist die siebte Gruppe der Beinamen des Sobek. Aus dem Wort „Großer Palast“, der auf altägyptisch „Per-aa“

lautet, ist das Wort „Pharao" entstanden. Dies ist derselbe Vorgang, der „Weißes Haus" mit dem amerikanischen Präsidenten gleichgesetzt hat, „Kreml" mit der russischen Regierung, „Hohe Pforte" (früher) mit dem türkischen Herrscher usw.

> *„Herr der beiden Länder"*
> *„Herr des Großen Palastes"*
> *„der in dem Großen Palast herrscht"*
> *„Herr der Weißen Krone"* (Weiße Krone = Oberägypten)

Die achte Gruppe faßt die Beinamen des Sobek zusammen, die ihn als Eroberer und Herrscher beschreiben:

> *„der den Raub liebt"*
> *„Herrscher über fremde Länder und Insellandschaften"*

Sobek ist auch ein Gott der Unterwelt, was sich allerdings nur in einem einzigen Beinamen zeigt, der die neunte Gruppe ausmacht:

> *„Herr des Bachu"* (Karneol-Halle in den Bergen westlich des Nils = Jenseits)

Die zehnte und letzte Gruppe beschreibt Sobek als einen Gott, der von allen verehrt wird:

> *„der mit dem schönen Gesicht"*
> *„der von denen, die im Wasser sind, verehrt wird"* (von den Krokodilen)

Anmerkungen zu den Beinamen:

- Der Namen *„Herr des Bachu"* zeigt, daß man ihn auch als Jenseitsgott angesehen hat, wobei seine Halle im Jenseits ganz aus Karneol gefertigt worden ist.
- Als *„Tobender"* ist er wie in dem Namen „Sobeknacht" („Stärke des Sobek") ein starker Gott, d.h. ein Krieger.
- Das Wort „schön" in dem Beinamen „der mit dem schönen Gesicht" ist das altägyptische Wort „nefer". Das bedeutet, daß Sobek im Zustand der Schönheit und somit auch im Zustand der Zufriedenheit („hotep") ist.
- Möglicherweise ist dieser Beiname jedoch nicht nur Hinweis auf die Macht des Sobek, die es ihm ermöglicht, zufrieden zu sein, sondern die Hoffnung der Ägypter, daß Sobek ihnen wohlgesonnen sein möge und daß sie nicht von einem Krokodil gefressen werden.

4.   Der Name „Sobek"

Natürlich kann man auch die Bedeutung des Namens „Sobek" selber betrachten, um das Wesen des Krokodilgottes zu erfassen.

Möglicherweise bedeutete „Sobek" ganz einfach „Krokodil". Doch diese Deutung des Namens ist nicht sehr wahrscheinlich, da das Wort für „Krokodil" im Altägyptischen „mesech" oder auch „chenty" lautete. In der altägyptischen Schrift wird hinter das Wort „Krokodil" auch eine andere Krokodil-Hieroglyphe gesetzt als hinter den Gottesnamen „Sobek" – die Ägypter unterschieden also ganz deutlich „Krokodil" und „Sobek".

Der Name „Sobek" muß also – wenn er denn tatsächlich einst lediglich „Krokodil" bedeutet haben sollte – schon in der Anfangszeit des Ägyptischen Reiches, als die Hieroglyphenschrift entwickelt wurde, zum Namen des Krokodilgottes geworden sein.

Der Name „Sobek" könnte auch der Kausativ zu dem Verb „bek" mit der Bedeutung „schwanger" sein. Der Kausativ zu „schwanger" wäre dann „zeugen, schwängern" (so wie „tünchen" der Kausativ zu „weiß" ist oder „backen" der Kausativ zu „heiß" ist). Diese Deutung würde zu dem Fruchtbarkeits-Aspekt des Sobek passen und auch zu seinem Beinamen *„der die Frauen ihren Männern entreißt, wann immer es ihm beliebt"*.

Es ist auch denkbar – aber aufgrund der von den Ägyptern verwendeten Hieroglyphen unwahrscheinlich – daß der Name „Sobek" von dem Verb „sak" abgeleitet worden ist und dann „Vereiner" bedeuten würde, womit dann gemeint wäre, daß Sobek derjenige ist, der die Teile des von Seth zerstückelten Osiris wieder sammelt und der Göttin Isis bringt, damit sie den Korngott-Totengott Osiris mithilfe von Thot und Anubis wieder heilen kann.

Der Krokodilgott wird manchmal auch „Suchos" genannt. Möglicherweise ist dieser Name eine Ableitung von „sechet" für „Sumpf". Dann würde „Suchos" ganz einfach „Sumpfbewohner" bedeuten – was auf die Krokodile ja zutrifft. Die meisten Krokodile lebten damals in den Sümpfen rund um die Fayyum-Oase in der Nähe des heutigen Kairo.

Der Name „Suchos" („Sumpfbewohner") könnte auch ganz einfach wie „Djedi" („der Dauerhafte", „der Ewige") ein Beiname des Sobek gewesen sein, der auch für sich alleine stehend für die damaligen Ägypter klar verständlich gewesen ist – so wie ja auch als „Djedi" und nicht nur „Djedi Suchos" verständlich war.

> Der Name „Sobek" bedeutet wahrscheinlich „Erzeuger".
> Der Name „Suchos" könnte ursprünglich ein Beiname des Sobek gewesen sein, da er „Sumpfbewohner" bedeutet.

5.   Die Krokodil-Hieroglyphe

Die Hieroglyphe für „Krokodil" wurde in der altägyptischen Schrift auch als „erklärendes Zeichen" verwendet.

Solche erklärenden Zeichen wurden einem Wort nachgestellt, um die Bedeutung der vorangehenden Hieroglyphen, die lediglich Buchstaben darstellen, zu verdeutlichen. So steht z.B. die Papyrusrolle im Sinne von „hier ist etwas gemeint, was mit dem Schreiben zu tun hat oder etwas Abstraktes ist" als erklärendes Zeichen hinter den Buchstaben der Worte für Schreiber („sesh"), für „Wort" („mudet"), für „Magie" (heqa"), für Richtigkeit („ma'at"), für „wissen" („rech") und so weiter. Das erklärende Zeichen zeigt, wie man die Buchstabenfolge verstehen muß.

Diese Eigentümlichkeit der altägyptischen Schrift ermöglicht es, zum Verständnis des Wesens des Sobek auch einmal die Worte zu betrachten, in der ein Krokodil oder ein Stück Krokodilleder als erklärendes Zeichen verwendet worden ist. Alle diese Worte müssen ja durch das Bildzeichen eines Krokodils oder eines Stücks Krokodilleders für den damaligen Leser leichter verständlich gewesen sein – was bedeutet, daß all diese Worte eine Ähnlichkeit mit dem Charakter der Krokodile und somit auch mit dem Charakter des Sobek aufweisen müssen.

Diese Worte sind:

erklärendes Zeichen: „Krokodil"

- mesech   = Krokodil
- chenty   = Krokodil
- Sobek   = Krokodilgott
- Suchos   = Krokodil/Krokodilgott
- sekn   = gierig, lüstern
- chenet   = gierig
- ahem   = gierig, gefräßig, unersättlich, aggressiv
- ad   = aggressiv, wütend,
- saq   = sammeln, zusammensuchen

erklärendes Zeichen: „Krokodilleder"
- ikm   = Schild (Verteidigungs-Waffe)

Die Eigenschaften, die sich aus dieser Verwendung der beiden erklärenden Zeichen für „Krokodil" und „Krokodilleder" ergeben, entsprechen dem Wesen der Krokodile:
Sie sind aggressiv und gierig und ihre Haut ist sehr fest und nur schwer mit Waffen zu durchdringen.
Die Eigenschaft „Gier, Lüsternheit" paßt wieder zu der Zeugungskraft des Sobek und zu der Fruchtbarkeit, die er den Feldern und sekundär auch den Frauen bringt.

> Sobek ist aggressiv, gierig, geil und durch seine dicke Haut gut geschützt.

6.   Die Hieroglyphen für „Sobek"

Für den Namen „Sobek" gab es im Alten Ägypten mehrere mögliche Schreibweisen.

In der Hieroglyphenschrift gab es nicht wie heutzutage feste Regeln, wie man ein Wort zu schreiben hatte. Das Prinzip war ganz einfach, Worte so zuschreiben, daß der Leser das Geschriebene verstand – wohlgemerkt: daß ein Muttersprachler, also ein „alter Ägypter" das Geschriebene verstand (und nicht ein Ägyptologe).

Daher konnte man Worte auf verschiedene Weisen schreiben, was unter anderem davon abhing, wieviel Platz es auf dem Papyrus, der Säule, dem Talisman usw. für das Geschriebene gab.

Zudem hing auch die Schreibrichtung davon ab, wo sich das Geschriebene befand. Ein Text, der sich z.B. auf eine Tür bezog, wurde natürlich rechts von der Türe von rechts nach links hin geschrieben, links von der Türe von links nach rechts, und über der Türe von oben nach unten – also stets zur Türe hin.

Oft wurden auch Bilder hinzugefügt, die die beschriebene Handlung darstellten. In einem Comic werden die Bilder durch Texte ergänzt – in der Hieroglyphenschrift werden die Texte durch Bilder ergänzt.

Manchmal wurden Texte auch absichtlich in einer altertümlicher Sprache verfaßt, um ehrwürdiger zu klingen.

Es kam natürlich auch vor, daß in dem Text eines Heilungszaubers, der auf ein Amulett geschrieben wurde, ein „f" vorkommen konnte. Da man das „f" in der Hieroglyphenschrift mit dem Bild der giftigen Hornviper schrieb, bestand die Gefahr, daß man durch das magisch aufgeladene Amulett versehentlich eine Hornviper herbeirief. Also schrieb man die „f"-Hornviper als eine Schlange, der gerade mit einem Messer der Kopf abgeschlagen worden war – also als ein kombiniertes Schlange/Messer-

Zeichen, bei dem das Messer keinerlei sprachliche Bedeutung hat, sondern nur eine magische Absicherung gegen ungewollte Kollateralschäden des magisch aufgeladenen Amuletts ist.

Es gibt oft auch fließende Übergänge von Hieroglyphen zu Statuen. So halten Göttinnen oft in der einen Hand ein Ankh („Leben") und in der anderen einen Lotus-Stab („di"). Da jedoch auch das Verb für „geben" als „di" gesprochen wurde, wird das Ankh und der Lotus-Stab zur Schrift und bezeichnet diese Göttin als „Lebens-Geberin", also als „Lebensspenderin".

Denselben fließenden Übergang kann man auch zwischen Schrift und Architektur finden. So gibt es in dem Tempel von Karnak z.B. einen Tempelsee, an dem an einer Ecke auf einem Sockel ein großer Granit-Skarabäus steht. Da das Wort für „Skarabäus" im Altägyptischen „kephera" lautet und auch das Wort für „werden" „kephera" geschrieben wird, kennzeichnet der Skarabäus an dem Tempelsee diesen See als „See des Werdens". Genau diesen Namen haben auch die Jenseitswasser unter der Erde, in die die Seelen nach ihrem Tod gehen und den die Sonne jede Nacht durchquert. Der Skarabäus an der Ecke dieses Tempelsees ist also ein Hinweis darauf, daß dieser See in den Tempel-Ritualen dafür benutzt wird, die Jenseitsreise des Re darzustellen.

Weiterhin gab es viele Formeln, die immer wieder verwendet werden wie z.B die Segensformel „möge er leben, gesund und stark sein", die man jedesmal aussprach, wenn man den Namen des Pharaos genannt hatte (ähnlich dem englischen „Long live the Queen!"). Diese Formel kürzte man dann oft ab – im Fall dieses Segensspruches für den Pharao mit nur drei Hieroglyphen.

Worte, die sich sowieso aus dem Zusammenhang eines Textes ergeben, konnte man auch ganz fortlassen. Das häufigste Opfer dieser Rationalisierung in den ägyptischen Texten ist das Wort „ich".

Schließlich konnte man, wenn man z.B. ein neues Tier kennenlernte, für dieses Tier auch eine neue Hieroglyphe einführen.

Man kann die Hieroglyphenschrift also am ehesten als ein lebendiges Bild der Welt, das sich den Umständen anpassen und sich weiterentwickeln kann, auffassen.

Bei all dieser Beweglichkeit, Flexibilität und Kreativität in der Schreibweise gab es trotzdem so etwas wie Schreibgewohnheiten. Vor allem Worte, die nur selten benutzt wurden, schrieb man fast immer gleich.

Für den angehenden Ägyptologen, der die altägyptische Sprache und die Hieroglyphenschrift erlernen will, ist das anfangs alles recht gewöhnungsbedürftig und ein wenig mühsam, doch für einen altägyptischen Schreiber, der seine Sprache ja gut kannte und der zunächst einmal zum Üben viele alte Texte abschreiben mußte, war das sehr wahrscheinlich etwas völlig Natürliches. Schließlich sehen auch nicht alle Häuser gleich aus – warum sollte dann das Wort für „Haus" immer gleich aussehen?

Aus diesem Grund gibt es in der Hieroglyphenschrift mindestens die zwölf im Folgenden aufgeführten verschiedene Möglichkeiten, das Wort „Sobek" zu schreiben. Alle diese Varianten sind gleich richtig – auch wenn sie alle verschieden sind …

Krokodil

Krokodil (mit gebogenem Schwanz; in einigen Worten als erklärendes Zeichen)

Sobek (altertümliches Steinbildnis eines Krokodils)

Sobek (Krokodil auf Schrein)

Sobek (Mann mit Krokodilkopf)

Sobek (Krokodil-Steinbildnis und Gott [sitzender Mann mit Götterbart] als erklärendes Zeichen)

Sobek (Krokodil auf Schrein und Gott [sitzender Mann mit Götterbart] als erklärendes Zeichen)

Sobek (die Buchstaben „sbk")

Sobek (die Buchstaben „sbjk")

Sobek (die Buchstaben „sbk" und das Krokodil als erklärendes Zeichen)

Sobek (die Buchstaben „sbk" und das Krokodil auf einem Schrein als erklärendes Zeichen)

Sobek (die Buchstaben „sbk" und das Krokodil sowie der Gott als erklärendes Zeichen)

Aus diesen verschiedenen Schreibweisen des Namens „Sobek" ergeben sich keine neuen Erkenntnisse über den Krokodilgott.

7.   Der Nachname „Sobek"

Der heutige Nachnamen „Sobek" leitet sich von dem altslawischen „sebe" für „selbst" ab. In manchen Fällen ist der Nachname „Sobek" jedoch auch ein frei gewählter Künstlername.

Der Nachname ist aufgrund seines slawischen Ursprungs in Polen, in der Tschechei, in der Slowakei sowie in Deutschland und den USA (Auswanderer) am weitesten verbreitet.

Die beiden bekanntesten „Sobek" sind vermutlich der ehemalige Fußballer „Hanne Sobek" (1900-1989), der 1925 bis 1935 für den Verein Hertha BSC gespielt hat, und der deutsche Chemiker Wolfgang Sobek (1945-2024), der an der Universität Leipzig als Professor unterrichtet hat.

8.   Heutige Verwendung des Namens „Sobek"

Da Sobek ein starker Gott und u.a. auch ein Krieger ist, lag es nahe, ihn in die heutige Kultur der Rollenspiele, der Online-Fantasyspiele, der Fantasy-Romane, der fiktionalen Magie-Literatur usw. mit einzubeziehen.

Das hat u.a. auch zu einer Flut an modernen Darstellungen dieser Gottheit geführt, die alle die große Stärke des Sobek hervorheben, wie ein kurzer Blick auf die Bilder zeigt, wenn man bei youtube die Bildersuche zu dem Namen „Sobek" aufruft. Wie in solchen Fällen üblich, sind die Grundzüge des Sobek dabei erhalten geblieben, aber der Stil und einige Details dieses „zeitgenössischen Sobek" sehr stark verändert worden.

9.   Zusammenfassung

Aus dem Namen „Sobek" und aus den Beinamen des Krokodilgottes sowie aus den mit „Sobek" gebildeten Personen-Namen der Verwendung der Hieroglyphe „Krokodil" ergibt sich eine markante Beschreibung des Krokodilgottes:

Sobek ist cholerisch, mutig, kampfbereit, aggressiv, gierig, geil und hemmungslos und er ist ein Räuber, Eroberer und der Schutzgott des Pharaos. Er kann durch seine große Kraft („nacht") beschützen („sa") und dabei helfen, den Zustand des „schönen Friedens" („hotep", „nefer") zu erreichen. Dies ist dem Gott Sobek möglich.

Er bringt die Nilflut und die Fruchtbarkeit. Seine Geilheit und seine Zeugungskraft sind unermeßlich. Der Name „Sobek" bedeutet wahrscheinlich „Erzeuger". Er ist der an vielen Orten verehrte unsterbliche Urgott und der von allen angebetete Vater und Herr aller Götter. Als Sobek-Re ist er schließlich auch ein Jenseitsgott.

Als Bestandteil der Pharaonen-Namen ist Sobek fast nur in der 13. Dynastie verwendet worden.

Sobek

<u>II Darstellungen</u>

Bei den Darstellungen des Sobek gibt es eine große Vielfalt. Diese Darstellungen sind im Folgen von den allereinfachsten zu den komplexesten hin geordnet.

<u>1. einfaches Krokodil</u>

Nilkrokodil

Krokodil-Mumie

Krokodil in einer Schale

Krokodil auf einer römischen Münze des Kaisers Augustus

Krokodil auf römischer Münze

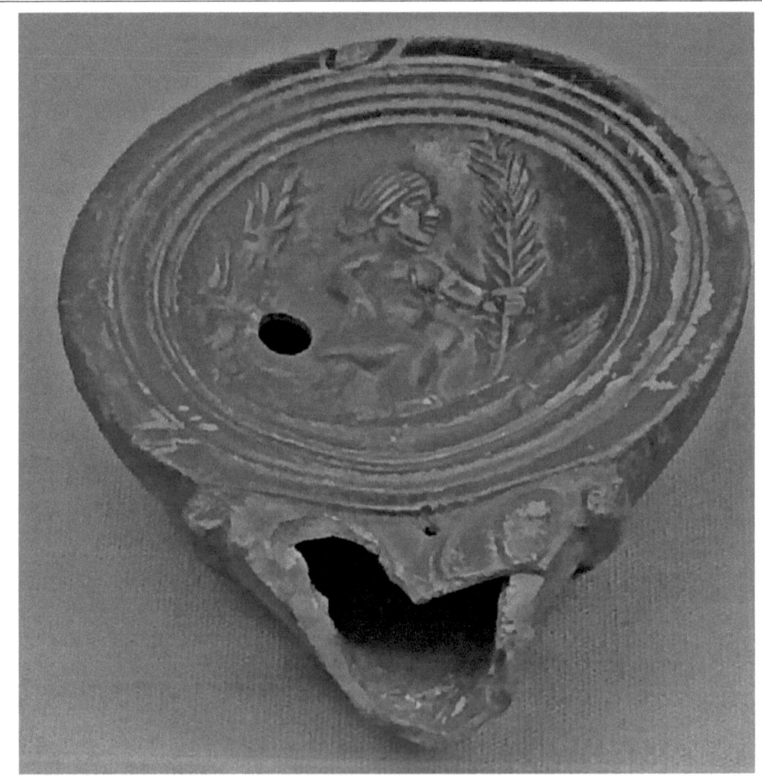

Öllampe: Frau mit Palmwedel auf Krokodil

Sobek-Statue aus dem Tempel von Kom Ombo in Oberägypten

Sobek-Statuette

zwei Krokodile (Sobek) auf einem Sockel

Horus das Kind steht auf einem Krokodil und hält in seinen Händen Schlangen, Skorpion, Löwe, Esel (der Gott Seth) – er soll die Menschen vor diesen Tieren schützen; oben der Kopf des Schamanengottes Bes

Auch wenn der Gott Sobek verehrt wurde, stellten die Krokodile im Nil doch immer auch eine große Gefahr für die Ägypter dar, gegen die man den Falkengott Horus in der Gestalt eines Jünglings um Hilfe bat. In den ursprünglichen Stelen dieser Art ist es Isis, die ihren Sohn Horus vor den Krokodilen, Schlangen, Skorpionen usw. schützt.

Horus schützt vor gefährlichen Tieren – dieselbe Szene wie zuvor, nur mit zwei Krokodilen; oben wieder der Gott Bes

Sobek als Mann mit der ober- und unterägyptischen Krone des Pharaos

Das Krokodil wurde zwar gefürchtet, doch der König wünschte sich die Stärke des Krokodils und ließ sich daher auch als Krokodilgott darstellen. Dies entspricht den mit „Sobek" gebildeten Pharaonen-Namen wie „Sobek-Hotep".

2. Statuetten des Sobek-Horus-Re

Sobek-Horus

Da zum einen der Pharao den Schutz des Sobek erhalten wollte und zum anderen vor allem der Falkengott Horus der Schutzgott des Pharaos gewesen ist, lag es nahe, eine Krokodil/Falken-Mischform zu erschaffen, also ein Krokodil mit Falkenkopf.

Diese Mischform hatte noch einen weiteren mythologischen Hintergrund: Da der Sonnengott Re am Morgen aus dem Wassern der Unterwelt zurückkehrte, hatte sich die Vorstellung gebildet, daß der Krokodilgott, der ja im Wasser lebt, die Sonne am Morgen aus der Wasserunterwelt zurückholt. Weil der Sonnengott dabei als wiedergeborener Gott, der aus dem Totenreich zurückkehrt, angesehen wurde, hatte er auch die Gestalt eines Seelenvogels, also eines Falken.

Das weltweit verbreitete Motiv des Seelenvogels ist dadurch entstanden, daß man sich bei einem Nahtod-Erlebnis („Astralreise") als über sich schwebend erlebt – man existiert ohne Leib, was man am einfachsten durch das Bild eines Vogels ausdrücken konnte. Da auch die Toten keinen (lebendigen) Leib mehr haben, sind auch sie Seelenvögel. Wenn nun Re aus der Unterwelt zurückkehrt, muß er die Gestalt eines Vogels haben.

Da Re der stärkste Gott und der Pharao der mächtigste Mensch ist, müssen sie auch den mächtigsten Seelenvogel haben – was in dem damaligen Ägypten der Falke gewesen ist.

Der Sonnengott Re in der Gestalt eines Falken bei seiner Wiedergeburt am Morgen wurde „Re-Harachte" genannt, was „Re in der Gestalt des Horus am Horizont" bedeutet.

Die Auffassung des Re als eines Falken hat auch zu der Gestalt der Flügelsonne geführt, die eine Sonnenscheibe mit zwei Flügeln ist.

Ein weiteres Motiv zu dem Thema der morgendlichen Wiedergeburt der Sonne ist der Phönix, der von den Ägyptern „Benu" genannt wurde. Auch er ist der Seelenvogel des Re, der am Morgen wiedergeboren wird. Am Abend stirbt die Sonne, d.h. sie „verbrennt" im Abendrot und geht in die Unterwelt ein. Am Morgen kehrt sie dann im Feuer des Morgenrots aus der Unterwelt zurück. Daraus wurde dann später die Wiedergeburt des (morgendlichen) Phönix aus seiner (abendlichen) Asche.

Sobek mit Federkrone und Sonnenscheibe

Die Sonnenscheibe ist wieder der am Morgen wiedergeborene Sonnengott Re. Die beiden Federn sind die Straußen-Federn der Richtigkeits-Göttin Ma'at. Diese beiden Federn stellen den Seelenvogel dar – ihre Zweizahl ist ein Hinweis auf Diesseits und Jenseits.

Diese Zweizahl-Symbolik der Göttin und auch die Symbolik des Seelenvogels läßt sich bis in die Höhlenmalerei der späten Altsteinzeit zurückverfolgen. Das ist nicht verwunderlich, weil die Erkenntnis, daß es etwas gibt, das auch nach dem Tod des Leibes noch weiterbesteht („Astralreise") war der Beginn der Religion: „Wir sind nicht nur unser Körper." Dadurch entstand dann die Vorstellung einer zweigeteilten Welt: das Diesseits, in dem der physische Körper lebt, und das Jenseits, in dem die Seele lebt.

Sobek mit Hathor-Hörnern und Sonnenscheibe; ca. 600-300 v.Chr.

Da die morgendliche Rückkehr des Sonnengottes Re aus der Wasserunterwelt als eine Wiedergeburt angesehen wurde, mußte es auch eine Muttergöttin geben, die Re am Morgen wiedergebiert. Diese Göttin ist den meisten Fällen entweder die Kuhgöttin Hathor oder die Himmelsgöttin Nut.

Diese Wiedergeburts-Vorstellung ist dadurch entstanden, daß man vermutlich schon in der späten Altsteinzeit eine Analogie zwischen dem Diesseits und dem Jenseits gebildet hat: Wenn man im Diesseits durch eine Geburt ankommt, muß das im Jenseits wohl auch so sein. Dadurch entstand die Vorstellung einer Wiedergeburt, also eine „zweiten Geburt".

Sobek mit Federkrone, Sonnenscheibe und Widderhörnern; 400-200 v.Chr.

Auf den ersten Blick sehen die Hörner an der Krone des Sobek wie die Hörner auf der vorigen Statuette aus, doch da sie seitlich fortgebogen sind, handelt es sich hier um die Hörner des Widdergottes Chnum. Dieser Gott wurde als der Schöpfer des Leibes der Menschen angesehen – er hat sie auf einer Töpferscheibe geformt (was sich dann später in der Bibel als das Formen von Adam aus Lehm wiederfindet).

Die Hörner des Chnum haben jedoch noch eine deutlich ältere Bedeutung. Wenn die Toten durch eine Wiedergeburt im Jenseits ankommen, muß dieser Wiedergeburt auch ein Wiederzeugen vorausgehen und ein Wiederstillen folgen. Dieses Wiederzeugen ist offensichtlich eine rein männliche Vorstellung – wie die Frauen in das Jenseits gelangen, wird seltsamerweise in den Mythen keines einzigen Volkes erklärt.

Nun ist die Vorstellung, daß man im Jenseits bei der Vereinigung mit der Jenseitsgöttin einen Orgasmus haben muß, da man sonst nicht wiedergeboren wird, ja die maximale Streß-Situation, was bekanntermaßen für einen Orgasmus nicht gerade förderlich ist. Daher überlegte man sich schon früh, was man da tun könnte, und kam schließlich auf den Einfall, Magie anzuwenden. Eine große Zeugungskraft und eine große Fruchtbarkeit hatten offensichtlich die Herdentiere, da sie in großen Anzahlen auftreten. Also opferte man ein männliches Herdentier und übertrug dessen Zeugungskraft auf den Toten, indem man ihn das Fell dieses Opfertiers wickelte.

Dadurch wurde der Tote zu einem Mensch/Herdentier-Mischwesen:

Mann + Ziegenbock   = Pan u.a.
Mann + Widder   = Widdergott Chnum u.a.
Mann + Stier   = Serapis (Osiris + Apis), Minotaurus u.a.
Mann + Eber   = Freyr u.a.
Mann + Hengst   = Zentauren u.a.
Mann + Hirsch   = Cernunnos u.a.

Dabei mußte die Wiedergeburtsgöttin, die hier die Wiederzeugungs-Geliebte des Toten war, ebenfalls die Herdentier-Gestalt annehmen. Das ist aus vielen Mythologien gut bekannt:

Pferde   = Demeter und Poseidon
Wildschweine   = Freya und Freyr
Rinder   = Hathor und Apis

Oft erscheint dieses alte Motiv in den überlieferten Mythen jedoch nicht mehr als Paar, sondern einzeln. Am bekanntesten ist die Kuhgöttin: Hathor, Nut und Methyer (Ägypter), Europa (Griechen), Audhumbla (Germanen), Kamadhenu (Inder), Pte-san-win (Dakota) usw. Auch diese Symbolik ist weltweit verbreitet.

Die Widderhörner an der Krone des Sobek sind also ein Hinweis auf die erfolgreiche Wiederzeugung des Re in der Wasserunterwelt, wodurch er dann am Morgen von der Göttin Hathor bzw. Nut wiedergeboren werden kann.

Die Sonnenscheibe auf dem Haupt des Sobek ist daher eigentlich keine Krone des Sobek, sondern die Sonne, die er am Morgen aus der Wasserunterwelt in das Diesseits emporträgt.

Auch die beiden Federn der Ma'at an dieser Krone beziehen sich mehr auf Re als auf Sobek, da sie den Seelenvogel (Re als Horus-Falke) und indirekt daher auch Diesseits und Jenseits und die Wiedergeburt durch die Muttergöttin symbolisieren.

Die Hörner der Hathor sind ein Hinweis auf die Göttin, die Re wiedergebiert; die Hörner des Widdergottes Chnum sind ein Hinweis auf die erfolgreiche Wiederzeugung des Re.

Die Krone auf dem Haupt des Sobek ist also keine Krone des Sobek, sondern der Sonnengott Re, der hier als Krone auf dem Haupt des Sobek sitzt. Sobek ist der Träger des Re bei dessen morgendlicher Rückkehr aus der Wasserunterwelt.

Sobek mit Sonnenkrone

Auch hier trägt Sobek die Sonnenscheibe des Re auf seinem Kopf. Sie ist hier allerdings nur in der Mitte der Krone als Kreis angedeutet.

Neben den Federn der Ma'at und den Hörnern des Chnum sind hier noch links und rechts neben den Federn gleich oberhalb der Hörner noch zwei Schlangen angefügt worden.

Bereits in der frühen Jungsteinzeit sind in Mesopotamien in Göbekli Tepe, Novali Cori u.a. Orten die Ahnen als Schlangen dargestellt worden. Da man alle (magische)

Hilfe von den Ahnen erbat – so wie man alle Hilfe zuvor von seinen Eltern erbat – wurde auch die Lebenskraft, die die Ahnen aus der Unterwelt zu ihren Nachkommen sandten, als Schlange dargestellt. Daraus hat sich die Symbolik der aufsteigenden Lebenskraft als Schlange entwickelt – die Kundalinischlange. Eine Darstellung der am Hinterkopf eines Menschen aufsteigenden Schlange findet sich bereits um 8500 v.Chr. in Nevali Cori.

Daraus hat sich dann u.a. in Ägypten die Stirnschlange („Uräus") des Osiris, des Re und des Pharaos entwickelt. In den Pyramidentexten erscheint der Pharao oft als Uräus-Schlange, d.h. als Ahnenschlange.

Folglich sind auch die beiden Schlangen an der Krone des Sobek Hinweise auf die Wiedergeburt des Re, den Sobek aus der Wasserunterwelt ins Diesseits zurückbringt. Die Zweizahl der Schlangen ist wie bei den beiden Federn der Ma'at ein Hinweis auf Diesseits und Jenseits. Auch die zweifache Göttin als Diesseits-Mutter und Jenseits-Mutter ist bereits aus den spät-altsteinzeitlichen Höhlenmalereien bekannt.

Die Sobek-Statuette sitzt auf einem Sockel, der einen Tempel darstellt.

Sobek mit Sonnenkrone

Diese Sobek-Statuette gleicht der vorigen bis in die Details – es fehlt lediglich die Sonnenscheibe in der Krone und die Pfoten sind etwas anders gestaltet worden. Auch hier sitzt Sobek auf einem „Tempel-Sockel".

Sobek und der Pharao Amenophis III; ca. 1360 v.Chr.

Sobek und der Pharao Amenophis III; Detail-Ansicht

Sobek trägt die „klassische Krone", die aus der Sonnenscheibe des Re, den beiden Federn der Ma'at und den Hörnern des Widdergottes Chnum besteht. Er reicht dem neben ihm stehenden Pharao (Sobek ist deutlich größer als der Pharao) das Lebenssymbol „Ankh".

Sobek ist hier als der Beschützer des Pharaos dargestellt worden.

Kopf des Sobek; die Krone ist nicht erhalten

3. Sobek mit Sonnenscheibe auf Fresken

Sobek-Re auf Tempel-Hieroglyphe; vor ihm Opfergaben

Hathor mit Krone aus Federn, Hörnern und Sonnenscheibe zusammen mit Sobek mit Sonnenscheibe; Kom Ombo (Oberägypten)

Sobek; die Krone ist abgebrochen

Sobek; unter ihm und vor ihm jeweils zwei Krokodile; Grab des Tutanchamun; ca. 1330 v.Chr.

Sobek und Horus; Grab von Ramses III; ca. 1160 v.Chr.

Sobek und Hathor; Kom Ombo; Sobek-Krone: Sonnenscheibe, zwei Federn, zwei Widderhörner, zwei Schlangen

Sobek; Krone: Sonnenscheibe, zwei Federn, zwei Widderhörner, zwei Schlangen; Kom Ombo

*links Chons, in der Mitte Horus, rechts Sobek; Kom Ombo; Sobek-Krone:
Sonnenscheibe, zwei Federn, zwei Widderhörner*

Sobek-Re mit Krone des Amun-Re: zwei gerade Federn, Sonnenscheibe, Widderhörner, zwei Uräus-Schlangen

*Sobek (noch nicht fertig gearbeitet); Krone: Sonnenscheibe, zwei gerade Federn
des Amun-Re, Uräus-Schlange des Re*

6.   Anbetung des Sobek auf Fresken

anbetender Mann vor Sobek mit Falkenkopf auf einer Schlange; Neues Reich

Mann betet Sobek an

7.   Opferung an Sobek auf Fresken

Der Götter-Kult in Ägypten bestand vor allem aus Opfergaben an die Götter.

zwei Darstellungen von reichlichen Opfergaben an Sobek; oben sitzt Sobek unter einem Baum (Weltenbaum?)

der Pharao opfert Sobek

Opferung an Sobek; Römerzeit

8.   Hilfe des Sobek für den Pharao auf Fresken

Der Götterkult hatte das allgemeine Ziel, die richtige Ordnung („Ma'at") der Welt, d.h. Ägyptens aufrechtzuerhalten sowie das individuelle Ziel, Hilfe von den Göttern zu erhalten. Das traf auch für den Sobek-Kult und die Opferungen an ihn zu.

von links nach rechts: Hathor, Sobek, eine oberägyptische Göttin, Pharao, eine unterägyptische Göttin; Kom Ombo

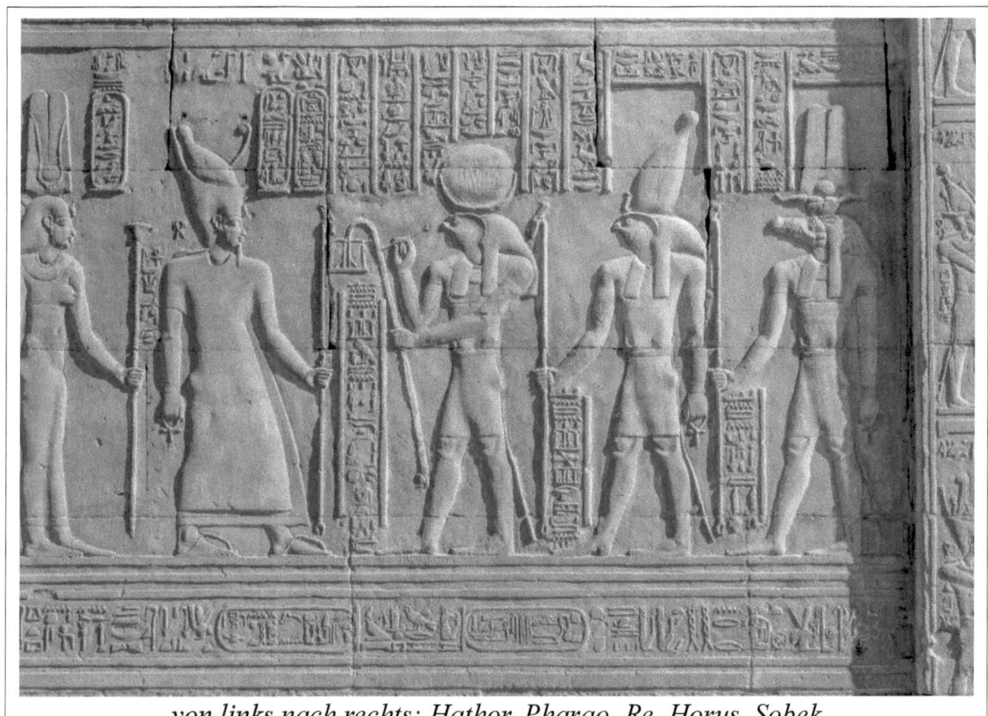

von links nach rechts: Hathor, Pharao, Re, Horus, Sobek

Sobek-Re mit Sonnenkrone vor den Kartuschen mit den Namen des Pharaos, den er beschützt; Kom Ombo

9. Die Krokodil-Inschrift von Esna

Die Ägypter hatten durchaus auch Humor – oder eher Spaß an der geschickten Verwendung ihrer Schrift. In dem Tempel von Esna findet sich eine Sobek-Anrufung, die so geschrieben worden ist, das sie fast nur aus Krokodilen besteht.

Derartige Inschriften mit „Buchstabenspielen" finden sich des öfteren. So ist es z.B. möglich den Satz „Wir haben kein Wasser." fast ausschließlich mit der Wasserwellen-Hieroglyphe für das „n" zu schreiben. Auf Ägyptisch lautet dieses Satz „nen-en nu."

Die Sobek-Inschrift von Esna ist allerdings nur schwer zu übersetzen und eher etwas für Fortgeschrittene in der Hieroglyphen-Schrift.

Sobek-Hymne; Esna

Sobek-Hymne; Esna; Detail

<u>10.   Sobek im Jenseitsgericht</u>

Im Jenseitsgericht erscheint ein Monster mit dem Hinterleib eines Nilpferdes, dem Vorderleib eines Löwen und dem Kopf eines Krokodils. Dies waren die drei gefährlichsten großen Tiere in Ägypten. Dieses „dreifache Monster", das „Ammit" genannt wurde, tötete diejenigen, die sich in ihrem Leben nicht an die Richtigkeit der Göttin Ma'at gehalten hatten.

Jenseitsgericht; rechts unten Ammit; links neben ihm der Ibisgott Thot, rechts neben der Waage der Schakalgott Anubis

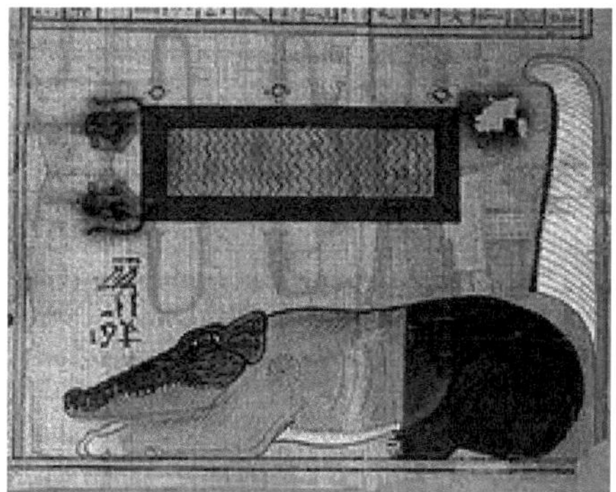

Ammit, über ihm die Jenseitswasser, rechts von ihm die Ma'at-Feder

11. Zusammenfassung

Die Statuen, Reliefs, Münzen und Bilder zeigen Sobek als starken Gott, den man einerseits fürchtet und vor dem man sich schützen will, aber den man andererseits auch um Schutz und Stärke bittet.

Die wichtigste Funktion des Sobek in den Mythen ist es, den Sonnengott Re am Morgen aus der Unterwelt zurück ins Diesseits zu bringen. Dabei trägt er die Sonnenscheibe auf seinem Haupt, die durch die beiden Federn der Maat (Seelenvogel; Diesseits und Jenseits), die beiden Hörner des Widdergottes Chnum (Wiederzeugung), die beiden Hörner der Kuhgöttin Hathor (Wiedergeburts-Göttin) und die zwei Uräus-Schlangen (wiedergeborene Ahnen, erwachte Kundalini) ergänzt wird.

<u>III Hymnen an Sobek</u>

Es gibt eine große Zahl von Hymnen an den Krokodilgott Sobek. Sie sind im Folgenden soweit das möglich ist, ihrer Entstehungszeit nach von den ältesten zu den jüngsten hin geordnet.

<u>1. Eine Anrufung des Sobek</u>

(Pyramidentexte, Spruch 286; 2270 v.Chr., Altes Reich)

Dieser Spruch, der einige Worte enthält, deren Bedeutung noch nicht wieder bekannt ist, wendet sich vermutlich an Sobek. Für diese Annahme spricht die Bezeichnung „Wassergefahr", bei der es sich nur um Krokodile oder Nilpferde handeln kann, und das Verb „fortgleiten", das sich nur auf Krokodile im Wasser oder auf Schlangen auf dem Erdboden beziehen kann.

Sprich:

O Du, der wie das Junge der Wassergefahr[1] gurgelt,
tmti, thn·w, kbnw,[2] die fortgleiten!
Die roten Kronen preisen die tiw-šii,
die tiw-šii[3] gehören zu dem, der die roten Kronen[4] erhoben hat.
Heil uns beiden!

<u>Zusammenfassung</u>:
a) Sobek wurde auch „Wassergefahr" genannt.

---

1 Wassergefahr: Krokodil, Sobek
2 Bedeutung der Worte unbekannt
3 Bedeutung der Worte unbekannt
4 rote Kronen: wegen des Plurals wahrscheinlich nicht die unterägyptische Krone – vielleicht rote Wasserblumen? Wahrscheinlicher jedoch die Sonne, die an jedem Morgen (deshalb der Plural) am Horizont aufsteigt und dabei rot aussieht – doch sicher ist diese Deutung ebenfalls nicht.

2.   Eine Anrufung des Sobek

(Pyramidentexte, Spruch 222; 2270 v.Chr., Altes Reich)

Die Zuordnung dieses Spruches zu Sobek ist zunächst einmal unsicher, da sich die Umschreibung „der mit den scharfen Zähnen" auch auf ein anderes Raubtier beziehen könnte. Da dieser „Gott mit den scharfen Zähnen" jedoch zu dem toten Pharao Unas kommt und von Unas nur eine Krokodil-Verwandlung, aber keine Löwen-Verwandlung o.ä. bekannt ist, ist es doch recht wahrscheinlich, daß hier ein Krokodil gemeint ist.

Er ist zu Dir, seinem Vater, gekommen;
er ist zu Dir gekommen – der mit den scharfen Zähnen.[5]

Zusammenfassung:
a) Der Pharao im Jenseits, um den es in den Pyramidentexten geht, wird dem Re, dem Horus und der Uräus-Schlange gleichgesetzt. Anscheinend wird Re hier als der Vater des Sobek angesehen.

3.   Verwandlung des toten Pharaos in Sobek

(Pyramidentexte, Spruch 317; 2270 v.Chr., Altes Reich)

Dies ist der älteste und vermutlich auch bekannteste Text über den Krokodilgott. In ihm wird beschrieben, wie der verstorbene Pharao Unas im Jenseits die Gestalt des Sobek annimmt.

Sprich:

Pharao Unas ist heute
am Kopf der Überschwemmung[6] gekommen.
Pharao Unas ist Sobek,
grün ist seine Haut,
wachsam ist sein Gesicht
und erhoben sein Vorderleib –

---

5   der mit den scharfen Zähnen: wahrscheinlich Sobek (unwahrscheinlicher: ein anderes Raubtier)

6   Kopf der Überschwemmung: die erste Woge der herannahenden Nilflut – Sobek ist der Bote der Nilflut

64

der Flutende,
der aus den Schenkeln und dem Schwanz
der großen Göttin[7] an das Sonnenlicht hervorkam.
Pharao Unas ist zu seinen Kanälen gekommen,
die in dem Land der Flut[8] sind, in das große Mḥ·t[9],
an die Orte seiner Befriedigung,
zu den grünen Feldern, die am Horizont[10] liegen,
damit Pharao Unas die Kräuter
in beiden Ländern des Horizonts[11] grünen läßt
und damit Pharao Unas das Grün zu dem Großen Auge[12] bringt[13],
das inmitten der Felder ist.
Pharao Unas setzt sich auf seinen Thron im Horizont.[14]
Pharao Unas ist erschienen
als Sobek, der Sohn der Neith.
Unas wird mit seinem Mund essen,
Unas wird wird seinem Penis pinkeln
und sich vereinen[15].
Unas ist der Herr des Samens,
der die Frauen ihren Männern raubt
und zu dem Ort mitnimmt,
den Unas entsprechend der Vorlieben seines Herzens liebt.

Zusammenfassung:
a) Sobek ist der Bote der Nilflut.
b) Sobek ist der Sohn der Göttin Neith.
c) Sobek läßt die Pflanzen durch die Nilflut grünen.

---

7   Große Göttin: Neith
8   Land der Flut: Der Bereich, der von der Nilflut überschwemmt wird, also das „schwarze
     Land", wie die Ägypter das Niltal im Gegensatz zu dem „roten Land" der Wüste nannten.
     Aus dem Namen „kemi", d.h. „schwarzes Land" ist später (mit arabischem Artikel) der
     Begriff „Al-chemie" und auch „Chemie", also „Wissenschaft aus Ägypten" geworden.
9   Mḥ·t: unbekannte Ortsbezeichnung
10   grüne Felder am Horizont: Jenseitsgefilde im Westen, wo die Sonne untergeht, d.h. in
     die Unterwelt eingeht
11   beide Länder: Unter- und Oberägypten; das Wort „Horizont" ist jedoch eigentlich ein
     Hinweis auf das Jenseits
12   großes Auge: Sonne
13   das Grün zu dem Großen Auge bringen: grün bringen = heilen; Großes Auge = Sonne,
     Seele des toten Pharaos; also: Heilung/Wiedergeburt der Sonne und des Pharaos; dabei
     bringt das Krokodil die Sonne aus den Unterweltswassern zurück ins Diesseits
14   Horizont: Jenseits; Unas ist auch im Jenseits der Herrscher.
15   vereinen: mit Frauen

d) Sobek ist der Sohn der Neith. Sie ist die Göttin des Deltas, in dem sehr viele Krokodile leben.

e) Der Pharao vereint sich als Sobek mit jeder Frau, mit der er das will – notfalls gegen den Willen der Männer dieser Frauen. Dies könnte eine Umdeutung des Wiederzeugungs-Motivs sein.

4. Sobek-Re

(Pyramidentexte, Spruch 689; 2270 v.Chr., Altes Reich)

Dies ist einer der frühesten Texte, in dem der Sonnengott Re einem Krokodil verglichen wird, d.h. dies ist eine der frühesten bekannten Erwähnungen des Sobek-Re.

Sprich:

Geb[16] hat das Auge des Horus[17] erhoben, das im Land der Kas[18] ist,
das über seinen großen Kas ist,
das der erste seiner gewöhnlichen Kas ist.
Deinem Haupt, o Auge des Horus, wirst Du gegeben,
damit Du Horus[19] sehen kannst,
der sich niedergelassen hat ... ...[20]
damit das Jenseitsgericht[21] beginnen kann.
Isis kommt herbei – sie reicht ihre Brüste ihrem Sohn Horus[22],
der gerechtfertigt[23] worden ist.
Pharao Unas hat das Horus-Auge gefunden.
Du, der das Horus-Auge gefunden hat,

---

16   Geb: Erdgott, Großvater des Horus

17   Augen des Horus: Sonne und Mond; in der Regel ist die Sonne gemeint; da Horus auch die göttliche Seele des Pharaos ist, ist in Bestattungstexten wie den Pyramidentexten mit dem Horus-Auge immer auch die Seele des verstorbenen Pharaos gemeint. Aus der Sonnenscheibe und den Flügeln des Horus ist die Flügelsonne entstanden.

18   Ka: Lebenskraftkörper; Land der Kas = Totenreich, Jenseits

19   Horus: hier der Pharao

20   einige bisher unübersetzbare Worte

21   Nach dem Tod wurde in einer Gerichtsverhandlung, in der Osiris, der Vater des Horus, der Richter war, darüber entschieden, ob sich der Tote in seinem Leben in ausreichendem Maße an die Ma'at (Richtigkeit) gehalten hat.

22   Das Wiederstillen ist ein Teil der Ankunft im Jenseits, die aus der Wiederzeugung, der Wiedergeburt und dem Wiederstillen besteht.

23   gerechtfertigt: der das Jenseitsgericht bestanden hat und nicht verurteilt worden ist

das seinem Haupt gegeben wird, für dessen Vorderseite es gemacht worden ist[24]:
Es ist wie die Stirn des Re – wütend wie ein Krokodil[25].
Du bist dem Horus-Auge zum Himmel hinauf gefolgt,
zu den śḥd·w-Sternen[26] am Himmel.
Gehe wie einer, der mit Horus rudert[27], mit seinem Auge.
O Shu[28], der Du Nut[29] emporhältst,
Du hast das Horus-Auge zum Himmel emporgetragen,
zu den śḥd·w-Sternen am Himmel,
denn Horus sitzt auf seinem eisernen[30] Thron.
Gehe wie einer, der mit Horus rudert, mit seinem Auge.

<u>Zusammenfassung</u>:

a) Re kann wütend wie Krokodil sein, d.h. Krokodile und somit auch Sobek wurden als wütend angesehen.

---

24 Das hier beschriebene Bild ist dadurch entstanden, daß die Seele als „Horus-Auge" umschrieben wird.

25 Das Horus-Auge, d.h. Re, hat die Kraft eines Krokodils.

26 Die śḥd·w-Sterne sind ein unbekanntes Sternbild. Da an anderen Textstellen deutlich wird, daß der Weg vom Diesseits zum Jenseits über den Weltenbaum am Nordpol (Erdachse) führt, sollte dies ein Sternbild in der Nähe des Nordpols sein, also eine Sterngruppe, die den Polarstern miteinbezieht.

27 rudern: Hier wird das Bild der Fahrt der Sonne in einer Sonnenbarke über den Himmel benutzt.

28 Shu: Luftgott; er hat am Anfang der Zeit die Himmelsgöttin Nut von dem Erdgott Geb emporgehoben – weshalb er dafür prädestiniert ist, auch die Seele zum Himmel emporzuheben.

29 Nut: Himmelsgöttin

30 Da Meteoriten damals als Teile des herabgefallenen Himmelsgewölbe aufgefaßt wurden und da Meteoriten vor allem aus Eisen bestehen, mußte auch der Thron, die Krone, das Zepter usw. des toten Pharaos im Himmelsjenseits aus Eisen sein.

5.   Eine Verwandlung in Sobek

(Pyramidentexte, Spruch 275; 2270 v.Chr., Altes Reich)

Sprich:

Unas kommt zu euch, ihr Falken,
da eure Häuser für Unas versperrt (?) sind.
Er trägt sein m·rk-Gewand aus Affenfell auf seinem Rücken.
Unas öffnet die Doppeltore des Himmels;
Unas geht zu der Grenze des Himmels[31].
Unas legt das mśd·t-Gewand auf die Erde;
Unas wird zu dem Großen in Krokodilopolis[32].

Zusammenfassung:
a) Der Pharao verwandelt sich im Jenseits in Sobek.

---

6.   Die Wiedergeburt des Pharaos

(Pyramidentexte, Spruch 669; 2270 v.Chr., Altes Reich)

Isis sprach zu Nun[33]:

„Ich habe ihn[34] für Dich geboren;
ich habe ihn für Dich gelegt[35];
ich habe ihn gewißlich für Dich ausgespien[36].
Er hat keine Füße, er hat keine Arme,
wie kann er vollständig werden?"[37]

---

31   Grenze des Himmels: Horizont = Jenseitstor
32   Krokodilopolis: Schedet, die Hauptstadt der Fayyum-Oase westlich von Kairo
33   Da Isis zu dem Urwassergott Nun spricht, besteht hier zumindest eine Assoziation zu der Schöpfung der Welt, die später als das Auftauchen des Sobek aus dem Nun dargestellt wurde.
34   ihn: den im Jenseits wiedergeborenen Pharao Unas
35   gelegt: als Ei gelegt
36   ausgespien: Anspielung auf die Atum-Mythe, der die Welt erschaffen hat, indem er onanierte, seinen eigenen Samen verschluckte, ihn in sich wachsen ließ und ihn dann als die ersten Götter ausspie.
37   Anscheinend ist hier von einem noch nicht voll entwickelten Embryo die Rede.

(Nun:)
„Dann laß dieses Kupfer[38] herbeibringen ... ...
das ḥnw-Boot[39] ... ... zusammen mit ihm.“

(Die Götter:)
„Kommt zusammen mit ihm; er soll gut genährt sein,
er soll in euren Armen liegen.“

Das sagen sie, die Götter.

„Seht – er ist geboren!
Seht – er ist vollständig!
Seht – es gibt ihn nun!“[40]

(Die Götter:)
„Womit sollen wir das aufbrechen,
was paßt zu diesem Ei?“

Das sagen sie, die Götter.

„Laßt Sokar[41] von pḏw[42] kommen,
damit er seine Knochen richten kann,
damit er sein Skelett gestalten kann.
... ...
Er soll das Ei aufbrechen und dieses Kupfer lösen,
damit die beiden Gefolgsleute des Gottes,
die scharfe Zähne und lange Krallen haben[43],
den Gott mit ihren Händen[44] herausbringen können.“

---

38   Die Bedeutung des Kupfers ist hier unklar. Ist dies ein drittes Bild neben dem Gebären und dem Ei-Legen? Das wäre dann vermutlich ein Schmieden – ähnlich dem Töpfern des ersten Menschen durch den Widdergott Chnum.

39   ḥnw-Boot: die heilige Barke des Falkengottes Sokar

40   Diese drei Zeilen erscheinen hier eigentlich zu früh, da der weitere Text zeigt, daß Unas noch nicht aus seinem Ei geschlüpft ist. Ist das die Vorfreude der Götter auf das, was jetzt kommt?

41   Sokar: ein Falkengott, der dem Horus sehr ähnlich ist

42   pḏw: offenbar ein Kultort des Falkengottes Sokar

43   die beiden Gefolgsleute des Gottes, die scharfe Zähne und lange Krallen haben: sehr wahrscheinlich zwei Krokodile

44   Hände: Da Unas später in diesem Text als Falke erscheint, muß es sich bei dem Ei um ein Falken-Ei handeln – das offensichtlich Isis, deren Rede diesen Text beginnt, gelegt hat. Dies ist eine Analogie zu der Wiedergeburt des Osiris als Falke, nachdem sich Isis in Falkengestalt mit dem toten Osiris vereint hat. Man könnte daher zwei Falken als Helfer erwarten, doch da diese Gefolgsleute sowohl scharfe Zähne (Falken haben keine Zähne) als auch Hände (Falken haben keine Hände) haben, ist die Deutung dieser Gefolgsleute als

(Die Götter:)
„Seht – nun gibt es Unas!
Seht – Unas ist vollständig!
Seht – Unas hat sein Ei aufgebrochen!“

(Die Götter:)
„Womit soll Unas fliegen können?“

(Die Götter:)
„Laßt ihm das … … … bringen,
das ḥnw-Boot[45], das von Mw-ḥn[46] gebaut worden ist,
damit Du damit fliegen kannst,
damit Du damit fliegen kannst.
Der Südwind sei Deine Ziehmutter,
der Nordwind Deine Amme.“

Unas fliegt, er erhebt sich auf den beiden Flügeln seines Vaters Geb[47].

<u>Zusammenfassung</u>:
a) Isis hat das Ei gelegt, aus dem Horus geschlüpft ist.
b) Horus wurde im Nun, d.h. im Urwasser geboren.
c) Die Götter beschützen das Ei, aus dem Sobek schlüpfen wird, und tragen es auf ihren Armen.
d) Der Falkengott Sokar öffnet das Ei, damit Horus schlüpfen kann.
e) Horus hat zwei Gefolgsleute, die vermutlich Krokodile sind. Sollte es hier schon die Vorstellung von Sobek-Re als Falkenkopf-Krokodil gegeben haben? Dies ist auch die frühste Erwähnung eines Krokodil-Paares.

---

zwei Krokodile oder Krokodilgötter in Mensch/Krokodil-Mischgestalt wahrscheinlicher.
45   ḥnw-Boot: die heilige Barke des Falkengottes Sokar
46   Mu-ḥn: vermutlich ein Gott
47   Wieso hat der Erdgott Geb zwei Flügel, die er Unas in dessen Horus-Gestalt geben kann?

7. Hymne an den Nil

(Hymne des Dichters Cheti; 1900 v.Chr., Mittleres Reich)

Diese Hymne an den Gott Hapi, also an den Nil, ist hier angefügt, um den unterschiedlichen Charakter der Hymnen an den Nil selber und an den Krokodilgott Sobek als Bringer der Nilflut zu zeigen. Die Hapi-Hymne ist sehr viel friedlicher …

Sei gepriesen, o Nil, der herauskommt aus der Erde
und herbeikommt, um Ägypten zu ernähren,
dessen Wesen verborgen ist – eine Dunkelheit am Tage,
der die Fluren bewässert,
der die Wüste tränkt, die fern vom Wasser ist,
der Nahrung bringt und reich an Speisen ist,
der alles Gute erschafft,
der Kräuter für die Herden erschafft
und jedem Gott Schlachtopfer gibt,
der die Speicher füllt und die Scheunen weit macht,
der den Armen etwas gibt,
der Bäume wachsen läßt nach eines jeden Wunsch,
sodaß niemand Mangel daran hat.
Man beginnt für Dich auf der Harfe zu spielen
und man singt Dir mit der Hand[48].
Wenn die Nilflut ansteigt, opfert man Dir
Weihrauch auf der Flamme,
und Ochsen und Rinder und Vögel,
denn Du läßt die Menschen von ihrem Vieh leben
und ihr Vieh von der Flur.
Du grünst, Du grünst, o Nil, Du grünst.

Zusammenfassung:
a) Hier wird der Nilgott Hapi anstelle des Krokodilgottes Sobek als der „Begrüner des Niltals" angesehen. Das ist aus ägyptischer Sicht jedoch kein Widerspruch, weil Sobek die Fluten des Hapi (Nil) bringt.

---

48   singt mit der Hand: Gesten, die den Gesang begleiten?

8. Aus einer Sonnen-Hymne

(Entstehungszeit ungewiß)

Die Ägypter spielten gerne mit Worten und schlossen dabei aus ähnlich klingenden Worten auch auf eine wesensmäßige Verwandtschaft des Bezeichneten. Diese im Altägyptisch ähnlich klingenden Worte sind jeweils in Klammern beigefügt.

In dem folgenden Text wird die Sonnenscheibe auf dem Kopf des Sobek beschrieben.

Schöne (rn·t) *am Kopf des Sobek*
in Deinem Namen „Myrrhen" (rntj·w)*!*

Mögest Du Platz nehmen an seinem Scheitel (wp·t)
in Deinem Namen „Wpt-tnnt"!

Mögest Du aufsteigen (jrr·t) *zu ihm an die Spitze seiner Glieder,*
in jenem Deinem Namen „Uräus" (jrrt)*!*

Zusammenfassung:
a) Sobek trägt die Sonnenscheibe auf seinem Haupt.

---

9. Aus einer Hymne an die Kronengöttin Uräus

(Entstehungszeit ungewiß)

Über Sobek wird in diesen Zeilen nur gesagt, daß er die Krone, d.h. die Sonnenscheibe auf seinem Haupt trägt.

Die in Dep[49] ist, Herrin des Nu-Hauses, die im Flammenhaus ist,
die den Kopf des Horus des Ostens schmückt,
die dem Sobek zugeteilt ist, die unversehrte, helle,
das vielfarbige Horusauge zu Hut-wer-kau[50].

Zusammenfassung:
a) Sobek trägt die Sonnenscheibe auf seinem Haupt.

---

49   Dep: Stadt im Delta
50   Hut-wer-kau: „Haus der großen Lebenskraftkörpers", vermutlich der Name eines Sobek-Tempels

10.   Hymne an Sobek

(Sobek/Horus-Tempel in Kom Ombo; Spätzeit)

In dieser Hymne erscheint Sobek als Allgott und als Schöpfergott. Dies entspricht der Vorstellung, daß die Erde am Anfang wie ein Krokodil aus dem Urmeer aufgestiegen ist.

Der gewaltige Gott[51],
aus dessen beiden Augen
die zwei Gestirne von Sonne und Mond hervorgegangen sind:
Seine beiden Augen erhellen die Finsternis.

Zusammenfassung:

a) Sonne und Mond sind die beiden Augen des Sobek. Da die Erschaffung oder Entstehung von Sonne und Mond ein Motiv aus den Mythen des Urgottes sind, wird Sobek hier als Urgott aufgefaßt.

Dieser Urgott ist bei den Ägyptern ansonsten Atum, der die Urinsel ist, die als erstes aus dem Urmeer aufgestiegen ist. Der Name „Atum" entspricht dem jüdischen „Adam", dem persischen „Yima", dem indischen „Yama", dem römischen „homo/humus" und dem germanischen „Ymir". Die Bedeutung dieses Namens aus der nostratischen Sprache (Sprache der Jungsteinzeit in Mesopotamien) ist „Erd-Mann", womit der Urriese gemeint ist.

Anscheinend ist hier Sobek als der „Gott, der aus dem Wasser auftaucht" dem Urriesen Atum als der „ersten Insel, die aus dem Wasser auftaucht" gleichgesetzt worden.

---

11.   Sobek-Hymne

(Spätzeit)

Diese Hymne an Sobek enthält einen Refrain, der möglicherweise im Kult jeweils von einer Gemeinschaft gesprochen wurde, nachdem der Priester die eigentlichen Anrufungsverse vorgetragen hatte.

Die fehlenden Teile in dem teilweise recht lückenhafte Text sind durch „... ... ..." gekennzeichnet. Manche Strophen lassen sich wegen der vielen Lücken gar nicht übersetzen.

Die einzelnen Strophen sind unterschiedlich lang.

---

51   gewaltiger Gott: Sobek

Der das Land für die Äcker schuf,
der alle Bäume wachsen läßt zum Lebensunterhalt,
der das Brot zum Essen erschuf:
Er schuf die Erde und brachte alles Seiende hervor,
er öffnete ihren Mund.

Es erwache Sobek-Re der Herr von Semenu[52], der ... ... in Frieden!

Der die Stiere schuf, um die Kühe zu schwängern
und die Kälber entstehen zu lassen:
Er schafft ... ..., indem er schwanger ist in jeder Frau,
indem er zeugt im Manne,
soviel ihrer sein werden ... ..., er vereinigt sich mit ihnen.

Es erwache Sobek-Re der Herr von Semenu, der ... ... in Frieden!

Der ihre Baupläne ... ..., die Seschat[53] vermessen hat,
die den Meßstrick ausspannt, um die Tempel zu erneuern,
die die Kultbilder der Götter hervorbringt in seinem eigenen Namen.

Es erwache Sobek-Re der Herr von Semenu, der ... ... in Frieden!

Ptah[54], die Wiedergeburt des Re[55],
der sich von neuem verjüngt[56],
der sich hervorbrachte als Nun[57], Schu[58] und Tefnut[59] [60]
und aus ihnen heraus dann als Re, Nut[61] und Geb[62], [63]
dann als Osiris und Iris und schließlich als Horus, [64]

---

52   Semenu: Stadt in Oberägypten
53   Seschat („Schreiberin"): Göttin der Landvermesser, Architekten und Baumeister
54   Ptah: Schöpfergott, Totengott
55   Re: Sonnengott
56   verjüngt: Wiedergeburt als Morgensonne
57   Nun: Urwasser
58   Schu: Luftgott
59   Tefnut: vielfältige Göttin (Urgöttin, Löwin, Feuer, Sonnenauge u.a.)
60   Nun, Schu und Tefnut werden hier als Kinder des Sobek-Re aufgefaßt.
61   Nut: Himmelsgöttin
62   Geb: Erdgott
63   Nut und Geb sind die Kinder des Schu und der Tefnut; auch der Sonnengott Re wird hier als Kind dieser beiden Gottheiten angesehen.
64   Osiris und Isis sind Kinder von Nut und Geb; Horus ist das Kind des Osiris und der Isis. In dieser Strophe wird der Stammbaum der wichtigsten Götter beschrieben – mit Sobek-Re als ihrem Urahn.

der seinen beiden Himmeln[65] vorsteht,
der ausgezeichnet in seinen Verkörperungen ist,
der starke Fürst ... ...

Es erwache Sobek-Re der Herr von Semenu, der ... ... in Frieden!

... ...
... ...
... ...

Es erwache Sobek-Re der Herr von Semenu, der ... ... in Frieden!

König, Herr des Tempels,
der hinter Sothis[66] ist, der Herrin von Buto[67],
mit ... ... Brüsten und starken ... ... im Palast ... ...
Pharao ist zu Dir gekommen, Sobek-Re, Herr von Semenu.
er ist Dein Abbild ... ...

Es erwache Sobek-Re der Herr von Semenu, der ... ... in Frieden!

... ...
   (Der Text der hier folgenden elf Strophen ist zu stark beschädigt, um übersetzt werden zu können.)
... ...

Es erwache Sobek-Re der Herr von Semenu, der ... ... in Frieden!

Man berechnet Kraft Deiner ... ...
... ... die Lebenszeit der Götter,
... ...
... ...

Es erwache Sobek-Re der Herr von Semenu, der ... ... in Frieden!

Die Zeit in ihrer Gesamtheit ist für Dich wie das Gestern,
wenn es vergangen ist[68];
Du fährst dahin in der Nacht- und Tagbarke[69] ... ...

---

65 die beiden Himmel: vermutlich sind hier Diesseits und Jenseits gemeint
66 Sothis: der Stern Sirius, der mit Isis gleichgesetzt wurde
67 Buto: Stadt im Delta; die Herrin von Buto = Uräus-Schlange
68 Sobek-Re kennt alles, war war, was ist und was noch sein wird.
69 Re fuhr in zwei verschiedenen Schiffen über den Tageshimmel und durch die Unterwelt.

Es erwache Sobek-Re der Herr von Semenu, der … … … in Frieden!

Deine Strahlen dringen ein in Deine Unterwelt als Allherr;
die Westlichen[70], die mit Opfern versorgt worden sind, setzen sich zu Dir,
weil sie Deine Majestät – Möge er leben, gesund und stark sein![71] –
als ihren Herrn erkennen.

Es erwache Sobek-Re der Herr von Semenu, der … … … in Frieden!

Man sieht durch Dich … … …
… … … Dein Weg ist auf den Händen der Naunet[72],
Orion[73] trägt Deine Liebe;
Deine Mannschaft[74] hat freie Fahrt … … …

Es erwache Sobek-Re der Herr von Semenu, der … … … in Frieden!

Deine Barke segelt in gutem Wind,
der Messersee[75] ist unter Dir zur Ruhe gekommen.
Die Unermüdlichen[76] und die Unvergänglichen[77],
vollbringen Deinen Umlauf in Frohlocken.
Du vereinigst Dich mit den westlichen Bas[78]
als Herr … … …

Es erwache Sobek-Re der Herr von Semenu, der … … … in Frieden!

Deine Mutter[79] umarmt Dich im Lichtland des Himmels
… … … vor Dir;

---

70 Der Eingang zur Unterwelt liegt im Westen (da, wo die Sonne untergeht und wo die Jenseitsinsel liegt [Griechen: Atlantis; Kelten: Tir-nan-og; Germanen: Walaskialf usw.]). Daher wurden die Toten manchmal „die Westlichen", also „die im Westen wohnen" genannt.

71 Jedesmal, wenn man den Namen des Pharaos aussprach, fügte man den Wunsch „Leben! Gesundheit! Stärke!", also „Möge er leben, gesund und stark sein!" an. Das entspricht dem deutschen „Gott beschütze ihn!"

72 Naunet: die weibliche Form des Urmeeres Nun

73 Orion: Dieses Sternbild wurde als Verkörperung des Osiris angesehen. Es ist nur im Winter zu sehen, also zu der Zeit, zu der der von Seth zerstückelte Korngott Osiris tot in der Unterwelt (hier als Sterne am Sternenhimmel) ruhte.

74 Mannschaft: die Besatzung der Sonnenbarke (vor allem Ruderer und Steuermann)

75 Messersee: Hindernis für die Sonnenbarke in der Unterwelt

76 Unermüdliche: Planeten (Wandelsterne)

77 Unvergängliche: Fixsterne

78 Ba der Westlichen: Seele/Astralkörper der Toten

79 Mutter des Sobek-Re: hier die Göttin Nut

die Schlafenden wachen auf bei Deinem Anblick,
die Erde streckt ihre Arme aus, Dich zu empfangen.
Die Götter, die in ihr sind, preisen Dich.

Es erwache Sobek-Re der Herr von Semenu, der … … … in Frieden!

Die Unterwelt ist geheim, die Deinen Leichnam birgt.
Du erleuchtest den in der Finsternis … … …
Du richtest Millionen auf, wenn Du aufgehst für sie.

Es erwache Sobek-Re der Herr von Semenu, der … … … in Frieden!

… … …
Der Himmel ist über Dir,
die Erde ist unter Deinen Füßen.
… … … Götter und Menschen preisen Dich vor Deinem Angesicht,
küssen die Erde vor Deiner Hoheit.
Du hast Dich an den Himmel hinauf entfernt,
um zu sehen, was Du begonnen hast.

Es erwache Sobek-Re der Herr von Semenu, der … … … in Frieden!

Du hast das Seiende geschieden[80]*, … … …*
Du hast Dich … … … vor allen Göttern,
Du bist älter und größer als die Neunheit[81]*:*
der Urgott, der seinesgleichen nicht hat!
Du öffnest allen Lebewesen die Augen mit Deinem Licht.

Es erwache Sobek-Re der Herr von Semenu, der … … … in Frieden!

Die Gesichter strahlen bei Deinem Anblick.
… … … der den Lebenshauch schuf,
der die Leiber der Götter und Menschen leuchten läßt.
Du sorgst für das, was aus Dir hervorgegangen ist.[82]

Es erwache Sobek-Re der Herr von Semenu, der … … … in Frieden!

Du läßt alles grünen, was auf Deinem Rücken wächst[83].

---

80 Er hat die Vielfalt erschaffen. In der Bibel heißt es dazu „Erde und Wasser getrennt".
81 Neunheit: der Urgott/Erdgott Atum und die acht Urgötter
82 das, was aus Sobek hervorgegangen ist: die gesamte Schöpfung
83 Hier wird Sobek-Re als Urgott angesehen

Du bist entstanden, als noch nichts entstanden war,
und alles Entstandene entstand aus Dir.
Du formtest den Himmel, erschufest die Erde,
Du brachtest alles, was ist, hervor.

Es erwache Sobek-Re der Herr von Semenu, der … … … in Frieden!

Du erschufst die beiden Länder[84] in ihrer … … …
als Du Re warst, der älter als die anderen Götter ist.

Es erwache Sobek-Re der Herr von Semenu, der … … … in Frieden!

… … …

   (Der Text der hier noch folgenden fünf Strophen ist zu stark beschädigt, um übersetzt werden zu können.)
… … …

Es erwache Sobek-Re der Herr von Semenu, der … … … in Frieden!

<u>Zusammenfassung</u>:
   a) Sobek hat die Äcker erschaffen. Dieses Motiv ist eine Ausweitung seines
Bewässerns der Felder.
   b) Sobek läßt die Bäume wachsen. Auch dieses Motiv ist eine Ausweitung seines
Bewässerns der Felder.
   c) Sobek hat die Erde erschaffen. Dieses Motiv ist eine Ausweitung seines
Anschwemmens der fruchtbaren Erde, die die Nilflut nach Ägypten bringt.
   d) Sobek erschafft die Brote. Dieses Motiv ist eine Ausweitung seines Bewässerns
der Felder, das die Voraussetzung von reichen Getreideernten ist.
   e) Sobek hatte einen Tempel in der oberägyptischen Stadt Semenu – er ist der
„Herr von Semenu“.
   f) Er ist die Zeugungskraft in den Stieren und Männern. Dieses Motiv hat zum
einen in den Wiederzeugungs-Vorstellungen im Zusammenhang mit den Toten und
Re seinen Ursprung und zum anderen auch in der Auffassung des Bewässerns von
Ägypten als einer Zeugung.
   g) Sobek ist als „Sobek-Re“ eins mit dem Sonnengott Re.
   h) Sobek ist der Herr des Tempels.
   i) Isis („Sothis“) ist die Mutter des Sobek, da Sobek auch dem Isis-Sohn Horus
gleichgesetzt wurde.
   j) Der Pharao verehrt Sobek in dessen Tempel in Semenu.
   k) Sobek kennt die ganze Zeit einschließlich der Zukunft.

---

84   die beiden Länder: Ober- und Unterägypten, also das altägyptische Reich

l) Sobek-Re fährt in der Tagbarke des Sonnengottes und in der Nachtbarke des Sonnengottes.

m) Sobek-Re ist der Allherr.

n) Sobek wird in der Wasserunterwelt von der Göttin Naunet getragen. Sie ist die weibliche Form des Urwasser-Gottes Nun.

o) Osiris („Orion") liebt Sobek. Sobek wird hier vermutlich als Sohn des Osiris angesehen, da Sobek auch dem Osiris-Sohn Horus gleichgesetzt worden ist.

p) Sobek ist als Sobek-Re auch der Sohn der Nut.

q) Sobek ist der Urgott, der die Neunheit, d.h. die ersten neun Götter erschaffen hat.

r) Sobek hat die gesamte Welt erschaffen einschließlich Erde, Himmel und Ägypten.

12. Sobek-Hymne

(Spätzeit)

In der Spätzeit wurde Sobek als Allgott angesehen, d.h. als Urgott, als Vater aller Götter, als das eigentliche Wesen in allen Göttern u.ä. Diese Entwicklung hat schrittweise während des gesamten Verlaufs der altägyptischen Religion stattgefunden. Man kann diese Entwicklung grob in die folgenden neun Schritte unterteilen:

A der wichtigste Gott
    1. der Sonnengott
    2. der Sonnengott als wichtigster Gott
    3. der Sonnengott als Vater des Königs

B der Herrscher der Götter
    4. der Sonnengott als König aller Götter
    5. der Sonnengott als Urahn aller Götter

C der vielfältige eine Gott
    6. der Sonnengott als Vater aller Götter
    7. der Sonnengott als das eigentliche Wesen in allen Göttern
    8. alle Götter als Aspekte des Sonnengottes, der der eine-alles-einzige Gott ist

D der eine-alles-einzige Gott
    9. Monotheismus (ein einziger Gott)

Das erste Mal ist diese Entwicklung um ca. 1350 v.Chr. von dem Pharao Echnaton zu Ende gedacht und auch umgesetzt worden, indem er Aton – also die Sonnenscheibe – zu dem einzigen Gott erklärt hat. Das hat dann um ca. 1200 v.Chr. Moses in seiner Zeit in Ägypten zu seiner Formulierung des Jahwe-Monotheismus inspiriert.

Die Hymnen an Sobek-Re aus der Spätzeit entsprechen den Entwicklungsstufen 6. 7. und 8., d.h. der solare Krokodilgott wird als der eigentlich wichtige Gott angesehen.

Sobek wird in dieser Hymne nacheinander als der eigentliche Gott in den Götter-Gestalten der Flügelsonne und den Göttern Re, Neheb-Kau, Horus, Ptah, Chepere, Seth, Amun, Thot und Osiris dargestellt.

Wir preisen Dich, Sobek,
Allherr, der in seiner Umringlerschlange[85] aufgeht
der hervorkommt mit seinen Flügeln[86] ... ...
Gehe auf! Erstrahle!

Du trittst rein hervor auf dem Gestade des Lichtlands[87]
als schönes Kalb[88] aus der Großen Flut[89];
sie läßt Dich in Triumph erwachen
als Oberhaupt Deines Gefolges.

O Du, der Du aufsteigst aus dem Nun[90],
der in einer Kammer in ihm zur Ruhe geht;
der hervortritt mit seiner Roten Krone,
umgeben von seiner Flamme in der Pupille seines Auges.
Sei gegrüßt: „Neheb-Kau"[91] ist Dein Name!

0 Einziger, der aufgeht und erstrahlt in seinem Glanz,[92]
der leuchtet auf seiner Wunde![93]
0 Du, der bei seinem Erscheinen die Sonne ist,

---

85   Umringlerschlange: Uräus (ursprünglich die aufgestiegene Kundalini)
86   Flügel: Sobek-Re als Flügelsonne
87   Lichtland: Himmel, Diesseits
88   Kalb: die am Morgen wiedergeborene Sonne als Kind der Kuhgöttin Hathor
89   Große Flut: Urmeer
90   Nun: Urmeer; auch die Unterweltswasser, die die Sonne des Nachts durchquert
91   Neheb-Kau: Gott, der das Jenseitstor bewacht; er hat die Gestalt eines Mannes mit
     Schlangenkopf; sein Name bedeutet, „der (den Menschen und allen Lebewesen) die Kas
     gibt" (Ka = Lebenskraftkörper)
92   Hier wird Sobek als Sonne beschrieben.
93   Wunde: unklare mythologische Anspielung

wenn er die Himmelsgöttin[94] durchwandert.
Komm, Re, in Frieden: „Schöpfer" ist Dein Name.

0 erlauchter Falke[95], in dessen Griff die Zeit ist,
Kind, das älter ist als die Götter ist,
dessen Lichtauge ihn mit seiner Kraft schützt,
den die Flamme seines Auges beschirmt.

Heil Dir: „Ptah"[96] ist Dein Name!
0 Sonnenscheibe, die auf ihrem Machtbild ist,
der sitzt auf seinem eisernen Thron[97],
„Großer Pfeiler"[98], der nicht ermüdet,
aus dem süß der Lufthauch[99] hervorgeht.

Heil Dir: „Chepere"[100] ist Dein Name!
0 Du, der in seiner geheimen Kammer[101] ist,
Lob erschallt Dir aus dem Mund der Götter,
Jubel tönt Dir aus dem Mund der Menschen,

Edler, Herr der Wüsten[102] und Sümpfe[103]!
Abydos[104] gehört Dir, Du hast dort Deine Stätte,
Buto[105] ist Dein in Lobpreisungen;
Du währst lebendig in Ewigkeit.

Heil Dir, Amun[106]-Chepere, der sich selbst hervorbrachte,
der die beiden Himmel durchfährt mit seiner Zauberkraft,
der seinen Sitz erhöht hat unter den Lebenden,
der schnellen Schrittes zu jenem Schrein von Heliopolis[107] eilt,
um sich in ihm niederzulassen.

---

94 Himmelsgöttin: Nut
95 Falke: Horus
96 Ptah: Schöpfergott, Totengott
97 eiserner Thron: Jenseitsthron
98 Großer Pfeiler: Weltachse, Weltenbaum, der den Himmel trägt
99 Lufthauch: Ist das eine Anspielung auf den Luftgott-Sonnengott Amun-Re?
100 Chepere: Skarabäus (Sonne)
101 geheime Kammer: vermutlich die Unterwelt
102 Herr der Wüsten: der Gott Seth
103 Herr der Sümpfe: Sobek
104 Abydos: Hauptkultort des Osiris
105 Buto: Kultort der Göttin Wadjet
106 Amun: Gott der Luft; später auch Sonnengott und Allgott
107 Heliopolis: ältester Kultort des Sonnengottes Re (in der Nähe von Kairo)

Großer Pavian[108] von Hermopolis[109],
dessen Gestalt verborgen ist im Obeliskenhaus,
von dem man den Ort nicht kennt, an dem er sich befindet.
Die Ausflüsse halten seine Gestalt verborgen ... ...

Heil Dir: Osiris-Wannafre[110], der Gerechtfertigte[111] ist Dein Name
in Wahrheit, in Wahrheit!

0 Du, dessen Kopf Falke und Krokodil ist[112] –
sein Auge ist Feuer, seine Finger sind geheime Uräusschlangen,
Millionen Ellen hohe Flammen sind auf allen seinen Seiten;
der die Flüsse durchstreift in Millionen Gestalten,
schnell im Wasser wie zu Lande.

... ... "

<u>Zusammenfassung</u>:
a) Sobek ist der Allherr.
b) Sobek-Re ist als Sohn der Kuh-gestaltigen Himmelsgöttin Hathor ein Kalb.
c) Als Sobek-Re hat Sobek auch die Gestalt eines Falken.
d) Als Urgott ist er der erste und älteste der Götter.
e) Sobek wird „Herr der Lebenskraftkörper“ genannt.
f) Sobek wird als der Gott Ptah angesehen.
g) Sobek-Re wird wie Re als Chepere (Skarabäus) angesehen.
h) Sobek-Re wird von allen Menschen verehrt.
i) Sobek-Re wird von allen Göttern verehrt.
j) Sobek ist der Herr der Wüsten.
k) Sobek ist der Herr der Sümpfe.
l) Sobek hat einen Tempel in Abydos in Oberägypten.
m) Sobek hat einen Tempel in Buto in Unterägypten.
n) Sobek hat einen Tempel in Heliopolis.
o) Sobek wird dem Amun-Chepere gleichgesetzt.
p) Sobek wird als der „Große Pavian“, d.h. als der Ibisgott Thot angesehen.
q) Sobek wird dem Osiris gleichgesetzt.
r) Sobek kann einen Falkenkopf und einen Krokodilkopf haben.

---

108 Großer Pavian: eine Gestalt des Ibisgottes Thot
109 Hermopolis: Hauptkultort des Thot
110 Osiris-Wannafre: „Osiris, dessen Schönheit beständig ist“
111 Gerechtfertigter: der das Jenseitsgericht bestanden hat
112 Sobek wurde auch als Krokodil mit dem Falkenkopf des Horus dargestellt.

13. Sobek-Hymne

(Spätzeit)

Bei dem folgenden Lied werden die Strophen wechselweise von zwei Chören gesungen bzw. der variierende Text von einem Priester und der Refrain von einem Chor. Der Satz „*Heil! Laßt uns seinen Ka preisen!*" des Priesters zeigt dem Chor jedesmal seinen Einsatz nach den verschiedenen langen Strophen des Priesters an.

Auf diesen mehrfachen Wechselgesang folgt eine lange Lobpreisung des Sobek durch den Priester.

Feiert jubelnd Sobek-Re, den Herrn von Semenu[113],
den Ersten des Qema-Tempels[114], Herrn von Gebelen[115]!

Den Herr von Iga[116], mit mächtiger Kraft,
der den Arm ausspannt,
Herr des Messers, der seine Feinde schlägt,
Atum[117] mit dem Widderkopf[118]!
Heil! Laßt uns seinen Ka[119] preisen!

Feiert jubelnd Sobek-Re, den Herrn von Semenu,
den Ersten des Qema-Tempels, Herrn von Gebelen!

Oberhaupt, der die Feinde verzehrt im Feuersee,
Herr der großen Atef-Krone[120] im Tempel der Ima-Bäume[121],
großer Machthaber, der seine Krone trägt;
mit hellem Gesicht, Herr der Furchtbarkeit.
Heil! Laßt uns seinen Ka preisen!

---

113 Semenu: Stadt in Oberägypten
114 Qema: die Stadt Qena (Dendera) in Oberägypten
115 Gebelen: die Stadt Gebelein in Oberägypten (altägyptisch: „Inerty")
116 Iga: Stadt in Ägypten
117 Atum: Urgott, Urmensch, die Erde (entspricht dem jüdischen Adam, dem germanischen Ymir, dem persischen Yima, dem indischen Yama, dem römischen Homo/Humus, dem chinesischen Pan Gu usw.)
118 Widderkopf: der Widdergott ist Chnum, von dem die Krone des Sobek-Re ihre Widderhörner erhalten hat
119 Ka: Lebenskraftkörper
120 Atef-Krone: die weiße Krone von Oberägypten
121 Ima-Bäume: vermutlich ein heiliger Hain bei einem Tempel; es könnte aber auch der Isched-Baum gemeint sein, d.h. der Weltenbaum, der auch eine Gestalt der Göttin Hathor ist – in diesem Fall wäre der Tempel ein Hathor-Tempel

Feiert jubelnd Sobek-Re, den Herrn von Semenu,
den Ersten des Qema-Tempels, Herrn von Gebelen!

Mit starkem Schwert, ohne Milde
gegen seine Feinde im Messersee.
  Heil! Laßt uns seinen Ka preisen!

Feiert jubelnd Sobek-Re, den Herrn von Semenu,
den Ersten des Qema-Tempels, Herrn von Gebelen!

Mit schöner Brust, der alle Dinge scheidet, der die Ufer begrünt,
Stier der Wollust, der die Vulva befruchtet;
Hu[122] und Sia[123], Männlicher der Acht Urgötter[124].
  Heil! Laßt uns seinen Ka preisen!

Feiert jubelnd Sobek-Re, den Herrn von Semenu,
den Ersten des Qema-Tempels, Herrn von Gebelen!

Der aufgeht über den Ostbergen
und untergeht in die Westberge,[125]
Horus, der im Palast wohnt und seinen beiden Himmeln vorsteht.
Der den Himmelskreis aufdeckt an jedem Tage,
die Augen glänzen bei seinem Licht, wenn er aufgeht.[126]
  Heil! Laßt uns seinen Ka preisen!

Feiert jubelnd Sobek-Re, den Herrn von Semenu,
den Ersten des Qema-Tempels, Herrn von Gebelen!

Der Allherr, Urgott im Nun,[127]
der den Himmel emporhob, indem er sich aufrichtete,
der die Erde festigte und den Urhügel[128] entstehen ließ;

---

122 Hu: Gott des magisch wirksamen Wortes

123 Sia: Gott des schöpferischen Willens im Herzen

124 Die acht Urgötter bestehen aus vier Gott/Göttin-Paaren. Dies sind: Nun und Naunet (Wasser), He und Hehet (Unendlichkeit), Kek und Keket (Dunkelheit) sowie Amun und Amunet (Verborgenheit). Der Ursprung war also das verborgene, unendliche, dunkle Wasser. Diese Achtheit ist eine „Aufschlüsselung" der Eigenschaften des Gottes Nun, der das Urwasser darstellt.

125 die Sonne

126 die Sonne

127 der Allherr-Urgott im Nun: Sobek-Re

128 Urhügel: Atum, der als erstes aus dem Urwasser Nun aufgetaucht ist – ihm wurde das Krokodil verglichen, das aus den Wassern des Nils auftaucht

das Oberhaupt durch den Ratschluß seines Herzens.
Der das Wasser auf alle Gebirge bringt,
um am Leben zu erhalten, was in ihnen ist.[129]
Heil! Laßt uns seinen Ka preisen!

Feiert jubelnd Sobek-Re, den Herrn von Semenu,
den Ersten des Qema-Tempels, Herrn von Gebelen!

Herr der Namen, reich an Eigenschaften,
Chepere[130]*, Herr der Verwandlungen, reich an Wiedergeburten.*
Gekröntes Haupt in der Nachtbarke,
König, Herr der Tagesbarke[131]*.*
Heil! Laßt uns seinen Ka preisen!

Feiert jubelnd Sobek-Re, den Herrn von Semenu,
den Ersten des Qema-Tempels, Herrn von Gebelen!

Horus, Herr der Stirnschlangen,
der Macht hat durch sein Auge.
Herr von Unterägypten, reich an Uräus-Schlangen,
der ... ... Ba[132] *des Tatenen*[133]*.*
Heil! Laßt uns seinen Ka preisen!

Feiert jubelnd Sobek-Re, den Herrn von Semenu,
den Ersten des Qema-Tempels, Herrn von Gebelen!

Allherr, der das Licht schafft,
Horus[134] *der Horusse, der sich über die Götter erhöhte.*
Heil! Laßt uns seinen Ka preisen!

Feiert jubelnd Sobek-Re, den Herrn von Semenu,
den Ersten des Qema-Tempels, Herrn von Gebelen!

---

129 das Wasser auf den Gebirgen: Regen; Hier zeigt sich, daß diese Hymne aus der Spätzeit stammt, in der den Ägyptern der in anderen Ländern reichlich fallende Regen bekannt war, der in Ägypten selber ja nur am Mittelmeerrand des Deltas in den Monaten Oktober bis März fiel – und dann auch nur in sehr geringen Mengen. Deshalb sagte schon der griechische Geschichtsschreiber Herodot um 450 v.Chr., daß Ägypten ein Geschenk des Nils sei.

130 Chepere: Skarabäus (Sonne)

131 Der Sonnengott Re fuhr am Tag und in der Nacht in zwei verschiedenen Barken über das Himmelsmeer und über die Unterweltwasser.

132 Ba: Astralkörper

133 Tatenen: „Erhobenes Land", Gott des Urwassers und des Urhügels

134 Horus: Falkengott, göttliche Seele des Pharaos

Ba, ausgezeichnet an Verkörperung, der das Seiende schuf,
Urgott, der die beiden Länder formte und die Ufer gründete,
der die Tempel ausstattete mit ihren Opfern.
Lob Dir, Herr des Schweigens, der die Kehle öffnet,
Allherr, der im Lichtland spricht, woraufhin die Götter jubeln.
Horus, der sich als Re verjüngt, Tag für Tag;
der altert als Atum[135], wenn er im Leben untergeht.
Herr des Nun[136], der alle Dinge hervorbringt,
der die Luft[137] erschafft, um alle am Leben zu erhalten, die in ihr sind.
Erlauchte Macht, König der Götter,
Herrscher, Herr über Zeit und Dauer.

Du erscheinst am Himmel beim Auf- und Untergehen,
Himmel und Erde sind von Deiner Schönheit durchdrungen.
Dein Bild von Gestalt ist Nun,
indem Du der Einzige Gott bist, der Sehr-Große ohnegleichen.[138]

Du wiederholst den Kreislauf in der Gestalt eines Falken[139]
um Menschen und Götter leben zu lassen.
Dein Herz ist weit wegen all dem, was Du geschaffen hast,
Du freust Dich über das Werk Deiner Hände.
Alles, was aus Dir hervorgegangen ist, jauchzt Dir zu,
sie stehen auf, um Dein Erscheinen zu schauen.
Der Nil, er ist aus Dir herausgekommen,
um Dir die Ufer zu bewässern mit dem, was Du geschaffen hast,
um Dir die Äcker und Fluren zu schwängern.
Für Dich bringt die Erde hervor, was in ihr ist.
Alles, was Du geschaffen hast, preist Dich
und wird nicht müde, Dir zu erzählen, was in Dir ist.
Sie sehen durch Deine Augen, sie sind verklärt durch Dich,
sie essen und trinken von Deiner Flut.
Die aus Dir hervorgegangen sind und ruhen in Deiner Unterwelt:
Du bist ihr Brot für immerdar.

Du bist der Eine Gott, der das Licht erschafft,
der Urgott am ersten Anbeginn.
Sie ermitteln die Eigenschaften jeden Gottes nach Dir,

---

135 Atum: Urgott, Urhügel
136 Nun: Urwasser
137 Luft: der Gott Schu oder der Luftgott Amun
138 Hier geht die Beschreibung des Sobek-Re schon in den Monotheismus über.
139 Falke: Horus

sie sind göttlich in Deiner Gestalt.
Solange Du währst, währt die Zeit,
die unendliche Dauer liegt vor Deinem Angesicht.
Alles, was aus Dir hervorgegangen ist, folgt Dir,
Männer wie Frauen;
die Götter sind Dein in Lobpreisungen,
die Göttinnen spielen Sistrum[140] für Deinen Ka.
Komm nun in Frieden zum Pharao.

Re – mögest Du ihn dauern lassen, denn er wirft Deine Feinde nieder;
er treibt für Dich Apophis[141] zurück bei seinem Angriff,
er verwundet für Dich die, die gegen Dich rebellieren.

Ptah – lasse Pharao dauern, wie Du dauerst,
laß ihn stark sein, wie Du stark bist.
Er gibt Dir Leben, wenn seine Hände die Ma'at tragen.

Schu – beschenke die Nase des Pharao mit Leben, Dauer und Heil!

Geb – er opfert Dir Speisen, er begrünt Dir die Erde;
der Acker bringt Dir alle Pflanzen hervor.

Osiris – schmücke den Leib des Pharao mit allem, was aus Dir hervorgeht.

Horus – gib ihm unendliche Zeit als König der beiden Länder,
Dauer als Leiter aller Länder.

Laß die Schönheit des Pharao glänzen in jenem Deinem Namen „Sobek".
Ziehe auf für ihn die in diesem Lande Geborenen
in jenem Deinem Namen „Krokodilopolitaner".

Du vereinigst Dich mit den Kühen und befruchtest sie
in jenem Deinem Namen „Chnum".[142]
Komm zu Pharao in allen Deinen Namen:
er bringt Dir alles dar, was aus dem Nun hervorging
und was aus Deinem Leibe entstand.

---

140 Sistrum: metallene Rassel aus dem Hathor-Kult

141 Apophis: Riesenschlange, die den Sonnengott Re bei seiner nächtlichen Fahrt durch die Unterwelt bedroht

142 Da Chnum ein Widdergott ist, sollte hier statt „Kühe" eigentlich „Ziegen" stehen – oder statt „Chnum" der Name des Stiergottes Apis. Doch es geht hier wohl nur um die Zeugungskraft an sich.

Seine Speisen sind in dem Schreinraum Deines Kultbildes.
Er findet alle Deine Tätigkeiten heraus, die in Dir sind,
er verbindet Deine Geburten mit den Göttern,
indem er ihre Kas mit Deinem Ka zusammenfaßt.
Er legt Dir den rituellen Kragen um Deinen Hals,
damit Du „hoch wirst und entstehst als Chepere";
er setzt Dir Deine Doppelfeder[143] auf Deinen Kopf
und legt Dir Dein Amulett[144] an Deine Brust.
Er hält Dir seine Arme hin mit Opfergaben,
er macht Deine Opferbrote beständig und opfert Dir auf dem Altar,
indem er Dir sagt, was in Dir ist.

Sobek-Re, Herr von Semenu,
spanne Dein Herz[145] aus für Pharao!
Er betet Dich an mit Deinen schönen Hymnen[146],
er besänftigt Dich in allen Deinen Namen[147];
er spendet Deiner Krone Lobpreis
und bringt Dir die Ma'at[148] dar an Deiner Nase.[149]
Er besänftigt Dich mit Gottesworten
und läßt Dich über Deine Feinde triumphieren,
er ersticht für Dich Deine Gegner.
Laß ihn[150] dauern als König der beiden Länder[151],
dadurch, daß die, die sich gegen Dich empört haben,
* sind durch das Entsetzen vor Dir gestürzt worden sind.*
Verjünge ihn, damit Deine Feinde niederfallen in Erdküssen vor ihm, dem Pharao,
wie er auch Dir alle Deine Wünsche erfüllt wie Re, Tag für Tag.
Er führt Dir die ... ... zu als Deine Untertanen
zu seinem Palast mit allen Dingen für Deinen Ka,
kraft der Hoheit Seiner Majestät, Pharao,
geliebt von Sobek, Herrn von Semenu,
der nicht vergeht in Ewigkeit.
Möge Dein schönes Angesicht Pharao gnädig sein!

---

143 Doppelfeder: ein Teil der Krone des Sobek-Re

144 Amulett auf der Brust: der Skarabäus auf dem Herzchakra, der dort bei der
  Mumifizierung hingelegt und mit eingewickelt wird

145 das Herz ausspannen für jemandem: jemandem wohlgesonnen sein

146 schöne Hymnen: Damit ist auch die hier gerade vorliegende Hymne gemeint.

147 in allen Deinen Namen: in allen Deinen Erscheinungsformen

148 Ma'at: Göttin der Richtigkeit

149 Die Ma'at wird sozusagen wie der Duft einer Blüte eingeatmet.

150 ihn: den Pharao

151 die beiden Länder: Ägypten (Oberägypten [das Niltal] und Unterägypten [das Delta])

<u>Zusammenfassung</u>:

a) Sobek wird im Tempel von Qema in Oberägypten verehrt.

b) Sobek wurde im Tempel von Gebelen in Oberägypten verehrt.

c) Sobek wurde im Tempel von Iga verehrt.

d) Sobek ist der Herr des Messers.

e) Sobek ist Atum mit dem Widderkopf.

f) Sobek vernichtet seine Feinde im Feuersee in der Unterwelt.

g) Sobek wird im Tempel der Ima-Bäume verehrt.

h) Sobek ist der Herr der weißen, oberägyptischen Atef-Krone.

i) Sobek-Re besiegt seine Feinde in der Unterwelt mit seinem starken Schwert.

j) Sobek begrünt die Ufer des Nils.

k) Sobek ist der starke Stier, der die Vulva befruchtet.

l) Sobek ist der Wille „Hu" im Herzen und das Wort „Sia", die gemeinsam die Magie („Heqa") bewirken.

m) Sobek ist Horus.

n) Sobek ist der Allherr.

o) Sobek ist der Urgott.

p) Sobek hat den Urhügel erschaffen, der zu der ganzen Erde angewachsen ist.

q) Sobek ist der Herr der Namen.

r) Sobek ist der Herr der Stirnschlangen (Uräus).

s) Sobek ist der Herr der Tagesbarke des Re.

t) Sobek ist der Herr der Nachtbarke des Re.

u) Sobek ist der Herr des Schweigens.

v) Die Worte des Sobek werden von den Menschen bejubelt.

w) Die Worte des Sobek werden von den Götter bejubelt.

x) Sobek hat die Luft erschaffen.

y) Sobek ist der Sehr-Große.

z) Sobek ist der einzige Gott.

aa) Der Nil geht aus Sobek hervor.

ab) Die gesamt Schöpfung lobpreist Sobek.

ac) Sobek ist der Erschaffer der Sonne.

ad) Die Göttinnen spielen für Sobek auf dem Sistrum.

ae) Sobek ist der Vertreiber der riesigen Apophis-Unterweltschlange.

af) Sobek befruchtet die Kühe als Chnum.

ag) Sobek krönt den Pharao mit der Doppelfeder der Ma'at.

ah) Sobek legt dem Pharao das Amulett auf die Brust – den Skarabäus, der das Herzchakra beschützt. Dies geschieht bei der Mumifizierung.

ai) Der Pharao trägt Sobek schöne Hymnen vor.

aj) Der Pharao preist ihn Sobek allen seinen Namen.

ak) Der Pharao reicht Sobek die Ma'at zum Einatmen

al) Der Pharao wird von Sobek geliebt.

14. Sobek-Hymne

(Spätzeit)

Eine Besonderheit dieser Hymne ist, daß sie an drei Stellen eine Ritualanweisung enthält, die durchgeführt werden soll, während diese Hymne vorgetragen wird.

In dieser Hymne werden 16 Orte aufgezählt, in denen Sobek-Re verehrt worden ist und vermutlich auch zumindest einen kleinen Tempel besessen hat. Insgesamt scheint es mindestens 52 Kultorte des Sobek gegeben zu haben. Wahrscheinlich sind es deutlich mehr gewesen, da man ja nicht davon ausgehen kann, daß alle Kultorte entweder durch Texte oder durch archäologische Funde noch heute bekannt sind.

Sei gegrüßt, der Du im Urwasser aufgehst,
Herr des Tieflands, Herrscher des Wüstenrandes,
... ... der die Lagunen[152] durchfährt.
Mächtiger Gott, dessen Zugriff man nicht sehen kann,
der vom Raub lebt.
Der stromab fährt in seiner Schönheit
und stromauf, nachdem er viele Male vollendet hat[153].
Ebenbild des Re, Großer Lichtspender[154],
der aus der Flut kommt.
Willkommen in Frieden, o Herr des Friedens!
Vertreibe Deinen Zorn, laß vorübergehen Deine Raserei,
... ... Dein ... ... schneide ab Deinen Kummer!
Deine Schönheit kommt, ... entsteht,
... ... ohnegleichen.
Herrscher der Flüsse, Fürst der Winde,
begattender Stier, Herr der Liebe;
Herr der Nahrung, der sich selbst beschenkt;
Gelockter[155], der die Räuberei liebt,
groß an Schrecken, Herr von Ra-sehwi[156],
Herr von Sehe[157], der die Kanalmündung durchsticht[158].
Der, wenn er angerufen wird, als Horus kommt und als der Grüne[159],

---

152 Lagunen: vermutlich die Sümpfe des Deltas und der Fayyum-Oase
153 viele Male vollenden: vermutlich der alltägliche Sonnenlauf des Sobek-Re
154 Großer Lichtspender: Sobek-Re (die Sonne)
155 Gelockter: unklare mythologische Anspielung
156 Ra-sehwi: Ort in Ägypten
157 Sehe: Ort in Ägypten
158 die Kanalmündung durchstechen: den Damm am Nilufer öffnen, damit das Wasser in den Kanal fließt
159 Grüner: Sobek (grünliche Haut)

groß an Machterweisen in Herakleopolis[160],
Herr der Furchtbarkeit in Hebenu[161],
Erster von Bait[162], Herr von Ahet[163].
Gepriesen in seiner Macht, Oberhaupt von Ta-Seti[164],
Du wirst in Ramuha[165] angebeten,
in ... ... von wo Du gekommen bist;
Erzeuger, Widder, der in Sesch[166] wohnt.
Herr des thebanischen Gaus, groß in Rizeiqat[167],
Friedlicher in Kynopolis[168],
mit schöner Ankunft in Nemti[169],
mit gewaltiger Erscheinung in Ra-wach[170];
Sohn der Neith in Abydos[171],
... ... in Iu-nescha[172].
Der Aufschrei erregt in Lobpreisungen.

(Weihrauch auf die Flamme!)

Hoch rage Dein Ba!

(Den Gott preisen mit dem, was er liebt.)

Erhebe Dich, kämpfe für Deinen Leib!
Dauernder an Göttlichkeit, zeugender Stier,
wilder Löwe mit gewaltiger Kraft,
mit schöner[173] Gestalt, Herrscher der Fremdländer,
Herr des Weihrauchs inmitten der Riten,

---

160 Herakleopolis: Kultort des Horus beim heutigen Beni Suef südlich von Kairo

161 Hebenu: Ort in Ägypten

162 Bait: Ort in Ägypten

163 Ahet: Ort in Ägypten

164 Ta-Seti: 1. oberägyptischer Gau beim heutigen Assuan (wörtlich: „Bogenland"); Mit dem Sobek-Kultort in diesem Gau wird Kom Ombo gemeint sein.

165 Rahuma: Ort in Ägypten

166 Sesch: Ort in Ägypten

167 Rizeiqat: Ort in Oberägypten südlich von Luxor und Karnak

168 Kynopolis: Kultort des Schakalgottes Anubis

169 Nemti: Ort in Ägypten

170 Ra-wach: Ort in Ägypten

171 Abydos: Hauptkultort des Osiris (Oberägypten)

172 Iu-nescha: Ort in Ägypten

173 schön: Das altägyptischer „nefer" bedeutet nicht nur in unserem heutigen Sinne „schön", also „hübsch, ansprechend, anziehend", sondern „schön, richtig, in angemessener Weise, funktional, ebenmäßig" und ähnliches mehr, da „nefer" die Wirkung und Folge des Einhaltens der „Ma'at" war.

mit hohem[174] Herzen, Stern in den Fluren.
Pharao Amenemhat hat dieses Dein schönes Antlitz gegeben,
mit dem Du auf Deine Mutter Neith blickst,
mit dem Du den Göttern gnädig bist.

(Weihrauch auf die Flamme!)

Es ist für Sobek von Schedet[175], Horus, der in Schedet wohnt,
der Herr der Myrrhe, gepriesen mit Weihrauch.
Mögest Du dem König Amenemhat gnädig sein,
möge Dein Angesicht schön sein durch ihn an diesem Tage!

Zusammenfassung:
a) Sobek ist der Herr des Tieflandes (Delta).
b) Sobek ist der Herr der Wüste.
c) Sobek ist der Gott in den Lagunen.
d) Sobek ist mächtige Gott, den man nicht kommen sieht und der von Raub lebt.
e) Sobek ist das Ebenbild des Re.
f) Sobek ist der Große Lichtspender.
g) Sobek ist der Herrscher der Flüsse.
h) Sobek ist der Fürst der Winde.
i) Sobek ist der begattende Stier.
j) Sobek ist der Herr der Liebe.
k) Sobek ist der Herr der Nahrung.
l) Sobek ist groß an Schrecken.
m) Sobek ist der Herr von Ra-sehwi.
n) Sobek ist der Herr von Sehe.
o) Sobek wird im Tempel in Herakleopolis in Oberägypten verehrt.
p) Sobek ist der Herr von Hebenu.
q) Sobek ist der Herr von Bait.
r) Sobek ist der Herr von Ahet.
s) Sobek ist das Oberhaupt von Ta-seti, d.h. der wichtigste Gott des ersten oberägyptischen Gaus.
t) Sobek ist der Herr von Ramuha.

---

174 hoch: Das altägyptische Adjektiv „chai" entspricht von Klang und Bedeutung recht
genau dem englischen „high": Es bedeutet „hoch", aber auch „angeregt", „freudig",
„begeistert" und ähnliches.
175 Schedet: ein sehr alter Kultort des Sobek, das heutige Al-Fayyum in der Fayyum-Oase
nahe Kairo

u) Sobek ist der Herr von Sesch.

v) Sobek hat die Gestalt eines Widder.

w) Sobek ist der Herr von Herr des Gaus von Theben.

x) Sobek ist der Herr von Rizeiqat.

y) Sobek ist der Herr von Kynopolis in Oberägypten.

z) Sobek ist der Herr von Nemti.

aa) Sobek ist der Herr von Ra-Wach.

ab) Sobek ist der Herr von Abydos in Oberägypten.

ac) Sobek ist der Herr von Iu-nescha.

ad) Sobek ist der ewige Gott.

ae) Sobek ist ein zeugender Stier.

af) Sobek ist ein wilder Löwe.

ag) Sobek hat eine schöne Gestalt.

ah) Sobek ist der Herrscher der Fremdländer.

ai) Sobek ist Herr des Weihrauchs und der Myrrhe in den Ritualen.

aj) Sobek ist der Stern der Felder.

ak) Sobek ist der Sohn der Neith.

al) Sobek ist der Herr von Schedet.

15. Sobek-Hymne

(Spätzeit)

Dieser Text weist viele Lücken auf und das Ende fehlt vollständig. Da er recht lang ist, vermittelt er trotzdem einen guten Eindruck von dem Sobek-Ritual in den Tempeln. Interessanterweise werden auch die Anfangszeilen eines Liedes erwähnt, das in den Tempeln gesungen worden ist.

Sprich – Sobek anbeten:

Sei gegrüßt Sobek von Schedet[176],
enthüllt sei das Gesicht des Rahes[177],
friedlich ist Horus, der in Schedet wohnt.
0 erscheine[178], Horus über den Flüssen[179],

---

176 Schedet: Al-Fayyum

177 Rahes: Beiname des Sobek in Schedet in der Fayyum-Oase: „der, dessen Namen man spricht"

178 erscheine: als Sonnengott Sobek-Re

179 Flüsse: eigentlich „fließende Gewässer", da es in Ägypten ja nur den Nil gibt – also „Nil, Nilarme im Delta und Bewässerungskanäle"

steige auf, Sobek in Schedet,
Re, Horus, mächtiger Gott!

Sei gegrüßt, Sobek von Schedet,
sei gegrüßt, der Du im Urwasser aufgehst,
Horus, Oberhaupt der beiden Länder,
Stier der Stiere, großer Männlicher, Herr der Korbländer[180]!

Geb[181] hat Dir Dein Gesicht ausgestattet[182],
er hat Dir Deine Augen vereint[183].
Starker, groß ist Deine Kraft!
Du durchziehst das Fayyum,
Du durchwanderst den Großen Grünen[184],
um Deinen Vater Osiris zu suchen;
Du hast ihn gefunden, Du hast ihn belebt,
Du sprachst diese Mundreinigung[185] Deines Vaters
in seinem Namen „Sokar“[186];
Du befahlst Deinen Kindern, zu gehen
und Deinen Vater Osiris zu pflegen
in ihrem Namen „Pfleger des Sokar“.
Du hast den Mund Deines Vaters Osiris eingepaßt[187],
Du hast ihm seinen Mund geöffnet[188],
Du bist sein Sohn, den er liebt.

---

180 Korbländer: vermutlich ein Volk in der Nachbarschaft Ägyptens – entweder in Libyen
    oder im Sudan

181 Geb: Erdgott; Großvater des Sobek, wenn Sobek (durch seine Gleichsetzung mit Horus)
    Osiris als seinen Vater ansieht

182 das Gesicht ausstatten: Dies bezieht sich darauf, daß dem Toten (wenn er reich war) eine
    Totenmaske aufgesetzt wurde (wie die Goldmaske des Tutanchamun) oder daß das Gesicht
    der Statue des Toten fertiggestellt wurde.

183 die Augen vereinen: Sonne und Mond werden zu Sobek zurückgebracht. Dies ist eine
    Anspielung darauf, daß das Horusauge der Seele gleichgesetzt worden ist und daß der
    Sem-Schamanenpriester bei der Bestattung die Seele des Toten aus dem Jenseits in die
    Statue vor dem Grab des Toten zurückholt.

184 Großer Grüner: eigentlich das Meer, aber hier wohl der Nil oder der Fayyum-See

185 Mundreinigung: ein Teil des Rituals der Mumifizierung und auch der Fertigstellung der
    Statue des Toten

186 Sokar: Falkengott, der weitgehend Horus entspricht

187 den Mund einpassen: ein Teil des Rituals der Mumifizierung und auch der Fertigstellung
    der Statue des Toten

188 den Mund öffnen: ein Teil des Rituals der Mumifizierung und auch der Fertigstellung
    der Statue des Toten; dieser Teil des Rituals ist das wesentliche Element dieses Rituals,
    durch den die Seele des Toten sich dauerhaft in ihrer Statue niederläßt (nach diesem Teil
    des Rituals wird das gesamte Bestattungs-Ritual als „Mundöffnungsritual“ bezeichnet)

Du hast Deinen Vater Osiris bewahrt,
Du hast verhütet, daß … … …
… … …
in seinem Namen „Ptah"[189].
Er hat Dir Dein Auge gebracht[190],
er hat Dir Dein Auge mit Salbe gefüllt[191],
Du hast Dein Auge heil in die Höhle gesetzt[192].
Du bist erschienen als König von Ober- und Unterägypten;
die Herzen der Götter fürchten Dich,
die Speisen des Königs gelangen zu Dir.
Du hast Deinen Vater Osiris bewahrt,
Du hast ihm die Herzen der Götter gezählt,
indem Du zu Anubis[193] geworden bist.

Sobek von Schedet, die Götter haben sich zu Deinen Füßen niedergelassen
in Deinem Namen „mit ruhenden Füßen".[194]
Du hast sie versammelt als Deine Glieder,
ihre Stärke und ihre Zauberkraft.
0 Starker, groß ist Deine Kraft!
Dein Vater Osiris hat von Dir gesagt:
… … …
… … … in Deinem Namen „Sobek".
Du hast die Götter allzumal gebracht,
keiner von ihnen kann entkommen,
in Deinem Namen Sobek von Schedet.[195]
Groß an Fisch- und Vogeljagden,
Männlicher der Götter,
grausam im Angriff, groß … … …
Wachsamer, Läufer mit scharfen Zähnen,
der packt mit seiner Gewalt,
der Macht hat mit seinem Ba.

---

189 Ptah: Schöpfergott, Totengott

190 das Auge bringen: die Seele (Horusauge) zurück in die Statue bringen

191 das Auge mit Salbe füllen: das Horusauge heilen = es zurückbringen

192 das Auge in die Höhle setzen: das Auge in die Augenhöhle einsetzen; das Horusauge,
     d.h. die Seele, in die Statue des Toten zurückbringen

193 Anubis: Schakalgott, der u.a. die Mumifizierungen und die Bestattungen leitet und beim
     Jenseitsgericht die Waage der Ma'at bewacht

194 Dieser Satz enthält im altägyptischen Original ein Wortspiel, das auf ähnlich klingenden
     Worten beruht.

195 Die Bedeutung dieses Satzes ist unklar …

Nun[196] wendet sich zu Dir im Innern des Großen Kanals[197],
Isis[198] geleitet Dich zum Lichtland[199],
... ...
Sobek von Schedet geht auf am Gestade des Lichtlands,
um sich zu laben an den Speisen der Ma'at[200].
Es reinigt sich ... ...
geworden ... ...
Sobek kommt, der Sohn der Neith[201],
... ...
... ... der in Schedet ist.

Er macht die beiden Länder[202] festlich mit seiner Schönheit,
er läßt sich nieder im Opfergefilde[203]
und vereint sich mit dem Flammengefilde[204].
Das bedeutet: Er hat den Schrein des Horus geöffnet,
damit er an der Spitze der Götter sei.
Wie schön bist Du, Sobek von Schedet,
erschienen mit der „Zauberreichen"[205],
... ... mit Uto[206].

Frohlocke, o Götterneunheit,
Sobek von Schedet hat Dich ... ...
... ... zu Deiner Linken;
Deine Stimme wird gehört im Osten,
die das Siat-Ornat[207] tragen, kommen zu Dir,
sie geben Dir Ehre als Edelster der Opferreichen

---

196 Nun: Urwasser
197 Großer Kanal: sehr wahrscheinlich der Kanal, der einen Teil des Wassers des Nils in das
　　　Tal des Fayyum und in die dortigen Sümpfe leitet, wodurch diese Sümpfe zum See wurden
　　　und das umliegende Land bewässert werden konnte
198 Isis: Muttergöttin, Frau des Osiris, Mutter des Horus
199 Lichtland: Himmel, Jenseits
200 Ma'at: Göttin der Richtigkeit
201 Neith: Göttin aus dem Delta, Kriegerin, Bogenschützin
202 die beiden Länder: Ägypten (Oberägypten [Niltal] und Unterägypten [Delta])
203 Opfergefilde: Jenseits
204 Flammengefilde: Jenseits (das Morgenrot und das Abendrot wurde als Feuer am Hori-
　　　zont angesehen; die Kombination „wiedergeborene Flügelsonne + Morgenrot-Feuer" ergab
　　　das Motiv des aus der Asche wiedergeborenen Phönix – diese Asche ist sein im Abendrot-
　　　Feuer verbrannter Leib)
205 die Zauberreiche: Krone des Pharaos
206 Uto: Name der Uräus-Schlange
207 Siat-Ornat: ein schmales rituelles Tuch mit Fransen an einem Ende

in Deinem Namen ... ...

Thot ... ... für Dein Festritual.
Der Widder[208] erscheint, das Idol der Götter,
der Stärkste unter ihnen, Herr der Furchtbarkeit,
groß an Schrecken, vor dem die Fremdvölker aufschreien
für den, die in Schrecken sind, ihr Gold sieben,
der Herr von Bachu[209], die Macht der Mächte,
der Fürst seiner beiden Länder, Herr der beiden Ufer,
Sobek von Schedet, Oberhaupt des Fayyum, der die Fremdländer liebt[210].
Gold der Stiere[211], Stier der Hathoren[212],
Phallus seiner Hemesut[213], zu dem sich die Falkenweibchen[214] gesellen,
dem die Göttinnen sich zuneigen;
sie stimmen an für Dich das Lied
„ Unser Horus kommt, unser Gott kommt!
Wir erkennen Dich als unseren Sohn!“

... ...

... ... Sobek, groß ... ...
... ... mit spitzen Zähnen[215],
... ... Rahes[216], der auf seinem Leib läuft.
Der Mächtige erscheint als Stier der Götter[217].
Himmel und Erde öffnen sich,

---

208 Widder: der Gott Chnum, dessen Hörner Teil der Sobek-Krone sind

209 Bachu: Sobeks aus Karneol erbaute Halle im Jenseits

210 der die Fremdländer liebt: Sobek scheint als gefährliches Tier mit der Gefahr durch
     Überfälle durch fremde Länder assoziiert worden zu sein.

211 Gold der Stiere: vermutlich „Größter der Stiere"

212 Stier der Hathoren: Hathor ist die Wiedergeburtsgöttin. Der Stier der Hathor ist somit
     der sich wiederzeugende Tote und der sich wiederzeugende Sonnengott. Die Hathoren
     (Plural) sind somit die vervielfältigte Hathor – schließlich konnte sie nicht mit allen Toten
     gleichzeitig vor deren Wiedergeburt im Jenseits schwanger sein (sondern nur mit einem
     Toten pro Jahr ...) Aus derselben Logik heraus ist z.B. auch die Vielzahl der griechischen
     Nymphen, der germanischen Walküren und der indischen Apsaras entstanden.

213 Hemesut: die weiblichen Gegenstücke zu den männlich gedachten Kas (Lebenskraft-
     körper)

214 Falkenweibchen: Isis hat sich mit dem toten Osiris in der Gestalt eines Falkenweibchens
     vereint, da Horus (der Sohn der beiden) die Gestalt eines Falken hat. Die Angleichung der
     Gestalt eines Mann/Frau-Paares und auch der Mutter und des Kindes findet sich in sehr
     vielen Mythologien.

215 mit spitzen Zähnen: auf diese Weise ist Sobek schon in den Pyramidentexten
     umschrieben worden.

216 Rahes: Beiname des Sobek im Fayyum: „der, über den man spricht"

217 Stier der Götter: der Stärkste der Götter

die Türflügel des „Blickenden"[218] tun sich auf für Sobek von Schedet,
mit gekrönter Stirn, ruhenden Füßen,
der Widder[219] mit gewaltiger Hoheit,
vor dem die beiden Länder aufschreien aus Furcht vor ihm.
Sobek erscheint; er hat den Himmel erobert,
er hat die beiden Länder erfüllt mit seiner Macht.

Sei mächtig, Sobek von Schedet,
mächtiger als die Götter,
in Deiner Gestalt als Horus, Herr der Wereret-Krone[220],
Herr des Entsetzens[221] im Palast des unterägyptischen Königs[222];
Du heiligst die beiden Länder[223] mit der Liebe zu Dir,
die Furcht vor Dir ist größer als die vor den anderen Göttern;
vor Dir öffnet sich ... ... Sobek von Schedet,
Dir gehört ... ...

... ...

... ...

... ...

... ... Hoheit, Widder[224] ... ...
Dem die Bogenvölker[225] folgen, ...
Den die Bewohner der Flut[226] anbeten,
Sobek von Schedet, den Tausende besänftigen in Cher-Aha[227]
und das Sonnenvolk in Heliopolis[228].
Sobek erscheint, er hat die Geburt wiederholt,
in seiner Ankunft, gezählt und vollendet.
Die Bewohner der Unterwelt haben ihn angebetet,
die Bewohner der Flut haben ihn besänftigt.
Wie schön bist Du, Sobek von Schedet,
geboren, lebendig und stark,

---

218 Blickender: möglicherweise die Sonne am Horizont, der als Schrein, dessen Türflügel
    sich öffnen, aufgefaßt wird

219 Widder: der Gott Chnum

220 Wereret-Krone: „Große Krone", die weiße Krone von Oberägypten

221 Herr des Entsetzens: Sobek

222 unterägyptischer König: Sobek wurde vor allem im Delta und im Fayyum (die
    gemeinsam Unterägypten bildeten) verehrt, da es dort die meisten Krokodile gab

223 die beiden Länder: Ägypten (Oberägypten [Niltal] und Unterägypten [Delta])

224 Widder: der Gott Chnum

225 Bogenvölker: „Ausländer", die Feinde Ägyptens

226 Bewohner der Flut: wahrscheinlich die Krokodile (Flut = Nil)

227 Cher-Aha: Ort in Ägypten

228 Sonnenvolk in Heliopolis: das heutige Kairo; dort stand der wichtigste Sonnentempel;
    daher „Bewohner von Heliopolis" = „Sonnenvolk"

gerüstet, gepriesen,
leuchtend, ausgestattet,
... ...
... ...
... ...
... ...
Erscheine doch, Sobek von Schedet, unter den Mächten,
Dein Arm gehört Dir[229], Du hast die beiden Länder gepackt,
Du hast Deine Seen geöffnet als verjüngter Stier[230],
Du hast ... ... gespalten, ...
Sobek von Schedet, komm ... ...
Empfange Deine Huldigungen von Deinen Göttinnen-Frauen,
keine kann Dir ihren Leib entziehen.[231]
Sie scharen sich um Dich als Anbeterinnen,
sie neigen sich Dir zu als Dienerinnen,
sie rufen Dir zu: „Unser Horus kommt, unser Gott kommt,
der Herr der Furchtbarkeit, groß an Schrecklichkeit,
dessen Angriff niemand abwehren kann ... ...
... ...
... ..., der auf seinem Leibe 1äuft[232],
der das Mekes-Zepter packt und die Wereret-Krone[233] trägt,
... ... die beiden Länder insgesamt,
... ...
... ...
... ...
Du bist erschienen als König von Ober- und Unterägypten,
... ..., Herrscher unter den Göttern, dessen Herz vorn ist[234],
von dem die Neunheit[235] spricht, gelobt von den westlichen Göttern[236],

---

229 Dein Arm gehört Dir: frei (ungefesselt) sein

230 verjüngter Stier: wiedergeborener Sonnengott als Sohn der Kuhgöttin Hathor

231 Dieses Motiv findet sich bereits in den Pyramidentexten, in denen Sobek die Frauen ganz nach seinem Belieben raubt und schwängert.

232 auf seinem Leib laufen: Der Leib des Krokodils berührt beim Laufen meist den Erdboden. Diese Umschreibung trifft natürlich in noch höherem Maße auch auf Schlangen zu.

233 Wereret-Krone: „Große Krone" = die weiße, oberägyptische Krone

234 dessen Herz vorn ist: der mutig ist

235 Neunheit: die acht Urgötter und deren Vater (Die acht Urgötter bestehen aus vier Gott/Göttin-Paaren. Dies sind: Nun und Naunet (Wasser), He und Hehet (Unendlichkeit), Kek und Kekhet (Dunkelheit) sowie Amun und Amunet (Verborgenheit). Der Ursprung war also das verborgene, unendliche, dunkle Wasser. Diese Achtheit ist eine „Aufschlüsselung" der Eigenschaften des Gottes Nun, der das Urwasser darstellt.)

236 westliche Götter: Götter des Jenseits

99

gepriesen von den östlichen Göttern.
Große Macht, der die Wereret-Krone raubt,
Falke mit gewaltiger Brust,
der gekommen ist, der seinen See[237] liebt,
der mit gekrönter Stirn, der Bewohner von Schedet,
Falke auf den Mauern[238],
gepriesen mit seinem remrem-Kragen[239],

… … …

… … …

… … … "

(Das Ende dieser Hymne ist leider vollständig zerstört.)

<u>Zusammenfassung</u>:
a) Sobek ist der Herr von Schedet.
b) Sobek lebt im Urwasser.
c) Geb hat Sobek geformt.
d) Geb hat Sobek seine Augen gegeben.
e) Sobek ist der Starke.
f) Sobek ist groß an Kraft.
g) Sobek sucht seinen Vater Osiris im ganzen Nil und im Fayyum.
h) Sobek findet und belebt Osiris und spricht für ihn das Mundöffnungsritual, das ihn wieder zum Leben erweckt.
i) Sobek ist Sokar, d.h. Horus Osiris-Sohn.
j) Sobek ist der Sohn des Osiris.
k) Sobek ist Ptah, dessen Wesen Osiris recht ähnlich ist.
l) Sobek holt die Seele des Osiris aus der Unterwelt zurück.
m) Sobek ist der König von Ober- und Unterägypten.
n) Die Götter fürchten Sobek.
o) Sobek wird zu Anubis.
p) Sobek ist der Männlichste der Götter.
q) Sobek ist grausam im Angriff.
r) Sobek ist wachsam.
s) Sobek hat große Zähne.
t) Sobek packt seine Opfer mit Gewalt.
u) Nun wendet sich an Sobek, um ihm bei der Suche nach Osiris zu helfen.
v) Isis begleitet Sobek bei der Suche nach Osiris.
w) Sobek labt sich an den Speisen der Ma'at.

---

237 See: Fayyum-See, der als „Tempel des Sobek" bezeichnet worden ist
238 Falke auf den Mauern: Horus im Hauptstadt-Tempel
239 remrem-Kragen: breite Kette aus mehreren Reihen von Perlen u.ä.; Teil der Götter-Kleidung und des Ritual-Schmucks

x) Sobek ist der Sohn der Delta-Göttin Neith.

y) Sobek steht an der Spitze der Götter.

z) Die Götterneunheit frohlockt bei Sobeks Anblick.

aa) Sobek trägt das rituelle Siat-Tuch.

ab) Sobek ist der Edelste der Empfänger der Opfergaben.

ac) Sobek ist ein Widder.

ad) Sobek ist der Herr von Bachu.

ae) Sobek ist der Herr der beiden Länder.

af) Sobek ist der Herr der beiden Ufer.

ag) Sobek ist das Oberhaupt des Fayyum.

ah) Sobek ist der Herr der Fremdländer.

ai) Sobek ist das Gold der Stiere, d.h. der Größte aller Stiere.

aj) Sobek ist der Stier der Hathoren, d.h. er vereint sich mit ihnen und befruchtet sie.

ak) Sobek ist der Phallus der Hemesut. (Die Hemesut sind die weiblichen Entsprechungen zu den Kas, d.h. zu den Lebenskraftkörpern. Eine ähnliche Vermischung von Lebenskraftkörper und der Wiedergeburtsgöttin findet sich z.B. auch bei den Germanen bei den Walküren.)

al) Die Göttinnen singen für Sobek.

am) Die Göttinnen sehen Sobek als ihren Sohn an.

an) Sobek hat spitze Zähne.

ao) Sobek ist der, der auf seinem Leib läuft, d.h. der mit seinem Bauch auf dem Boden kriecht.

ap) Sobek ist der Mächtige.

aq) Sobek ist der Stier der Götter, d.h. der Mächtigste und Männlichste der Götter.

ar) Sobek ist ein Widder.

as) Alle fürchten Sobek.

at) Sobek beherrscht ganz Ägypten mit seiner Macht.

au) Sobek ist Horus.

av) Sobek ist der Herr des Entsetzens.

aw) Alle lieben Sobek.

ax) Sobek ist der Herr von Cher-aha.

ay) Sobek wird in Heliopolis (Kairo) verehrt.

az) Sobek ist der schönste Gott.

ba) Die Bewohner der Unterwelt beten Sobek an.

bb) Sobek vereint sich mit allen Göttinnen.

bc) Die Göttinnen beten Sobek an.

bd) Die Göttinnen sind Sobeks Dienerinnen.

be) Sobek ist der Herr der Furchtbarkeit.

bf) Sobek ist der Schreckliche.

bg) Sobeks Angriff kann niemand abwehren.

bh) Sobek ist der, der auf seinem Leib läuft.

bi) Sobek ist der Herrscher der Götter.
bj) Sobek ist mutig.
bk) Sobek wird von den Götter gepriesen.
bl) Sobek hat große Macht.
bm) Sobek ist ein Falke.
bn) Sobek ist die „gekrönte Stirn".
bo) Sobek trägt den remrem-Kragen.

16. Sobek-Hymne

(Spätzeit)

In dieser kurzen Anrufung wird Sobek als allmächtig, aber auch als weitgehend wohltätig geschildert. Die Allmacht und die Selbstgerechtigkeit (das Rauben von Frauen) des Sobek entsprechen nicht dem altägyptischen Grundprinzip der Ma'at (Richtigkeit), sondern dem Prinzip des hemmungslosen, ungehinderten und zum Teil auch rücksichtslosen Selbstausdrucks.

Wer traurig war, geht froh heraus
alle Herzen freuen sich.
Sobek lacht, der Sohn der Neith;
die Neunheit, die um ihn ist, ist geheiligt.
Er fährt über die Felder und salbt die Menschheit.
Er macht den einen reich, den anderen arm, ohne daß man mit ihm rechten kann.
Er schafft Frieden schafft, ohne daß man sich auflehnen kann.
Er ist einer, dem keine Grenzen gesetzt werden können.

Zusammenfassung:
a) Sobek lacht.
b) Sobek ist der Sohn der Neith.
c) Er verteilt Reichtum und Armut.
d) Niemand kann sich gegen Sobek auflehnen.
e) Niemand kann Sobek Grenzen setzen.

17.   Zwei parallele Hymne an Horus und Sobek

(Sobek/Horus-Tempel in Kom Ombo; Spätzeit)

Diese beiden Texte sind für ägyptische Verhältnisse ziemlich blutrünstig. Von der einstigen Prägung der gesamten Kultur durch die Ma'at ist hier nicht mehr viel übrig.

<u>an Horus den Großen</u> | <u>an Sobek</u>

Der gute Gott, Opfergaben von Ägypten,
der gute Wächter des Tempels.

Der gute Gott, der Nil Ägyptens,
der Agathodemon[240] von Ägypten.

Großer Horus, Herr von Kom Ombo,
der große, gute Herr des Himmels[241],
der mächtige Edle,
der höchste aller Götter.

Sobek-Re, Herr von Kom Ombo,
der große gute Herr von Kom Ombo,
der große Gott,
der Edle, der aus dem Nun[242] aufsteigt.

O all ihr Götter und Göttinnen,
die ihr in dem Haus der Großen Horus seid,
dem Großen Rat von Kom Ombo.

O ihr Großen, die ihr in Kom Ombo
seid,
die Boten der Totenstadt von Kom
Ombo.

Die Vordersten der beiden Horus-Augen
Herr des Messers, der in Letopolis[243] herrscht,
Herr der Angst, Größter an Ruhm,
die Furcht vor ihm
verwirrt das Sehen der Verräter.

Herr von Kom Ombo,
Herr der Farben,
die vielfältige Formen haben.[244]

Herr von Kom Ombo,
Shu, Sohn des Re,
Horus mit dem starken Arm,
der die Feinde seines Vaters Re niederwirft.

Herr von Kom Ombo,
Geb, der Fürst der Götter,
der Große Gott in dem Haus der
Form[245].

Herr des Großen Thrones,
Amun-Re, Herr von Oberägypten,
der die Köpfe der Aufständischen niederschlägt.

Herr der Totenstadt von Kom Ombo,
der Herrscher von Millionen
der Anführer von Hunderttausenden.

---

240 Agathodemon: (griechisch) „Guter Gott", ursprünglich ein Beiname des Zeus
241 Herr des Himmels: der Sonnengott Re (Horus-Re = Flügelsonne)
242 Nun: Urwasser; der Edle, der aus dem Urwasser aufsteigt = Sonne
243 Letopolis: Stadt in Unterägypten; Hauptgott: Cherti (Mumie mit Widderkopf)
244 unklares Motiv
245 Haus der Form: Kom Ombo

Groß an Macht,
der gute Beschützer der Götter und Göttinnen,
Beschützer von allen, die in Ägypten sind,
der ein Blutbad
unter den Feinden seines Vaters Re anrichtet.

Der starke Gott,
mächtig an Kraft,
der die niederwirft,
die sich gegen seinen Vater Re
auflehnen.

Der die Fremdländer abschlachtet,
der die Köpfe der Verbündeten des Seth
abschlägt, der den Aufständischen[247]
gegen seinen Vater Osiris straft.

Herr des Hauses des Anfangs[246],
der große Gott in der Wohnstatt
der beiden Löwen[248],
die handeln.

Herr von Kom Ombo, der Große Gott,
Herr des Himmels, Herr der Lebenszeit,
groß an Ämter, Leben kommt aus seiner Faust,
er ist einer, der alles tut, was er sagt.

Herr von Kom Ombo, der Große Gott,
Herr der Wohnstatt des Anfangs[249].

<u>Zusammenfassung</u>:
a) Sobek ist der gute Gott
b) Sobek ist der Nil.
c) Sobek ist der Agathodaimon (griechisch: „Guter Gott") von Ägypten.
d) Sobek ist der Herr von Kom Ombo.
e) Sobek ist der Große Gott.
f) Sobek ist der Gott, der aus dem Urwasser Nun aufsteigt.
g) Sobek ist der Erdgott Geb.
h) Sobek ist der Fürst der Götter.
i) Sobek ist der Herr der Totenstadt von Kom Ombo.
j) Sobek ist der Herrscher von Millionen.
k) Sobek ist der Anführer von Hunderttausenden.
l) Sobek ist der starke Gott.
m) Sobek ist mächtig an Kraft.
n) Sobek ist der Sohn des Re.
o) Sobek ist der, der die Feinde seines Vaters Re niederwirft.
p) Sobek ist der Herr von Kom Ombo.

---

246 Haus des Anfangs: Kom Ombo, das hier dem Urhügel gleichgesetzt wird
247 Aufständischer: der Wüstengott Seth
248 zwei Löwen: Sie bewachen den Aufgangsort der Sonne im Osten.
249 Wohnstatt des Anfangs: Kom Ombo, das hier dem Urhügel gleichgesetzt wird

18. Sobek-Anrufung

(Kom Ombo; ca. 180 v.Chr., Ptolemäerzeit)

Diese Anrufung stammt aus der Südhälfte des Sobek/Horus-Tempels von Kom Ombo, in der eine Prozession der Vertreter der Fayyum-Städte dargestellt wird, die von dem Pharao Ptolemaios VI Philometor und seiner Frau angeführt wird. Diese Prozession ist Teil einer Feier zu Ehren des Sobek als „Herr von Kom Ombos" und als Gott des Fayyum.

Der Pharao erscheint auf den dazugehörigen Abbildungen als Freund des Sobek.

Der Pharao spricht zu Sobek:

Wir kommen zu Dir, o Vater der Götter.
Unsere Hände sind mit Reichtum beladen.
Wir bringen Dir die Überschwemmung
und die Feuchtwiesen mit ihren Gaben,
Speisen und alle guten Dinge,
die in ihren Händen sind um Dein Haus[250] zu verschönern
und Deinen Tisch[251] mit Gaben zu überladen.

Zusammenfassung:
a) Sobek ist der Vater der Götter.

---

19. Hymnen des Kaisers Augustus

(Rom; ca. 5 n.Chr.)

Der Kult des Sobek endete nicht mit dem letzten Pharao um 27 v.Chr. (Kleopatra), sondern wurde von den römischen Kaisern fortgeführt. So hat z.B. Kaiser Augustus seine Hierogrammaten Hymnen an Sobek schreiben lassen.

Die Hierogrammaten waren die schriftkundigen Priester in der griechischen Zeit Ägyptens (Alexander der Große um 323v.Chr. bis Kleopatra VII um 27 v.Chr.). Leider scheint keine dieser Sobek-Hymnen erhalten geblieben zu sein.

---

250 Haus des Sobek: Sobek-Tempel von Kom Ombo
251 Tisch des Sobek: Altar für die Opfergaben an Sobek

20. Sobek-Hymnen aus Umbrien

(Umbrien in Mittelitalien; ca. 20-200 n.Chr.)

In dieser sehr späten Hymne an Sobek erscheint der Krokodilgott als Urgott, der das Urmeer Nun, Sonne und Mond, den Wind und die Wasser des Nils erschaffen hat.

Er ist Sobek, der göttliche Ka[252] des Großen Urgottes.
Seine ehrwürdige Macht[253] ist der Schöpfer der Erde.
Er schuf das Nun zu seiner Zeit,
der große Gott, aus dessen Augen die beiden Scheiben[254] hervorgegangen sind:
sein rechtes Augen, das tagsüber leuchtet,
und sein linkes Auge, das während der Nacht leuchtet;
dessen zwei ehrwürdige Udjat-Augen[255]
die Finsternis erleuchten.
Der Wind kommt aus seinem Mund
und der Nordwind aus seiner Nase.
Der Nil fließt wie sein lebendiger Schweiß
und befruchtet die Felder.
Er handelt mit seinem Phallus,
um die beiden Länder mit dem zu überschwemmen,
was er erschaffen hat.
Er erschreckt die Gottlosen durch seine Gestalt
in seinem Namen „Sobek-Re, der in seinem See[256] ist“.
Seine Macht ist stark wie die von Seiner Majestät Re[257],
wenn er seine Feinde durch seine Kraft ausrottet.
Er ist der göttliche König der Ma'at[258],
der das Recht der beiden Götter[259] vor Geb[260] beurteilt hat;
der Älteste, der sich um seine Kinder kümmert;
der die Dürre verursacht,
der mächtige Gott, der die Schwachen beschützt.
Wie süß ist es, zu ihm zu beten!

---

252 Ka: Lebenskraftkörper
253 ehrwürdige Macht: Umschreibung für „Sobek“
254 die beiden Scheiben: Sonne und Mond
255 Udjat-Auge: heiles Horus-Auge = wiedergeborene Seele
256 See: Fayyum-See, der der „Tempel des Sobek“ ist
257 Re: Sonnengott
258 Ma'at: Richtigkeit, Göttin der Richtigkeit; Sie ist die Grundlage und das Ziel des Sonnengottes Re.
259 die beiden Götter: Osiris und Seth, die sich vor Gebs Richter-Thron gestritten haben
260 Geb: Erdgott; Vater von Osiris und Seth

Er, der zuhört und zu dem kommt, der ihn ruft,
er ist vollkommen im Sehen, reich an Ohren[261],
gegenwärtig für die Worte dessen, der ihn braucht;
er ist stark, siegreich – niemand ist ihm gleich!
Er ist der angesehenste der Götter in seiner Stärke:
Sobek-Re, der Herr von Ombos,
der die Gnade nach dem Zorn liebt.

Zusammenfassung:
a) Sobek ist der Ka (Lebenskraftkörper) der Urgottes.
b) Sobek ist die ehrwürdige Macht.
c) Sobek ist der Schöpfer der Erde.
d) Sobek hat das Nun erschaffen.
e) Sobek ist der große Gott.
f) Aus den Augen des Sobek sind Sonne und Mond hervorgegangen.
g) Der Wind kommt aus dem Mund des Sobek.
h) Der Nil ist der Schweiß des Sobek – er befruchtet die Felder.
i) Sobek handelt mit seinem Phallus.
j) Sobek erschreckt die Gottlosen durch seine Gestalt.
k) Sobek ist stark wie Re.
l) Sobek rottet seine Feinde durch seine Kraft aus.
m) Sobek ist der göttliche König der Ma'at.
n) Sobek ist der Richter im Jenseitsgericht.
o) Sobek ist der Älteste, der sich um seine Kinder kümmert.
p) Sobek verursacht die Dürre.
q) Sobek ist der mächtige Gott, der die Schwachen beschützt.
r) Sobek ist der Gott, der zuhört und zu dem kommt, der ihn ruft.
s) Sobek ist vollkommen im Sehen und reich an Ohren.
t) Sobek ist für die Worte dessen, der ihn braucht, da.
u) Sobek ist stark.
v) Sobek ist siegreich.
w) Niemand gleicht Sobek an Kraft.
x) Sobek ist aufgrund seiner Stärke der angesehenste aller Götter.
y) Sobek ist der Herr von Kom Ombo.
z) Sobek ist der Gott, der die Gnade nach dem Zorn liebt.

---

261 reich an Ohren: Sobek hört alle und alles.

<u>21. Zusammenfassung der Hymnen</u>

Wenn man die verschiedenen Schilderungen des Sobek in diesen zwanzig Hymnen sammelt und sortiert, ergibt sich ein recht klares Bild des Charakters dieses Krokodilgottes.

<u>a) Kultorte</u>
(29-mal genannt)

Sobek wird in den Hymnen 29-mal als „Herr des Tempels der Stadt X" oder ähnliches genannt. Von diesen 29 Kultorten des Sobek liegen 4 liegen in Unterägypten – 2 davon im Delta, 2 in der Fayyum-Oase; 11 liegen in Oberägypten; und von 14 Orten ist die Lage der Orte nicht bekannt oder sehr unsicher.

Manche Orte werden mehrmals genannt – sie sind trotzdem nur als ein Ort gezählt worden, aber in der folgenden Liste erscheint die Anzahl der Mehrfachnennung in Klammern hinter dem Namen des Ortes.

- Die beiden Kultorte des Sobek in Unterägypten sind Buto und Heliopolis (Kairo).

- Die beiden Kultorte des Sobek in der Fayyum-Oase, die nah beim Delta liegt und zu Unterägypten gezählt wurde, sind das Fayyum (2 mal genannt) selber und Schedet (= Arsinoe/Krokodilopolis).

- Die 11 Kultorte des Sobek in Oberägypten sind Abydos (2 mal), Qema, Gebelen, Herakleopolis, Ta-seti (der erste oberägyptische Gau), der Gau von Theben, Semenu, Rizeiqat, Kom Ombo (3 mal), die Totenstadt von Kom Ombo und Kynopolis. Sobek ist der Hauptgott der beiden genannten Gaue.

- Sobek wurde weiterhin in den folgenden 14 Kultorten verehrt, deren Lage nicht genauer bekannt ist: in Iga, Ra-sehwi, Sehe, Hebenu, Bait, Ahet, Ramuha, Sesch, Nemti, Ra-Wach, Iu-nescha, Cher-aha, Bachu und im Tempel der Ima-Bäume.

=> Es hat jedoch mit Sicherheit weitaus mehr Sobek-Tempel als nur diese 30 Tempel gegeben, deren Namen in den Hymnen erwähnt werden.

b) Charakter/Stärke
(50-mal genannt)

Sobek ist vor allem der „starke Gott". Dies wird 20-mal in verschiedenen Weisen über ihn gesagt:

- Sobek ist stark. (5)
- Sobek setzt sich durch und besiegt seine Feinde. (4)
- Sobek hat große Kraft. (3)
- Sobek ist mächtig. (3)
- Sobek ist mutig und wachsam. (2)
- Sobek ist der Herr der Namen, was ihm magische Macht gibt. (1)
- Sobek ist der Herr der Stirnschlangen (Uräus). (2)
- Sobek ist ein wilder Löwe. (1)

Weiterhin ist Sobek ein schrecklicher Gott. Das wir 8-mal gesagt:

- Sobek ist schrecklich und entsetzlich. (4)
- Alle fürchten ihn. (2)
- Sobek kann wütend sein. (1)
- Sobek lacht. (1)

Auch Sobeks Art des Kämpfens wird 6-mal beschrieben:

- Sobek lebt von Raub. (1)
- Man sieht ihn nicht kommen. (1)
- Sobek ist die Gefahr im Wasser. (1)
- Sobek ist grausam im Angriff. (1)
- Sobeks Angriff kann niemand abwehren. (1)
- Sobek packt seine Opfer mit Gewalt. (1)

Sobeks Zähne sind seine Waffen. Das wird 3-mal gesagt:

- Sobek hat große, spitze Zähne, die wie Messer sind. (3)

Aufgrund seiner großen Kraft ist Sobek der Herrscher. Dies wird 7-mal gesagt:

- Sobek ist der große Gott. (1)
- Sobek ist der Herrscher der Götter. (1)
- Die Götter preisen Sobek. (2)
- Sobek beherrscht ganz Ägypten. (1)
- Sobek vernichtet seine Feinde in der Unterwelt. (2)

Sobek bewegt sich auf dem Land kriechend fort. Das wird 2-mal gesagt:

109

- Sobek ist der, der auf seinem Leib läuft. (2)

Sobek ist nicht nur gewalttätig, sondern auch gerecht. Das wird 2-mal gesagt:

- Sobek ist der Herr der Ma'at, der auch Gnade zeigen kann. (2)

Sobek ist der Herr des Schweigens. Das wird 1-mal gesagt.

- Sobek ist der Herr des Schweigens. (1)

=> Von den 50 Aussagen über den Charakter des Sobek betonen 44 seine Kraft: Er ist stark (20), schrecklich (8), ist ein Räuber (6), seine Zähne sind seine Waffen (3), und er ist wegen seiner großen Kraft der Herrscher der Götter und Menschen (7). Sobek ist also ganz deutlich „der starke Gott".

c) <u>Zeugung/Wiederzeugung</u>
(14-mal genannt)

Sobek ist sowohl im Diesseits als auch im Jenseits der Gott der Zeugungskraft. Das wird 14-mal gesagt:

- Sobek vereint sich mit jeder Frau, mit der er das will – notfalls gegen den Willen der Männer dieser Frauen. Dies könnte eine Umdeutung des Wiederzeugungs-Motivs sein. (1)
- Sobek ist die Zeugungskraft in den Stieren, Männern und Göttern. (8)
- Sobek vereint sich mit allen Göttinnen. Sie werden auch als Sobeks Dienerinnen angesehen. (5)

=> Dieses Motiv, das 14-mal auftritt, hat sowohl in den Wiederzeugungs-Vorstellungen im Zusammenhang mit den Toten und vor allem mit Re als auch in der Auffassung des Bewässerns von Ägypten als einer Zeugung seinen Ursprung.

d) Nilflut
(7-mal genannt)

Sobek ist die Nilflut. Das wird 7-mal auf verschiedene Weisen gesagt:

- Sobek lebt im Urwasser. (1)
- Sobek ist der Bote der Nilflut. (1)
- Der Nil geht aus Sobek hervor. (1)
- Der Nil ist der Schweiß des Sobek. (1)
- Sobek ist der Nil. (1)
- Sobek wird dem Hapi (Nil-Gott) gleichgesetzt. (1)
- Sobek kann auch eine Dürre verursachen. (1)

=> Sobek ist die Nilflut.

e) grünen
(9-mal genannt)

Der Nil gibt Ägypten, das eine Fluß-Oase ist, seine Fruchtbarkeit. Das wird 9-mal betont:

- Sobek hat die Äcker erschaffen. (2)
- Sobek befruchtet die Felder. (2)
- Sobek läßt die Bäume wachsen. (1)
- Sobek läßt die Pflanzen durch die Nilflut grünen. (3)
- Sobek erschafft die Brote. (1)

=> Sobek bringt Ägypten als Nil die Fruchtbarkeit.

f) Sippe
(17-mal genannt)

Auch die Verwandtschaftsverhältnisse des Sobek werden beschrieben. Dabei ist seine Auffassung als Sohn der Kriegergöttin Neith, die aus dem Krokodil-reichen Delta stammt, die älteste und wichtigste Vorstellung. Sobeks Sippe wird 17-mal beschrieben:

- Sobek wurde im Urwasser Nun geboren. (3)
- Sobek ist der Sohn der Göttin Neith. (5)
- Sobek-Re ist als Sohn der Kuh-gestaltigen Himmelsgöttin Hathor ein Kalb. (1)

111

- Isis ist die Mutter des Sobek, da Sobek dem Isis-Sohn Horus gleichgesetzt worden ist. Isis hat auch das Ei gelegt, aus dem der Gott Sobek-Horus geschlüpft ist. (2)
- Sobek ist durch seine Gleichsetzung mit Horus auch der Sohn des Osiris geworden. (1)
- Sobek ist Ptah, dessen Wesen Osiris recht ähnlich ist. (1)
- Die Götter beschützen das Ei, aus dem Sobek schlüpfen wird, und tragen es auf ihren Armen. (1)
- Der Falkengott Sokar öffnet das Ei, damit Sobek schlüpfen kann. (1)
- Der Erdgott Geb hat Sobek geformt und ihm seine Augen gegeben. (1)
- Die Göttinnen sehen Sobek als ihren Sohn an. (1)

=> Sobek ist ursprünglich der Sohn der Neith gewesen. Er wurde in den Urwassern geboren, was ihn als ersten Gott kennzeichnet.

Da Sobek den Sonnengott Re aus den Unterweltwassern emporträgt und da Re dem Seelenvogel-Gott Horus gleichgesetzt worden ist, wurde Sobek auch dem Horus gleichgesetzt. Dadurch wurde er zu dem Sohn der Isis und des Osiris.

Durch die Ähnlichkeit des Ptah mit Osiris wurde Sobek auch zu einem Sohn des Ptah.

Durch seine Gleichsetzung mit Re wurde Sobek auch zu dem Sohn der Hathor, die die Sonnenmutter ist.

Letztlich ist Sobek der Sohn aller Göttinnen bzw. wird von ihnen wie ein Sohn behandelt.

Schematisch dargestellt sieht das wie folgt aus:

(Sobek trägt Re)	=> (Sobek = Re)
(Sobek = Re) + (Re: Hathor-Sohn)	= (Sobek: Hathor-Sohn)
(Sobek = Re) + (Re = Horus)	= (Sobek = Horus)
(Sobek = Horus)	=> Falkenkopf-Krokodil
(Sobek = Horus) + (Horus: Isis-Sohn)	= (Sobek = Isis-Sohn)
(Sobek = Horus) + (Horus: Osiris-Sohn)	= (Sobek = Osiris-Sohn)
(Sobek: Isis/Hathor-Sohn)	=> (Sobek: Sohn aller Göttinnen)

Die Darstellung der Geburt des Sobeks aus einem Ei, das die Götter behüten, ist recht naturalistisch, da Krokodile ja aus Eiern schlüpfen.

Die Formung des Sobek durch den Erdgott Geb steht recht alleine da.

Kinder des Gottes Sobek werden in den Hymnen nicht genannt.

g) Unterwelt
(5-mal genannt)

Sobek erscheint auch in der Unterwelt. Dies wird zwar nur 5-mal genannt, aber da er die Sonne am Morgen aus der Unterwelt zurückholt, ist dies doch ein wesentlicher Charakterzug des Gottes Sobek:

- Sobek besiegt die Feinde des Re in der Unterwelt (2)
- Die Bewohner der Unterwelt beten Sobek an. (1)
- Sobek ist der Richter im Jenseitsgericht. (1)
- Sobek wird „Herr der Lebenskraftkörper" genannt. (1)

=> Sobek besiegt die Feinde des Re in der Unterwelt, was im Laufe der Zeit zu dem Motiv des Sobek als eines Herrn der Unterwelt ausgedehnt worden ist.

h) Sobek-Re
(17-mal genannt)

Das morgendliche Emportragen der Sonnenscheibe aus den Unterweltswassern ist das zentrale Motiv in den Mythen des Sobek. Es wird 17-mal genannt:

- Sobek trägt die Sonnenscheibe auf seinem Haupt. (2)
- Sobek ist als „Sobek-Re" eins mit dem Sonnengott Re. (4)
- Sobek ist der Sohn des Re. (2)
- Sobek ist der Herr der Tagesbarke des Re. (2)
- Sobek ist der Herr der Nachtbarke des Re. (2)
- Sobek-Re besiegt seine Feinde in der Unterwelt. (4)
- Sobek-Re wird von allen Menschen verehrt. (1)

=> Sobek als „Sonnenträger" wurde zunehmend eins mit dem Sonnengott.

i) Suche nach Osiris
(6-mal genannt)

Durch die Gleichsetzung des Sobek mit Horus wurde Sobek zu einem Helfer der Horus-Mutter Isis bei ihrer Suche nach ihrem von dem Wüstengott Seth zerstückelten Gatten Osiris. Das wird 6-mal genannt:

- Sobek sucht seinen Vater Osiris im ganzen Nil und im Fayyum. (2)
- Isis begleitet Sobek bei der Suche nach Osiris. (1)

- Der Urwassergott Nun hilft Sobek bei seiner Suche nach Osiris. (1)
- Sobek holt die Seele des Osiris aus der Unterwelt zurück. (1)
- Sobek findet und belebt Osiris und spricht für ihn das Mundöffnungsritual, das ihn wieder zum Leben erweckt. (1)

=> Sobek ist als der Gott, der morgens die Sonne aus der Wasserunterwelt zurückholt, geradezu prädestiniert dafür, auch den toten Osiris bzw. dessen Seele aus den Unterweltswassern zurückzuholen. Ursprünglich holt Isis den toten Osiris zurück, doch wird sie in dieser Funktion teilweise von Sobek verdrängt.

Sobek erscheint hier als der Schamanen-Priester Sem und als der Schamanen-Gott Bes, doch Sobek ist in den Mythen nicht mit dem Sem oder dem Bes gleichgesetzt worden.

j) Urgott
(5-mal genannt)

Sobek wird als der Urgott bezeichnet. Dieses Motiv erscheint 5-mal:

- Sobek ist der Urgott. (1)
- Sobek ist der Ka (Lebenskraftkörper) des Urgottes. (1)
- Als Urgott ist er der erste und älteste der Götter. (1)
- Sobek ist der Vater der Götter. (1)
- Sobek hat den Urhügel erschaffen, der zu der ganzen Erde angewachsen ist. (1)

=> Da Sobek der „Gott in den tiefen Wassern" war, aus denen er auftauchte, lag es nahe, ihn mit dem Urgott Atum, der am Anfang der Zeit als Urinsel aus den tiefen Wassern aufgetaucht ist, gleichzusetzen.

k) Schöpfergott
(10-mal genannt)

Nachdem Sobek zum Urgott geworden war, wurde er auch zum Schöpfergott, der alles, was nach ihm entstanden ist, erschaffen hat. Er soll sogar das Urwasser Nun, aus dem Sobek gekommen ist, erschaffen haben. Das wird 10-mal genannt:

- Sobek hat das Nun erschaffen. (1)
- Sobek ist der Schöpfer der Erde. (1)
- Sobek hat die gesamte Welt erschaffen einschließlich Erde, Himmel und Ägypten. (1)

- Sonne und Mond sind die beiden Augen des Sobek. (2)
- Sobek hat die Sonne erschaffen. (1)
- Sobek hat die Luft erschaffen. (2)
- Sobek ist der Urgott, der die ersten neun Götter erschaffen hat. (1)
- Die gesamt Schöpfung lobpreist Sobek. (1)

=> Diese zunehmende Ausweitung der Bedeutung und der Macht des Sobek zu einem universellen Schöpfergott stammt vor allem aus der Spätzeit.

l) Allherr
(35-mal genannt)

Als Urgott und Schöpfergott wurde Sobek geradezu notwendigerweise auch zum Allherrn. Das wird 35mal genannt:

- Sobek ist der Allherr. (3)
- Sobek ist der einzige Gott. (1)
- Sobek ist der ewige Gott. (1)
- Sobek kennt die ganze Zeit einschließlich der Zukunft. (1)
- Sobek ist der schönste Gott. (1)
- Sobek ist der Große Gott. (2)
- Sobek ist der Gute Gott. (2)
- Sobek ist der Fürst der Götter. (2)
- Sobek ist der Herrscher der Menschen. (2)
- Sobek ist der Herr von Ägypten (5)
- Sobek ist der Herr der Fremdländer. (2)
- Alle Götter und Menschen lieben Sobek. (3)
- Sobek ist der Edelste der Empfänger der Opfergaben. (1)
- Sobek ist der Herr der Nahrung. (1)
- Sobek verteilt Reichtum und Armut. (1)
- Sobek ist der Herrscher der Flüsse. (1)
- Sobek ist der Gott in den Lagunen. (1)
- Sobek ist der Herr der Sümpfe. (1)
- Sobek ist der Herr des Tieflandes (Delta). (1)
- Sobek ist der Herr der Wüsten. (2)
- Sobek ist der Fürst der Winde. (1)

=> Auch diese Ausweitung des Wesens der Sobek zu dem Allherrn und vereinzelt sogar zu dem einzigen, allmächtigen Gott stammt aus der Spätzeit des ägyptischen Reiches.

m) Gestalten
(40-mal genannt)

Sobek nimmt aus verschiedenen Gründen die Gestalten verschiedener anderer Gottheiten an. Die 17-mal erwähnte Gleichsetzung des Sobek mit dem Sonnengott Re ist bereits beschrieben worden. Sie wird hier noch einmal angeführt, da Re die wichtigste Gestalt ist, die Sobek angenommen hat. Die verschiedenen Gestalten des Sobek werden 40-mal genannt:

- Sobek wurde als der Gott, der Re am Morgen aus der Wasserunterwelt zurückholte, auch selber zu dem Sonnengott Re. Dies wird 17-mal genannt:

- Sobek wird zu Sobek-Re. (17)

- Als Re, der auch als Falke und als Skarabäus angesehen wurde, nimmt Sobek auch diese beiden Gestalten an. Vermutlich ist Thot als Ibisgott aufgrund seiner Vogelgestalt (Analogie zu Horus) auch als Gestalt des Sobek aufgefaßt worden. Dies wird insgesamt 9-mal genannt:

- Sobek ist Horus oder ein anderer Falkengott wie Sokar. (6)
- Sobek-Re wird wie Re als Chepere (Skarabäus) angesehen. (2)
- Sobek wird als der Ibisgott Thot angesehen. (1)

Die Zeugungskraft bzw. Wiederzeugungskraft des Sobek wurde durch seine Widder-Gestalt bzw. Stier-Gestalt ausgedrückt. Die Hörner des Widdergottes Chnum sind ein wichtiger Bestandteil der Krone des Sobek. Dies wird 7-mal genannt:

- Sobek befruchtet als der Widdergott Chnum. (5)
- Sobek ist Atum mit dem Widderkopf. (1)
- Sobek ist ein zeugender Stier. (1)

Sobek wurde als Sobek-Re auch dem Osiris gleichgesetzt – beide kehren aus dem Reich der Toten ins Diesseits zurück. Dem hat sich Ptah angeschlossen, weil dem Osiris ähnlich ist. Anubis erscheint hier vermutlich nicht nur, weil er wie Horus ein Sohn des Osiris ist, sondern vor allem, weil er wie Sobek ein Jenseitsführer gewesen ist. Dies wird 3-mal genannt:

- Sobek wird dem Osiris gleichgesetzt. (1)
- Sobek wird als der Gott Ptah angesehen. (1)
- Sobek wird zu Anubis. (1)

Als Urgott ist Sobek auch der Gott Atum, der der Urhügel ist. Da Geb der Erdgott ist und als solcher dem Urhügel-Gott Atum sehr ähnlich ist, wurde

Sobek nicht nur dem Urhügelgott Atum, sondern auch dem Erdgott Geb gleichgesetzt. Ursprünglich ist Geb jedoch der Schöpfer des Sobeks gewesen. Dies wird 1-mal genannt:

- Sobek ist der Erdgott Geb. (1)

Die vier verbleiben Gestalten des Sobek beschreiben verschiedene Eigenschaften des Krokodilgottes. Von diesen Eigenschaften werden 3 genannt:

- Sobek ist ein wilder Löwe. (1)
- Sobek ist der Willens-Gott „Hu" im Herzen und der Wort-Gott „Sia", die gemeinsam die Magie „Heqa" bewirken. (1)
- Sobek hat eine schöne Gestalt. (1)

=> Die drei wichtigsten Gestalten des Sobek sind die Sonne (Re), der Falke (Horus) und der Widder (Chnum). Sie erscheinen auch als die Bestandteile der Krone des Sobek: Sonnenscheibe, Widderhörner und Feder-Paar (allerdings die Federn der Ma'at und nicht die des Horus, die jedoch symbolisch gesehen recht ähnlich sind). Diese drei Gestalten des Sobek machen 31 der insgesamt 38 genannten Sobek-Gestalten aus.

n) Kult
(9-mal genannt)

Der Kult des Sobek unterscheidet sich nicht von dem Kult der anderen Götter. Dieser Sobek-Kult wird 9-mal beschrieben:

- Sobek ist der Herr des Tempels. (1)
- Sobek trägt das rituelle Siat-Tuch. (1)
- Sobek trägt den rituellen Remrem-Kragen
- Der Pharao verehrt Sobek in dessen Tempel. (1)
- Der Pharao trägt Sobek schöne Hymnen vor. (1)
- Der Pharao preist Sobek mit allen seinen Namen. (1)
- Der Pharao reicht Sobek die Ma'at zum Einatmen (1)
- Sobek ist Herr des Weihrauchs und der Myrrhe in den Ritualen. (1)
- Sobek labt sich an den Speisen der Ma'at. (1)

=> Auch der Kult des Sobek besteht vor allem aus Opfergaben und Hymnen, durch die Ma'at (Richtigkeit) des Sobek wiederhergestellt werden soll.

o) Sobek und der Pharao

(4-mal genannt)

Sobek erscheint 4-mal als der Beschützer des Pharaos:

- Sobek krönt den Pharao mit der Doppelfeder der Ma'at. (1)
- Sobek legt dem Pharao das Amulett auf die Brust (Skarabäus). Dies geschieht bei der Mumifizierung. (1)
- Der Pharao verwandelt sich im Jenseits in Sobek. (1)
- Der Pharao wird von Sobek geliebt. (1)

=> Sobek beschützt den Pharao. Dies zeigt sich auch durch die Sobek-Namen wie „Sobekhotep" der Pharaonen.

p) Helfer

(5-mal genannt)

Sobek wird auch als Helfer geschildert. Dies kommt 5-mal vor:

- Sobek ist der Älteste, der sich um seine Kinder kümmert. (1)
- Sobek ist der mächtige Gott, der die Schwachen beschützt. (1)
- Sobek ist vollkommen im Sehen und reich an Ohren. (1)
- Sobek ist der Gott, der zuhört und zu dem kommt, der ihn ruft. (1)
- Sobek ist für die Worte dessen, der ihn braucht, da. (1)

=> Dieser Charakterzug ist nur aus der spätesten Phase der ägyptischen Religion bekannt.

Sobek ist der starke Gott (50), der an vielen Kultorten verehrt worden ist (30). Er ist der Gott der Zeugung und der Wiederzeugung (14), der die Nilflut bringt (15) und dadurch alles grünen läßt (11).

Seine Sippe wird ausgiebig beschrieben, aber er ist vor allem der Sohn der kriegerischen Delta-Göttin Neith (17). Da er die Sonne am Morgen aus der Unterwelt zurückholt, verband er sich mit Re zu Sobek-Re (17) und wurde auch zu einem Gott der Unterwelt (5). Auch die meisten seiner vielen Gestalten beziehen sich auf diese Vorstellungen (38): auf den Sonnengott Re, auf den Seelenvogel Horus und auf die Wiederzeugungskraft des Widdergottes Chnum, die Re im Jenseits braucht, um sich selber wiederzuzeugen und anschließend von der Göttin Hathor bzw. Nut wiedergeboren zu werden.

Die Suche nach dem toten Osiris in der Wasserunterwelt war eine naheliegende Ergänzung zu den Mythen des Sobek (6).

Als „Gott im Wasser" wurde er der Urinsel Atum gleichgesetzt und wurde dadurch zum Urgott (5), danach auch zum Schöpfergott (10) und zum allmächtigen Herrn der Welt (35). Die Triebfeder für diese Entwicklung war sicherlich die große Kraft des Sobek.

Auch der Kult des Sobek wird beschrieben (8) und auch Sobeks Schutz für den Pharao (4) sowie für die Menschen allgemein (5).

Doch das prägende Merkmal des Sobek ist bei all dieser Vielfalt stets die große Kraft des Krokodilgottes. Die 115 Schilderungen des Sobek als stark, als Sobek-Re, Urgott, Schöpfergott und als Allherr machen 45% der gesamten 258 Beschreibungen des Sobek aus. Der größte Teil der übrigen geschilderten Eigenschaften des Sobek passen ebenfalls zu seiner Stärke.

<u>IV   Sobek-Tempel</u>

Aus den Hymnen an Sobek, die im vorigen Kapitel angeführt worden sind, sind bereits 29 Tempel des Sobek bekannt. Dazu kommen noch einmal 16 weitere Sobek-Tempel aus archäologischen Funden hinzu. Es sind also insgesamt mindestens 45 Sobek-Tempel bekannt. Es hat jedoch mit Sicherheit weitaus mehr Sobek-Tempel als nur diese 45 Tempel gegeben.

Von diesen 45 bekannten Tempeln liegen 2 im Delta, 12 in der Fayyum-Oase und 17 in Oberägypten – von 14 weiteren Orten ist die Lage der Orte nicht bekannt oder sehr unsicher. Die geringe Zahl an Sobek-Tempeln in Unterägypten (Nil-Delta) liegt wahrscheinlich vor allem darin begründet, daß sich Gebäude im feuchten Delta nicht so gut erhalten konnten wie im trockenen Oberägypten – daß es in dem Krokodil-reichen Delta nur wenige Sobek-Tempel geben hat, ist ausgesprochen unwahrschein-lich. Zudem ist ja auch die Göttin Neith, die die Mutter des Sobek ist, im Nil-Delta beheimatet.

Einigen Übersichten zufolge wurde Sobek in der Zeit des Pharaos Amenemhat III in mindestens 52 Städten verehrt.

Im Folgenden werden die 45 bekannten Tempel, über die jedoch sehr verschieden viele Details bekannt sind, beschrieben. Sie sind in der geographischen Folge „Delta – Fayyum-Oase – Oberägypten – unbekannte Orte" geordnet.

Die große Anzahl von Sobek-Tempeln im Fayyum liegt auch daran, daß das Fayyum als die Kornkammer Ägyptens sehr wohlhabend war und daher auch die Mittel hatte, viele Tempel für Sobek, den Herrn des Fayyum, zu errichten.

<u>1.   Delta (Unterägypten)</u>

<u>a)   Buto</u>

Buto ist die sehr alte Hauptstadt des 6. unterägyptischer Gau im Südwesten des Deltas. Die ältesten Siedlungsfunde reichen bis 4000 v.Chr. zurück, als bis deutlich vor die Gründung des ägyptischen Reiches um 3250 v.Chr.

Der Sobek-Kult spielte hier zwar keine große Rolle, aber es ist durchaus denkbar, daß er hier in dieser an Krokodilen reichen Gegend bis in die Anfänge Butos zurückreicht. Nachweisbar ist das bisher jedoch nicht.

Es gibt zwar Hinweise auf den Sobek-Kult, jedoch keine Reste von Sobek-Tempeln oder nähere Angaben.

Heliopolis – altägyptisch „Iunu" für „Stadt des Sonnenpfeilers" – ist die Hauptstadt des 13. unterägyptischen Gaus. Das altägyptische Heliopolis, das bereits bei der Gründung des ägyptischen Reiches existiert hat und eine der ältesten Städte Ägyptens ist, ist heute ein Teil von Kairo. In der Genesis der Bibel wird Heliopolis „On" genannt, was eine Verkürzung von „Iunu" ist.

Es ist zwar bekannt, daß in Heliopolis auch Sobek verehrt worden ist, doch gibt es so gut wie keine Einzelheiten darüber. Sobek war in Heliopolis auf jeden Fall keiner der wichtigeren Götter.

2.   Fayyum-Oase (Unterägypten)

a)   Schedet (Krokodilopolis)

Der Kult des Sobek läßt sich das erste Mal sicher durch den Namen des Pharaos „Krokodil".

Pharao Krokodil

Die Abbildung von „Krokodil vor einem Schrein" auf dem Siegelring des Pharaos Krokodil (ca. 3170 v.Chr.) aus der 0. Dynastie ist die erste Darstellung des späteren Symboles für die Stadt Schedet. Dieses Motiv findet sich auch auf etlichen Sobek-Stelen wieder.

Horus von Schedet wurde auf einem Siegel aus der Regierungszeit des Pharaos von Chasechemuy (um ca. 2740 v.Chr.) aus der II. Dynastie als Krokodil dargestellt.

Amenemhat I-III und Sesostris I-III (1939-1806 v.Chr.) planten und legten den Kanal vom Nil zum Fayyum an und förderten die Verschmelzung von Sobek und Horus von Schedet und verliehen ihm den Titel *„Sobek von Schedet – Horus, der in Schedet residiert"*.

Der Haupttempels des Sobek wurde wahrscheinlich von Ptolemäus II, der von 285-246 v.Chr. Pharao gewesen ist, ausgebaut.

In Schedet wurden im Laufe der Zeit viele umfangreiche Bauprojekte zu Ehren des Sobek durchgeführt, da es die Hauptstadt des gesamten Fayyum war.

Der Sobek-Tempel in Schedet heißt *„Per-Sobek"*, also *„Haus des Sobek"*. Dieser Tempel und seine Vorläufer werden einer der ältesten Kulte in Ägypten gewesen sein.

Über diesen Tempel ist bekannt, daß er eine Außenmauer, drei Tore und eine zentrale Säulenhalle besaß, in der eine Sobek-Statue stand. In dem Sobek-Tempel gab es viele kunstvolle Schnitzereien und Malereien. Hier wurde von den Ägyptern dem Sobek geopfert und zu ihm gebetet.

Ein Teil der Priester im Haupttempel von Schedet dienten ausschließlich Sobek. Sie trugen Titel wie *„Prophet der Krokodilgötter"* oder *„derjenige, der die Leichen der Krokodilgötter aus dem Land des Sees begräbt"*.

Der Ablauf des Kultes in diesem Tempel, der durch einige Inschriften skizzenhaft bekannt ist, wird in dem Kapitel „Der Kult des Sobek" beschrieben.

Jedes Jahr wurde das *„Fest der schönen Wiedervereinigung"* gefeiert, bei dem Sobek mit Prozessionen, Musik und Tanz geehrt wurde. Die Wichtigkeit des Sobek von Schedet zeigt sich auch durch die vielen Artefakte und Inschriften, die sich auf Sobek beziehen und im Fayyum gefunden wurden.

Der Krokodilgott wurde hier nicht nur *„Sobek von Schedet"*, sondern auch *„Herr der weißen Krone"*, *„derjenige, der im Großen Palast herrscht"* und *„Herr des großen Palastes"* genannt. Durch diese drei Namen, die Titel des Königs waren, wurde Sobek zum Königsgott erhoben. Aus dem Namen *„Herr des Großen Palastes"* (ägyptisch: *„neb per-a'a"*) ist auch die heutige Bezeichnung des ägyptischen Königs als „Pharao" entstanden.

Eines der lebenden Krokodile in Schedet wurde *„Petsuchos"*, also *„Haus des Krokodils"* genannt. Wenn dieses Krokodil starb, wurde es mit einem großen Fest mumifiziert und ein öffentlich ausgestellt. Anschließend wurde ein neues Krokodil als „Petsuchos" ausgewählt.

Sobek wurde als der Beschützer und Ernährung aller Menschen im Fayyum angesehen.

b) Itj-Taui

Amenemhet I gründete die 12. Dynastie und ließ eine neue Hauptstadt am Eingang zu dem Tal, das vom Nil zum Fayyum führt, errichten. Diese Stadt ließ er „Amenemhat-Itj-Taui", d.h. *„Amenemhet, der Ergreifer der beiden Länder"* nennen, da er eine neue Dynastie begründet hatte. Die „beiden Länder" sind Ober- und Unterägypten, die beim Tod eines Pharaos auseinanderbrachen und bei der Krönung eines neuen Pharaos wieder vereint wurden.

Diese Stadt, deren genaue Lage unbekannt ist, befindet sich in der Nähe des heutigen El-Lischt, wo auch die beiden Pyramiden von Amenemhet I und dessen Sohn Sesostris I stehen.

„Itj-taui", wie diese Hauptstadt auch kurz genannt wird, war während der ganzen 12. und 13. Dynastie (1985-1700 v.Chr.) die Hauptstadt von Ägypten. Vermutlich hat bereits Amenemhet I Pläne für einen Kanal vom Nil ins Fayyum-Becken gehabt, doch erst Amenemhet III und dessen Sohn Sesostris III haben diesen Plan verwirklicht.

Da bereits Amenemhet I offenbar ein großes Interesse am Fayyum gehabt haben muß, da er die neue Hauptstadt am Eingang des Tal zum Fayyum erbauen ließ, und da Sobek der Hauptgott des Fayyum gewesen ist, kann man davon ausgehen, daß es in der neuen Hauptstadt Itj-taui auch einen Sobek-Tempel gegeben haben wird.

Amenemhet I war der Begründer der 12. Dynastie. In dieser Dynastie und in der folgenden 13. Dynastie finden sich neben den vier Pharaonen mit dem Namen „Amenemhet I-IV" und den sechs Pharaonen mit dem Namen „Sesostris I-VI" auch die zehn „Sobek-Pharaonen" mit den Namen „Sobekhotep I-IX" und „Nofrusobek".

Die Beliebtheit der Sobek-Namen bei diesen zehn Pharaonen war offensichtlich an die Hauptstadt Itj-taui und die Wichtigkeit des Fayyum für die dort herrschenden Pharaonen gebunden.

c) Tebtunis

Sobek-Tempel von Tebtunis

Tebtunis, das auch „Tebtynis" geschrieben wird, ist eine Stadt am südlichen Rand der Fayyum-Oase am Ufer des Fayyum-Sees. Die Stadt wurde erst um ca. 300 v. Chr. gegründet.

In Tebtunis wurde Sobek „Soknebtuns", also *„Sobek, Herr von Tebtunis"* genannt.

Der Tempel besteht aus dem Hauptgebäude mit der Statue des Sobek; einem Hof mit Umfassungsmauer, in dem das Hauptgebäude steht; einer Prozessions-Allee zu dem Eingang, die links und rechts von Sphinxen begleitet wird; und zwei größeren Nebengebäude an diesem Prozessionsweg. Auf dem Photo sind die Reste der Umfassungsmauer, des Hofes und der Säulen des Hauptgebäudes zu sehen.

Von dem Propheten dieses Tempels, der der Leiter der Rituale in dem Sobek-Tempel war, ist durch Papyrusrollen bekannt, daß er zeitweise auch der Prophet des Sobek-Tempels in dem 100km entfernen Akoris gewesen ist.

<h2 style="text-align:center"><u>d) Bakchias</u></h2>

Sobek-Tempel von Bakchias

„In Bakchias wurden – wie auch in einigen anderen Orten im Fayyum – zwei Gestalten des Sobek gemeinsam verehrt. In diesem Ort sind die Soknobkonneus (*„Sobek, Herr von Konneus"*) und Soknobraisis (*„Sobek, Herr von Raisis"*).

Der Tempel stammt aus der Ptolemäerzeit und wurde hauptsächlich aus Lehmziegeln erbaut. Die Mauern sind z.T. 2m dick. Nur die Haupteingänge und die Fußböden waren aus Stein gemeißelt.

Der Tempel besteht aus einem Eingangstor, einem großen Vorhof, einem kleinen Hof und dem Allerheiligsten. Darum herum befinden sich weitere kleine Räume.

Neben diesem Tempel, dessen Eingang nach Osten zeigt, befand sich im Norden ein zweiter, kleinerer Tempel, dessen Eingang nach Süden zeigt.

In dem Tempel gab es zwei Priestergruppen: die Gruppe des Soknobkonneus und die des Soknobraisis.

In den Jahren 170/171 n.Chr. waren den Personal-Listen zufolge 14 Priester im Alter zwischen 21 und 69 Jahren in dem Tempel tätig. In den Jahren 187/188 n.Chr. waren es 16 Priester im Alter von 13 bis 45 Jahren. Da in der neueren Liste kein einziger der früheren Priester verzeichnet ist und die neuen Priester auch alle sehr jung sind, sind die vorigen Priester vermutlich der Pest, die damals auch im Fayyum wütete, zum Opfer gefallen.

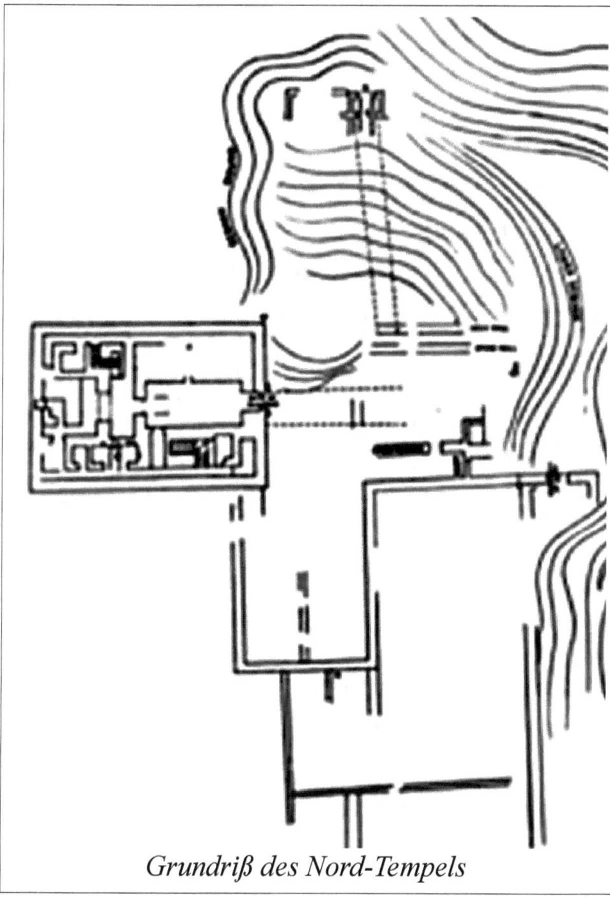

Grundriß des Nord-Tempels

Gesamtansicht des Nord-Tempels

Der heutige Name von Karanis lautet „Kom Uschim" oder auch „Kom Auschim".

Karanis wurde um ca. 300 v.Chr. von Griechen unter Pharao Ptolemaios II gegründet und wurde um ca. 500 n.Chr. verlassen, als der Kanal nicht mehr genügend Wasser vom Nil ins Fayyum brachte.

Der Süd-Tempel und auch der Nord-Tempel bestanden von 100 v.Chr. bis 300 n.Chr. Zur Zeit der Herrschaft des Cäsars Nero (37-68 n.Chr.) wurde der Südtempel den beiden Krokodilgöttern Pnepheros und Petesuchos geweiht.

Die beiden Tempel bestanden aus einem Pylon (zwei Eingangstürme mit einem Tor dazwischen), drei aufeinander folgenden Hallen und dem Allerheiligsten.

Der Nordtempel hat einen Altar, der von seiner beachtlichen Größe her für die Mumie eines Krokodils gedacht gewesen sein muß. In dem Tempel wurde die Statuette eines Falken-köpfigen Krokodils gefunden worden.

Die Nebengebäude des aus Lehmziegeln erbauten Tempels umfaßten Lagerräume, Wohnräume für die Priester und einen Speiseraum.

In der Vorhalle gab es tiefe Nischen in der Wand, in denen die Krokodil-Mumien aufbewahrt wurden, die im Ritual gebraucht wurden. Weiterhin gab es viele bestattete Krokodil-Mumien.

Treppe zum Eingang des Nord-Tempels

der Süd-Tempel

Pylone und zentraler Gang im Nord-Tempel

Im Allerheiligsten befindet sich bei dem Altar eine niedrige verborgene Kammer mit einem flachen Zugang, aus der heraus wahrscheinlich von den Priestern Orakel gesprochen wurden. Diese Verwendung dieser Kammer ist zwar wahrscheinlich, aber nicht sicher.

Es gab auch einen kleinen Heiligen See.

Sobek wurde in Karanis in zwei Gestalten verehrt, die „Pnepheros" (*„Seelen-Träger"* und „Petsuchos" (*„Haus des Krokodils"*) genannt und als Zwillinge aufgefaßt wurden.

Der Name „Seelen-Träger" bezieht sich wahrscheinlich darauf, daß Sobek die Sonne aus der Unterwelt zurückbringt – so wie ein Schamane („Sem-Priester") eine Seele aus der Unterwelt zurückbringt.

Außer Sobek wurden in diesen beiden Tempeln auch Isis, Serapis, Harpokrates und Anubis sowie viele andere ägyptische und auch griechische Götter wie Aphrodite, Demeter und Asklepios verehrt.

der Altar im Allerheiligsten im Nord-Tempel

f) Theadelphia

Ruinen des Sobek-Tempels von Theadelphia

Die Stadt Theadelphia liegt im Nordwesten des Fayyums am Fayyum-See in der Nähe des heutigen Ortes Batn Ihrid, 10km westlich von Krokodilopolis. Sie war wie viele Städte im Fayyum von ca. 300 v.Chr. bis 400 n.Chr. bewohnt.

In der Stadt stehen sieben Tempel – der Haupttempel ist dem Sobek unter dem Namen „Pnepheros" („Seelen-Träger") geweiht. Er wurde um ca. 260 v.Chr. gegründet.

Ruinen des Sobek-Tempels von Soknopaiu Nesos

Die Stadt Soknopaiu Nesos – das heutige Dimê – war vor allem während der griechisch-römischen Zeit von Bedeutung. Der Tempel von Soknopaios Nesos wurde während der Ptolemäerzeit renoviert.

Der Name „Soknopaios" bedeutet „*Sobek, Herr von Pai*".

„Pai" ist ein alter Name für diesen Ort. „Soknopaios Nesos" bedeutet *„Insel des Sobek, Herr von Pai"*. Mit „Insel" ist hier vermutlich das Plateau gemeint, auf dem dieser Ort errichtet worden ist. Der vollständige altägyptische Name lautete „Ta-mai Sobek, neb-pai, netjer a'a", d.h. *„In-sel des Sobek, Herr von Pai, der Große Gott"*.

Sobek wurde hier vor allem als Herr des Wassers und als Fruchtbarkeitsgott verehrt.

Sobek-Tempel von Soknopaiu Nesos

In dem Tempel wurden auch Isis und andere Götter verehrt, doch Sobek war der Hauptgott. Die Statue des Sobek in dem Schrein im Allerheiligsten war ca. 50cm groß.

Der Tempel befand sich auf einem Plateau am Rande der Wüste. Die Bewohner ernährten sich daher vor allem von Handel, Viehzucht (vor allem Kamele) und von Spenden an den Tempel.

Die lange Hauptstraße des Ortes führte direkt zu dem Eingang des Tempels. Der aus Stein errichtete Haupttempel, der dem Soknopaios geweiht war, lag in einem 113mx63m großen Bezirk. Außer dem Haupttempel befanden sich dort noch ca. 20 verschiedene andere Gebäude wie z.B. kleinen Tempeln für andere Gottheiten, Priesterwohnungen, Werkstätten, das Tempelarchiv und Verwaltungsgebäude.

An dem Grundriß (siehe links) ist deutlich zu erkennen, das der alte Tempel (unten) an der Rückwand aufgebrochen worden und durch einen Vorhof mit dem neu erbauten Tempel (oben) verbunden worden ist. Dadurch ist der alte Tempel zu einer Vorhalle des neuen Tempels geworden.

In dem Tempel des Soknopaios lebten in der Römerzeit über 100 Priester, womit dies damals der größte Tempel im Fayyum gewesen ist. In Soknopaios lebten lediglich 1000 Menschen, weshalb man davon ausgehen kann, daß dieser Ort im Grunde eine Tempel-Stadt des Sobek gewesen ist,

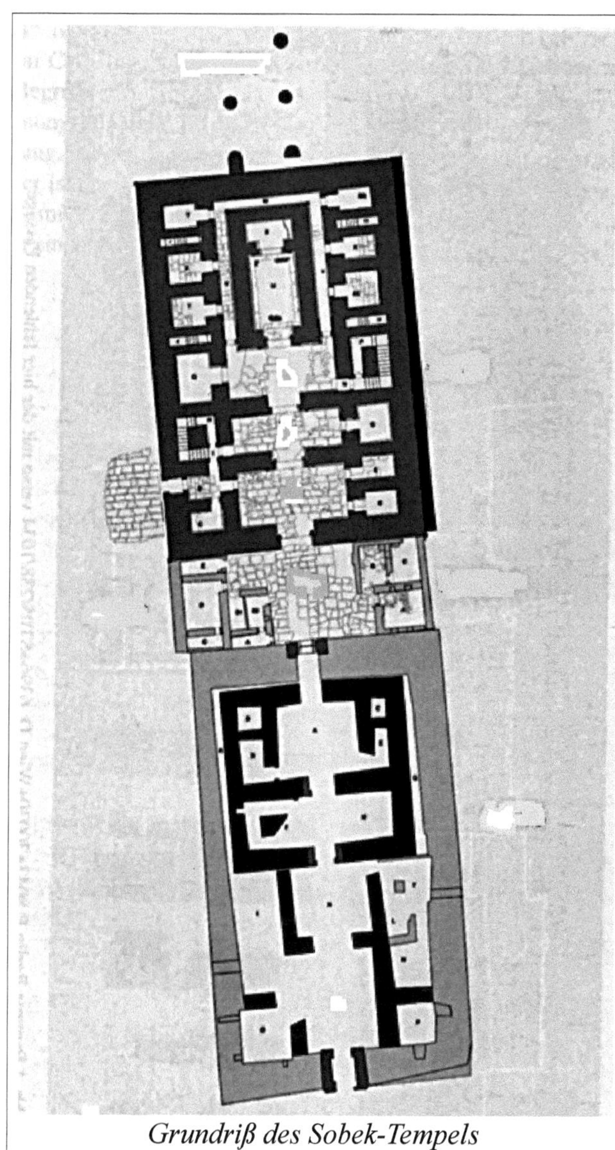

Grundriß des Sobek-Tempels

die nur von den Priestern und ihren Familien bewohnt wurde. Die Namen der Bewohner bestätigen diese Vermutung, daß dort nur Priesterfamilien gewohnt haben.

Zu dieser Zeit durfte man in Ägypten auch nur dann Priester werden, wenn man sowohl von der väterlichen als auch von der mütterlichen Linie aus einer Priesterfamilie stammte. Die Kinder aus Ehen, die innerhalb von Soknopaios geschlossen wurden, erfüllten daher recht wahrscheinlich diese Voraussetzung für das Priesteramt.

Im Jahr 230 n.Chr. wurde der Tempel sehr plötzlich aufgegeben. Der Ort wurde jedoch ca. 100 Jahre später wieder neu besiedelt.

Die Priester führten nicht nur das tägliche Ritual durch, sondern leiteten auch die Feste und Prozessionen und erteilten auch Orakel und stellten magische Amulette her.

h) Medinet Madi

Prozessionsweg

Sphinxe

Der altägyptische Ort Narmuthis („Ort der Schlangengöttin Renenutet"), der ursprünglich schlicht „Dja" hieß und heute den arabischen Namen „Medinet Madi" („Ort der Vergangenheit") trägt, liegt im südwestlichen Fayyum.

In der Spätzeit war der Ort längere Zeit über verlassen und wurde in der Ptolemäerzeit neu besiedelt, bis er um ca. 900 n.Chr. erneut aufgegeben wurde.

Der Tempel der Schlangengestaltigen Erntegöttin Renenutet wurde dort bereits um ca. 1800 v.Chr. von Amenemhat III und seinem Sohn Amenemhat IV ungefähr gleichzeitig mit der Fertigstellung des Fayyum-Kanals errichtet. In dem Haupt-Schreinraum in der Mitte stand die Statue der Renenutet, links und rechts daneben die Statuen von Amenemhet III und seinem Sohn Amenemhet IV. Renenutet wurde in der griechisch-römischen Zeit mit Isis gleichgesetzt. In diesem Tempel wurde jedoch auch Sobek verehrt.

Löwen

Dieser Tempel wurde in der griechisch-römischen Zeit erweitert. Der Sobek-Kult bestand bis ca. 400 n.Chr. weiter.

Der Pharao Ptolemäus IX hat dem Tempel drei Vorhöfe hinzufügen lassen. Dieser Tempel ist der einzige aus dem Mittleren Reich, der noch gut erhalten ist.

Der Tempel wird in den In-schriften schlicht *„Tempel der Renenutet"* genannt und die Göttin selber *„lebende Renen-utet von Dja"*.

äußerer Vorhof

Dieser Haupttempel von Medinet Madi ist Renenutet, Sobek und deren gemeinsamem Sohn Horus geweiht. In der griechischen Zeit war er hingegen Thermuthis (Renen-utet) und Horus Soknopaios geweiht.

In dem Tempel gibt es ein Relief, das zeigt, wie der Pharao Amenemhet III von den beiden Göttern Sobek und Anubis mit dem Ankh-Lebens-symbol „gesalbt" wird, wo-durch der Pharao im Jenseits unsterblich wurde. Durch die-ses Ritual wurde der Pharao zu einem Sohn des jeweiligen Hauptgottes – in diesem Fall Amun. (Der Name „Amenem-hat" bedeutet *„Amun ist an der Spitze".*)

Gesamt-Tempel

Auf einem anderen Relief in dem Tempel steht der Pharao Amenemhat III vor dem Gott Sobek, hinter dem die Göttin Renenutet steht. Möglicherweise wurde Sobek hier als Sohn der Schlangengöttin angesehen – doch das ist unsicher. Der Pharao steht in diesem Tempel auch noch auf anderen Reliefs vor dem Krokodilgott Sobek.

Ein weiteres Reliefs zeigt, wie Amenemhat III und sein Sohn Amenemhat IV den Göttern Renenutet und Sobek opfern.

Es gab auch eine Gewölbekammer mit einem Wasserbassin, in der über dreißig Krokodil-Eier gefunden wurden. Dieser Raum wird einst der Aufzucht von Krokodilen gedient haben.

In einem der beiden Pylone (Eingangs-Türme) befinden sich zwei Falltüren, die zu un-terirdischen Kammern führen, deren Funktion unbekannt ist.

Durchgang in den Innenräumen

Kammer

Zu dem Tempel führte ein Prozessionsweg, der links und rechts von Sphinxen und Löwen flankiert wird.

In dem Tempel wurden Notizen zu Personen-Horoskopen, Schultexte, Archiv-Übersichten u.ä. gefunden, was eine weitere Seite der Priester-Tätigkeiten zeigt. Eine dieser Schriften ist eine Bitte an die Priester von Soknopaios Nesos um Hilfe, weil der Tempel einen akuten Mangel an Priestern hatte.

Hinter dem Tempel wurde ein zweiter Tempel errichtet, der Isis-Thermuthis geweiht war. „Thermuthis" ist der griechische Name der Göttin Renenutet. In Medinet Madi wurde auch der Falkengott Horus, die Kuhgöttin Hathor und die Göttin Seshat („Schreiberin") verehrt.

Ein dritter Tempel an der Seite des Haupttempels war dem Kult von zwei Krokodil-Mumien geweiht, die in zwei Nischen thronten. Dies werden wieder die Krokodilgott-Zwillinge sein, die auch an anderen Orten im Fayyum in den Tempeln zu finden sind.

Sobek-Skizze eines altägyptischen Zeichners

Ein weiterer Tempel in Medinet Madi, der um ca. 80 v. Chr. gegründet wurde, ist dem Sobek geweiht. Hier gab es auch schon vorher den Kult eines lebenden Krokodils.

Sobek-Relief

Sobek und Amenemhat III

links Renenutet, rechts Amenemhab III, Mitte Ptah

Altar

Doppel-Naos für zwei Krokodil-Mumien

Einzel-Naos für eine Statue

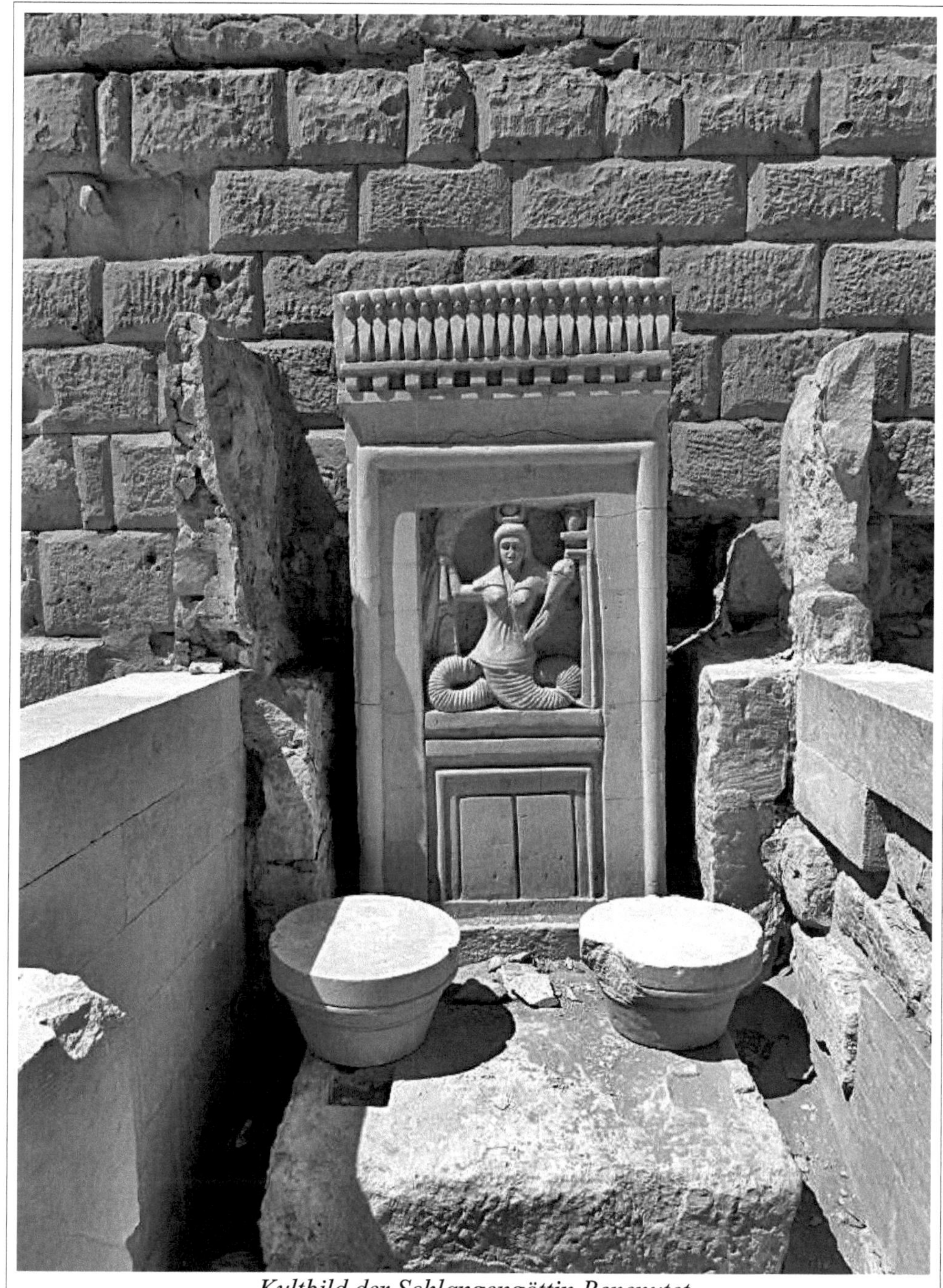

Kultbild der Schlangengöttin Renenutet

Rekonstruktion des Tempels

Front des Tempels

Tore von einigen der Kammern in dem Tempel

Der unvollendete Tempel in Qasr el-Sagha („Burg der Goldschmiede") ist sehr wahrscheinlich für den Krokodilgott Sobek bestimmt gewesen. Er steht 10km nördlich des Fayyum-Sees mitten in der Wüste auf einem Ausläufer des Berges Qatrani ca. 54 m oberhalb des Sees. Früher reichte der Qarun-See bis an den Fuß dieser Anhöhe.

Er wurde vermutlich im Alten Reich oder im Mittleren Reich erschaffen, also in der Zeit von 2125-1579 v.Chr. Von der Bauweise (Technik) her entspricht er dem Mittleren Reich, von dem Aufbau (Architektur) her jedoch noch dem Alten Reich. Der Tempel ist nie fertiggestellt worden und enthält keine Inschriften.

Die Bauweise aus sehr großen, teilweise nicht rechtwinkligen Steinblöcken ist ungewöhnlich und findet sich in dieser Art sonst eher in Peru.

Das Innere ist in mehrere Kammern aufgeteilt, in denen früher wahrscheinlich Götterstatuen standen. Eine Kammer war ursprüglich vollständig verschlossen, weshalb vermutet wird, das es sich um einen Totentempel handelt.

In der Nähe des Tempels gibt es Siedlungen und Gräber aus prähistorischer Zeit.

Die Lage des Tempels in der Nähe des Fayyums macht es so gut wie sicher, daß in diesem Tempel auch Sobek verehrt wurde oder verehrt werden sollte.

Tor einer der Kammern

der „Kasten-Tempel"

die zentrale Tempel-Achse

Der steinerne Tempel von Qasr Qarun (das frühere Dionysias) liegt ganz am Westende des Qarun-Sees auf der steinigen Anhöhe, bei der das fruchtbare Land 3km vom Ufer des Sees entfernt aufhört. Die antike Stadt Dionysias wurde wie viele Städte im Fayyum um ca. 300 v.Chr. gegründet.

Dieser Tempel, der dem Sobek-Re geweiht ist, hat viele enge Gänge, kleine Räume und Durchgänge. Der Hauptgang des Tempels ist auf die Mittwinter-Sonne ausgerichtet.

Von außen wirkt der Tempel wie ein schlichter Kasten, doch im Inneren gleicht er eher einem Labyrinth aus Kammern, Toren, Gängen, Treppen und Tunneln, die sich auf verschiedenen Ebenen befinden. Doch die ägyptische Symmetrie fehlt nicht ganz: der Hauptgang führt – wie allgemein üblich – geradeaus zu dem Allerheiligsten, das aus drei Kammern für drei Statuen besteht.

Eine der Treppen führt wie bei dem Tempel von Edfu auf das Dach hinauf, auf dem noch mehrere kleinere Kammern für weitere Gottheiten errichtet worden sind. Dort oben wird es auch Rituale für den Sonnengott Re gegeben haben – so wie dies auch bei anderen Tempeln der Fall war. So gibt es z.B. im Tempel von Karnak eine Treppe, die zu einer Empore im Freien hinaufführt, auf der oben Re verehrt worden ist.

Der Tempel enthält eine Halle, deren Decke von 24 riesigen Säulen getragen wird, die mit vielen Götterbildern und Inschriften überdeckt sind.

In einer der Kammern ist ein Sobek-Relief an den Wänden erhalten geblieben.

die drei Kammern im Allerheiligsten

k) unbekannter Ort im Fayyum

In den Texten wird ein weiterer Sobek-Tempel im Fayyum erwähnt – leider ohne Namen. Daher ist unklar, ob einer der bereits genannten Orte gemeint ist oder ein zusätzlicher Ort.

l) Souxai

Dieser Ort wird zwar einem modernen Bericht über das Fayyum erwähnt, aber ist ansonsten unbekannt. Auch die Schreibweise des Namens sieht weder arabisch noch altägyptisch aus. Die Existenz dieses Ortes und dieses Sobek-Tempels ist also zweifelhaft.

3. Oberägypten

Die Tempel sind vom südlichen Ende des Deltas, also von Kairo ausgehend nach Süden hin zur Grenze zum Sudan geordnet.

a) Herakleopolis Magna

Herakleopolis Magna liegt auf der Westseite des Niltals 15km nördlich des Beginns des Durchbruchs durch die Wüstenberge, durch den der Kanals vom Nil zum Fayyum führt. An diesem Ort sind einige Bautätigkeiten der Pharaonin Sobekneferu („Schönheit des Sobek"), die die Tochter von Amenemhat III war, nachgewiesen.

An diesem Ort wurde Sobek als Soknopaios („Sobek, Herr von Pai") verehrt. Der Sobek-Tempel von Herakleopolis Magna war ein wichtiger Kultort des Krokodilgottes.

b) Kynopolis

In dieser Stadt, die vor allem ein Kultort des Schakalgottes Anubis gewesen ist, ist auch Sobek in einem Tempel verehrt worden.

c) Abydos

Abydos, der Hauptkultort des Osiris, liegt 160km nördlich von Luxor am westlichen Nilufer

Über den Kult des Sobek in Abydos sind nur einige wenige Hinweise bekannt, aber es ist kein Tempel gefunden worden. Auch der Name „Chu-Sobek" („Sobek schütze mich") eines ägyptischen Soldaten aus Abydos ist nur ein sehr unsicherer Hinweis auf einen Sobek-Kult in diesem Ort.

d) Akoris

Sobek-Tempel von Akoris

Ab der 26. Dynastie (664-525 v.Chr.) wurde Sobek auch in einem Tempel in Akoris, das ca. 100km südlich des Fayyum im Niltal liegt, verehrt.

Der Oberpriester von Tebtunis im Fayyum war zeitweise auch der Oberpriester des Sobek-Tempels von Akoris. Sobek wurde als Hauptgottheit des Stadt Akoris angesehen.

e) Maabdah

Maabdah liegt gegenüber von Assiut, 220km nilaufwärts vom Eingang zum Fayyum, am Ostufer des Nils.

Dort befindet sich eine natürliche weitverzweigte Höhle mit vielen Kammern, in der tausende von Krokodil-Mumien gefunden worden sind, die bis zu fünf Meter lang gewesen sind. Die meisten dieser Krokodil-Mumien sind jedoch Jungtiere gewesen.

Zwischen diesen Krokodilen lagen auch viele Mumien von Männern, Frauen und Kindern. Krokodile und Menschen bildeten hier also eine Jenseits-Gemeinschaft.

Die Höhle wurde vor allem in römischer Zeit genutzt.

Auch wenn es hier keinen Tempel des Sobek gegeben hat, zeigen die vielen Krokodil-Mumien dennoch deutlich, daß es trotzdem einen sehr lebendigen Sobek-Kult gegeben haben muß.

f) Qena (Dendera)

Sobek wurde auch in dem Hathor-Tempel in Dendera in der Nähe des heutigen Qena verehrt. Er erscheint dort zusammen mit anderen Göttern und tritt auch in den Ritualtexten auf, die sich dort an den Wänden des Tempels befinden.

Der Ort Dendera liegt in dem 6. oberägyptischen Gau, der den Namen „Krokodil-Gau" trug, was ein deutlicher Hinweis darauf ist, daß Sobek hier einst die Hauptgottheit gewesen sein muß. Aus diesem Tempel stammt die 13. Hymne an Sobek aus dem vorigen Kapitel dieses Buches.

Hathor und Sobek

In diesem Dorf, das 40km südlich von Theben in Oberägypten liegt, gab es einen Hathor-Tempel.

Dort wurde ein 15cm x18cm großes Sandstein-Bruchstück gefunden, das aus der Zeit des Pharaos Thutmosis III stammt, d.h. aus der Zeit von 1458-1425 v.Chr.

Auf diesem Sandstein-Bruchstück sind Hathor und Sobek nebeneinander zu sehen.

Hier hat es offensichtlich auch einen Sobek-Tempel gegeben wie auch der Sarg des Ini zeigt, der sich selber in der Inschrift auf dem Sarg „Haupt der Priester im Tempel des Sobek" nennt. Er starb um ca. 2090v.Chr.

Sobek-Stele aus al-Mahamid Qibli

3km südlich von Gebelein befand sich in dem Dorf al-Mahamid Qibli ein Sobek-Tempel. Dort ist auch eine Stele mit zwei Sobek-Göttern auf jeweils einer Tempel-Hieroglyphe und darunter zehn Krokodilen, die paarweise angeordnet sind, gefunden worden.

In diesem Dorf wurden zwei Stein-Messer gefunden, deren Griffe Krokodil-Ornamente trugen und die aus der prädynastischen oder frühdynastischen Zeit, also ungefähr aus der Periode der Reichsgründung stammen.

Diese beiden Messer könnten ein Hinweis auf einen sehr frühen Sobek-Kult an diesem Ort sein. Es ist natürlich auch denkbar, daß diese Messer ganz einfach scharf und spitz wie Krokodil-Zähne sein sollten – ähnlich wie in Mesopotamien eine Sichel aus der Jungsteinzeit gefunden wurde, die einen Griff hat, der wie eine Gazelle geformt ist und die offenbar genauso gut wie die Zähne einer Gazelle die Getreidehalme schneiden sollte.

Allerdings spricht die Zweizahl der beiden Krokodil-Messer aus al-Mahamid Qibli eher für eine kultische Bedeutung. Ob man diese Zweizahl mit den Krokodil-Zwillingen, die vor allem aus dem Fayyum bekannt sind, in Zusammenhang bringen kann, ist zwar denkbar, aber doch zumindestens noch fraglich.

Leider sind diese beiden Messer nicht bei Ausgrabungen ans Tageslicht gekommen, sondern bei Einheimischen gekauft worden, sodaß sich nichts aus den Fundort schließen läßt.

i) el-Rizeiqat

Das Dorf el-Rizeiqat liegt 30km südlich von Theben. Dort wurde das steinerne Modell eines Bootes mit dem Kopf eines Krokodils an einem Ende gefunden. Dieses Boot-Modell stammt wie die beiden Krokodil-Messer, die in dem nur 10km entfernten al-Mahamid Qibli gefunden wurden, aus der prädynastischen oder frühdynastischen Zeit.

Auch bei diesem Boot mit Krokodilkopf stellt sich wieder die Frage, ob das ein Sobek-Boot ist oder ob der Krokodilkopf an dem Bug des Bootes das Schiff vor Krokodilen schützen sollte. Doch auch die zweite Version – also die Krokodil-Magie – kommt einem Krokodil-Kult schon recht nahe.

Wenn man die beiden Krokodil-Messer aus dem Nachbardorf mitbedenkt, muß es damals in dieser Gegend zumindest eine Art „magische Krokodil-Tradition" gegeben haben, was nahelegt, daß auch das Krokodil selber bereits zu einem Krokodilgott, also zu Sobek personifiziert worden ist – den man, wie die Messer und das Boot zeigen, nicht nur gefürchtet, sondern auch um Hilfe gebeten hat.

Für diese Sicht spricht auch, daß es ja eigentlich Unsinn wäre, einen Krokodilkopf an dem Bug eines Bootes zu befestigen, wenn man sich von diesem Krokodilkopf nicht Hilfe gegen die Krokodile erhoffen würde. Ohne diese Hoffnung sollte der Krokodilkopf doch eher andere Krokodile anziehen. Also muß es damals schon einen Krokodilgott gegeben haben, der die Ägypter in ihren Booten vor den Krokodilen beschützt hat.

j) Gau von Theben

In dem Gau von Theben – altägyptisch „Gau des Uas-Szepters" – gibt es mehrere Sobek-Tempel, doch er war in diesem Gau nicht der Hauptgott. Der alles prägende Gott dieses Gaus ist seit der 18. Dynastie, also ab 1550 v.Chr. ist Amun-Re gewesen.

Die vielen kleineren Tempel der Hathor und des Sobek in den Dörfern dieses Gaus lassen jedoch vermuten, daß im Alten und im Mittleren Reich diese beiden Gottheiten am wichtigsten gewesen sind.

k) Tal der Könige

Sobek und Horus in einem Grab

Es gibt zwar keinen Sobek-Tempel im Tal der Könige, das der „Ort der toten Könige" von Luxor und Karnak ist, aber Sobek erscheint des öfteren in den Reliefs in den Gräber.

Opferungen an Sobek

Sobek und Amenemhat III

In Sumenu, das ca. 20km südlich von Luxor und Karnak liegt, wurde 1966 bei Erdarbeiten zufällig ein Tempel des Sobek entdeckt. Er ist dem *„Sobek-Re, Herr von Sumenu"* gewidmet.

In dem Tempel sind viele privat dorthin gebrachte Stelen und Statuen des Sobek aus der Zeit des Pharaos Amenemhat III (der den Fayyum-Kanal erbaut hat) gefunden worden. Der Tempel selber ist schon in der Pharaonen-Zeit bis auf die Fundamente abgetragen worden.

In einer Wasser-gefüllten Kammer fand man bei den Erdarbeiten die berühmte Statue des Sobek, der den Pharao Amenemhat III beschützt. Diese Kammer wurde von einer Steinplatte verdeckt, die sich auf Bronzerädern drehen ließ. Möglicherweise lebte dort unten einst ein heiliges Krokodil.

Der Kult des Krokodilgottes Sobek läßt sich in Sumenu bis zurück zur 9. Dynastie (ca. 2150 v.Chr.) nachweisen – vermutlich ist dieser Kult jedoch noch älter, wie die vielen dörflichen Sobek-Tempel im thebanischen Gau zeigen.

Sobek und Amenemhat III (Detail)

Drei der vier Stelen, die in dem nächsten Kapitel „Der Kult des Sobek" gezeigt wer-den, stammen aus diesem Tempel. Die vierte Stele stammt von Al-Mahamid Qibli, das nicht weit von Sumenu entfernt liegt.

Der Kult des Sobek muß in dieser Gegend daher fest im Alltag der Menschen verankert gewesen sein.

m)   Gebel el-Silsila

der Felsentempel des Haremhab

Dieser Ort in der Nähe eines wichtigen Steinbruchs liegt 145 km südlich von Luxor bzw. 40km südlich von Edfu.

Der Felsentempel des Pharaos Haremhab ist dem Königsgott Amun, der Geiergöttin Mut, dem Mondgott Chons, dem Krokodilgott Sobek, der Nilpferdgöttin Thoeris, dem Ibisgott Thot und natürlich auch dem Pharao selber geweiht.

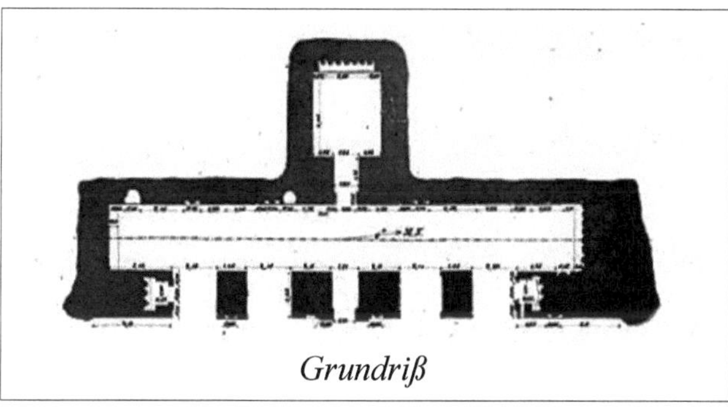

Grundriß

*Außenwand; von links nach rechts: Pharao, Ptah,
Sobek (absichtlich sehr stark zerstört)*

*innen, von links nach rechts: Sobek, Hathor,
Pharao (klein vor ihr als ihr Sohn) Amun, Thot*

n) Kom Ombo

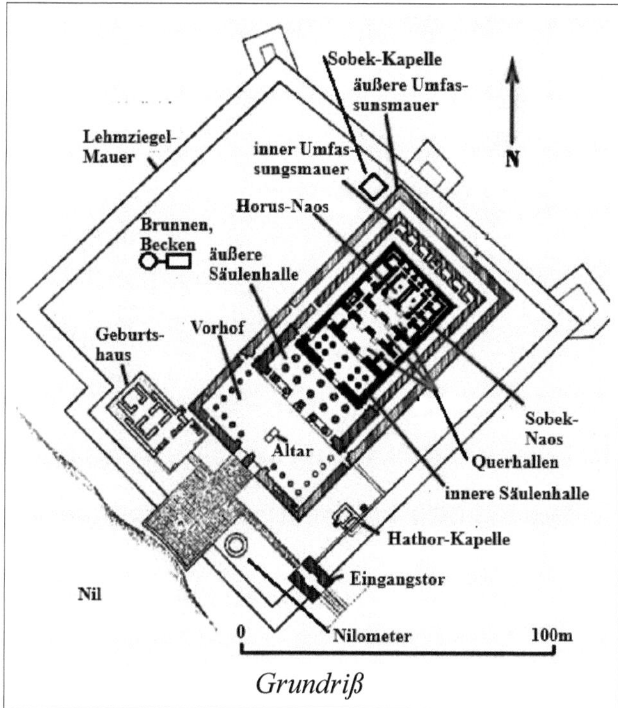

Grundriß

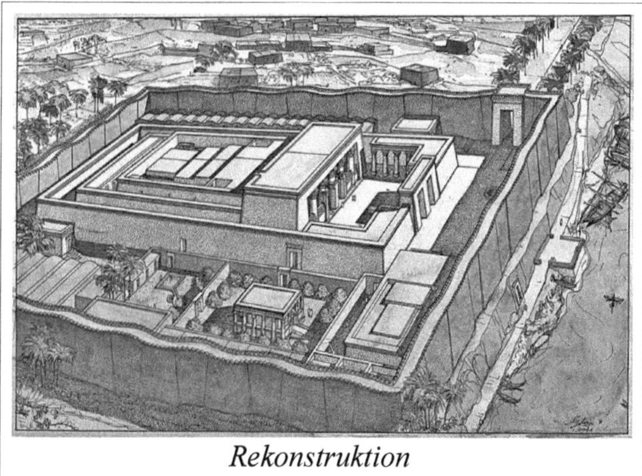

Rekonstruktion

Der Ort Kom Ombo liegt 150 km südlich von Luxor und 40km nördlich von Assuan auf der Ostseite des Nils. Der Name „Kom Ombo" bedeutet „Goldhügel". Dieses Gold ist das Gold aus Nubien, mit dem hier früher gehandelt wurde.

Im Nil bei Kom Ombo gab es sehr viele Krokodile. Die Menschen baten Sobek um Schutz vor Krokodilen.

In Kom Ombo steht einer der berühmtesten Sobek-Tempel. Er ist der wichtigste Kultort des Sobek außerhalb des Fayyums.

Dieser symmetrisch aufgebaute Tempel ist ein Doppeltempel: Seine Nordseite (links) ist Haroeris („Horus der Ältere" – im Gegensatz zu Harpokrates, „Horus das Kind") geweiht; seine Südseite (rechts) ist Sobek geweiht. Gemeinsam sind sie das Falkenkopf-Krokodil Sobek-Re (Re wurde oft als Mensch mit Falkenkopf dargestellt).

Der Tempel wurde nach den beiden Göttern, die in ihm wohnten, „Haus des Krokodils" und „Falkenschloß" genannt.

Der heutige Tempel wurde hauptsächlich von Ptolemaios VI (Herrschaft: 180-164 v.Chr.) erbaut, aber der Tempel hatte Vorläufer, die mindestens bis ins Mittlere Reich (2077-1759 v.Chr.), also in die 11. und 12. Dynastie zurückreichen, in der Amenemhat III und die Sobek-hotep-Pharaonen geherrscht haben.

1. Unten am Nil befindet sich eine **Anlegestelle**, von der ein Weg zu dem Tempel hinauf führt.

2. Der Tempel ist von einer dicken und hohen **Umfassungsmauer aus Lehmziegeln** umgeben.

3. An der Südecke des Tempels befindet sich das **Eingangstor**.

4. Der eigentliche Tempel ist von der **äußeren Tempel-Umfassungsmauer** umgeben.

5. In dem Raum zwischen der Lehmziegel-Umfassungsmauer und der äußeren Tempel-Umfassungsmauer befinden sich mehrere Gebäude u.ä.:

5. a) Rechts von dem Eingang befindet sich die kleine **Hathorkapelle**.

5. b) Links von dem Eingangstor befindet sich ein Stück weiter vorn das **Nilometer**.

5. c) Vom Eingangstor führt ein gerader Weg an dem Tempel-Eingang vorbei zu dem **Geburtshaus** („Mammisi").

5. d) Neben dem Geburtshaus befindet sich eine weitere **Kapelle** in einem ummauerten Bezirk.

5. e) Neben dieser Kapelle befindet sich ein ummauerter Bezirk mit einem **Brunnen** und einem **Wasserbecken**.

5. f) An diesen ummauerten Bezirk fügen sich einige **Vorratsgebäude** u.ä. an.

5. g) Am Ende dieser Fläche steht nah bei dem Tempel eine **Sobek-Kapelle**.

6. Durch ein kleines doppeltes Pylon-Tor betritt man den **Vorhof**, der an der Eingangsseite sowie links und rechts von einer Kolonnade umgeben ist, die von 16 Säulen getragen wird. Von diesen beiden Toren führen die beiden parallelen Tempel-Achsen bis in das Allerheiligste des Sobek und des Horus.

7. In der Mitte des Vorhofes steht ein **Altar**.

8. Vom Vorhof führt ein Weg um den Tempel: der **äußere Umgang**. Von ihm kann man durch zwei kleine Tore sowohl zu dem Hathortempel im Osten als auch zu dem Brunnen und dem Wasserbecken im Westen gelangen.

9. Vom Vorhof aus betritt man wieder durch zwei Tore die **äußere Säulenhalle**.

10. Von der äußeren Säulenhalle führt ein Weg um den Tempel: der **innere Umgang**. Von ihm führt ein kleines Tor in den äußeren Umgang. Auf der Rückseite des

Tempels liegen an der inneren Umfassungsmauer sieben kleine Kammern, die man nur von dem inneren Umgang aus erreichen kann.

11. Durch wieder zwei Tore betritt man die **innere Säulenhalle**.

12. Durch wieder zwei Tore betritt man die **erste Querhalle**, an deren beiden Seiten je eine Kammer befindet.

13. Durch wieder zwei Tore betritt man die **zweite Querhalle**, an deren beiden Seiten je eine Kammer befindet.

14. Durch wieder zwei Tore betritt man die **dritte Querhalle**, von der aus ein Gang um das zweifache Allerheiligste führt.

15. An diesem Gang liegen links drei **Kammern**, rechts vier Kammern und hinter dem Allerheiligsten fünf Kammern.

16. Durch zwei Tore gelangt man in das **Allerheiligste** des Sobek und des Horus.

vor der Restaurierung (Gemälde von 1838)

<u>Dieser Aufbau des Tempels wird im Folgenden detaillierter beschrieben:</u>

1. Unten am Nil befindet sich eine **Anlegestelle**, von der ein Weg zu dem Tempel hinauf führt.

2. Der Tempel ist von einer dicken und hohen **Umfassungsmauer aus Lehmziegeln** umgeben. Diese Mauer ist 51m breit und 96m lang und mehrere Meter dick.

3. An der Südecke des Tempels befindet sich das **Eingangstor**, das von dem Pharao Ptolemaios XII (Herrschaft: 80-51v.Chr.) errichtet worden ist.

An dem rechten Pylon ist der Pharao Ptolemäus XII zu sehen, wie er Sobek eine große Liste von Hymnen darbringt.

4. Der eigentliche Tempel ist von der äußeren **Tempel-Umfassungsmauer** umgeben.

5. In dem Raum zwischen der Lehmziegel-Umfassungsmauer und der äußeren Tempel-Umfassungsmauer befinden sich mehrere Gebäude u.ä.:

5. a) Rechts von dem Eingang befindet sich die kleine **Hathorkapelle**.

Hathorkapelle

5. b) Links von dem Eingangstor befindet sich ein Stück weiter vorn das aus der Römerzeit stammende **Nilometer** (ca. 30 n.Chr. erbaut). Dabei handelt es sich um einen 16m tiefen Brunnen, an dessen Rand man Stufen hinuntergehen kann. Anhand des Wasserstandes in diesem Brunnen, der mit dem Nil verbunden war und dessen Stufen eine Meßskala bildeten, konnte man die Höhe des Nilhochwassers erkennen und weiter

Nilometer bei Hochwasser

Nilometer bei Niedrigwasser

Geburtshaus

flußabwärts evtl. die nötigen Maßnahmen ergreifen.

5. c) Vom Eingangstor führt ein gerader Weg an dem Tempel-Eingang vorbei zu dem **Geburtshaus** („Mammisi"), das von dem Pharao Ptolemaios IX (Herrschaft: 116-107v.Chr.) erbaut worden ist.

Ein Mammisi ist ein Tempel für den jungen Gott in einer Dreiheit, also z.B. Horus in der Familie „Osiris, Isis, Horus". Dieser junge Gott ist in vielen Fällen die Seele des Vater-Gottes bzw. die Seele dieses Vater-Gottes. Hier in

157

Kom Ombo kann dies Harpokrates („Horus das Kind") oder der Mondgott Chons sein, der hier als Sohn von Sobek und Hathor angesehen worden ist.

5. d) Neben dem Geburtshaus befindet sich eine weitere **Kapelle** in einem ummauerten Bezirk, von der jedoch nur so wenig erhalten geblieben ist, daß es unbekannt ist, welcher Gottheit sie geweiht gewesen ist.

Wasserbecken

5. e) Neben dieser Kapelle befindet sich ein ummauerter Bezirk mit einem **Brunnen** und einem **Wasserbecken**. Sie werden beide wird für Alltagszwecke wie den Waschungen der Priester gedient haben. Die Deutung als ein kleines Becken für die Krokodile ist sehr unwahrscheinlich.

5. f) An diesen ummauerten Bezirk fügen sich einige **Vorratsgebäude** u.ä. an, von denen auch kaum noch etwas erhalten geblieben ist.

5. g) Am Ende dieser Fläche steht nah bei dem Tempel noch eine kleine **Sobek-Kapelle**.

die zwei Durchgänge durch die Eingangs-Pylone und der Vorhof; die Säulenstümpfe sind die Reste der Vorhof-Kolonnaden; hinten die Tempel-Front

6. Durch ein kleines doppeltes Pylon-Tor betritt man den **Vorhof**, der an der Eingangsseite sowie links und rechts von einer Kolonnade umgeben ist, die von insegsamt 16 Säulen getragen wird. Von diesen beiden Toren führen die beiden parallelen Tempel-Achsen bis in das Allerheiligste des Sobek und des Horus. Dieser Vorhof ist von Kaiser Tiberius (14-35 n.Chr.) erbaut worden und diente als Versammlungsplatz und als Ort zum Niederlegen von Opfergaben.

Die Reliefs an der rechten Frontseite des doppelten Pylon-Tors zeigen Sobek, Hathor und Chons. Auch hier erscheinen Hathor und Sobek wie in vielen oberägyptischen Tempeln gemeinsam. Der Mondgott Chons wird hier als der Sohn der beiden angesehen.

In einem Relief am Eingang zur Vorhalle des Tempels wird der Pharao Ptolemaios XII von Thot und Horus mit Weihwasser übergossen, während Sobek zuschaut. Auf einem anderen Relief halten Sobek und Thot den Weihwasserkrüge und Thot schaut zu.

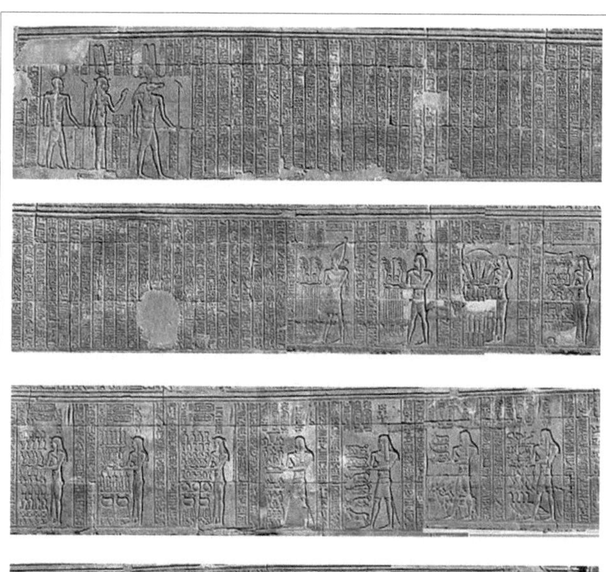

Diese vier Bilder sind ein langer Streifen. Den Göttern Hathor, Chons und Sobek (links oben) werden Opfergaben gebracht.

Auf dem Pylon am Eingang zu diesem Vorhof, hat der römische Kaiser Domitian (Herrschaft: 81-96n.Chr.) eine Szene als Relief anlegen lassen, die zeigt, wie Sobek, Hathor und Chons Geschenke entgegennehmen.

Vor diesen Göttern steht eine lange Hymne an Sobek geschrieben, in der der Stammbaum des Sobek aus der damaligen Sicht beschrieben wird:

„Der erste ist Tatenen, der am Anfang herauskam – das ist Kamutef."

„Kamutef" bedeutet „Stier seiner Mutter", also „der sich selber erzeugt hat".

Dann *„nahmen die Achtheiten nach ihm Gestalt an."*

Kamutef ist *„das erhabene Krokodil, das aus dem Nun kam."*

Nun ist das Urwasser.

Der Haupttext beschreibt Re, der Rahes, also das göttliche Krokodil mit dem furchterregenden Gesicht ist – also Sobek-Re.

„Sein Ka ist Sobek ... der die Gegner im Großen Grünen ertränkt.“

Sobek ist der Lebenskraftkörper („Ka“) des Sonnengottes Re. Das „Große Grüne“ ist ein Gewässer wie das Meer, der Fayyum-See oder der Nil.

Er wird von Khenemet-Ouret (= Hathor-Nut) begleitet.

Weiterhin wird beschrieben, daß Sobek auch als Amenope, Tatenen, Kamutef, Re, Harsiesis und auch noch als andere Gottheiten erscheinen kann.

Sobek wird *„Sobek, Herr des Ortes“* genannt, was bedeutet, daß er auch der Ahnengott der Nekropole von Kom Ombo ist.

Altar im Vorhof vor dem Tempel

7. In der Mitte des Vorhofes steht ein **Altar** für die beiden Götter Sobek und Horus – das einzige Element in diesem Tempel, das sie gemeinsam haben.

Umfassungsmauer mit Opferszenen

8. Vom Vorhof führt ein Weg um den Tempel: der **äußere Umgang**. Auf den Wänden dieses Umgangs werden wie auf vielen anderen Wänden dieses Tempels vor allem Szenen aus dem Opferkult des Pharaos dargestellt.

Von diesem Umgang aus kann man durch zwei kleine Tore sowohl zu dem Hathortempel im Osten als auch zu dem Brunnen und dem Wasserbecken im Westen gelangen.

die erste Säulenhalle, die drei mittleren Säulen stehen noch

Tempelfront, vorne Säulen der Kolonnade

9. Durch wieder zwei Tore betritt man die **äußere Säulenhalle**. In ihr stehen 2 Reihen zu je fünf Säulen nebeneinander, die 12m hoch sind. Auch an der Tempelfront stehen 5 Säulen. Die mittlere von ihnen steht zwischen den beiden Eingängen, von den anderen vier stehen je zwei links und zwei rechts.

Die untere Hälfte des Raumes zwischen diesen äußeren Säulen und der Außenwand ist durch eine Wand verschlossen, sodaß man nur durch die beiden Eingänge zwischen den mittleren drei Säulen den Tempel betreten kann. Diese fünf „Frontwand-Säulen" und die zehn freistehenden Säulen in der Säulenhalle tragen zusammen das Dach dieser ersten Säulenhalle.

Wegen den beiden parallelen Eingängen gibt es in diesem Tempel eine ungerade Anzahl von Säulen in einer Reihe – in den anderen Tempeln, die nur einen Mittelgang haben, findet sich immer eine gerade Anzahl von Säulen in einer Querreihe.

Auf der Front dieser Vorhalle sind links Horus, Thot und Haroeris zu sehen und rechts Horus, Thot und Sobek. Sie gießen Weihwasser über den Pharao, um ihn rituell zu reinigen.

In diesem ersten Säulensaal wird der Pharao Ptolemaios VI bei seiner Krönung durch die Göttin von Oberägypten und die Göttin von Unterägypten dargestellt. Hinter dem Pharao stehen Sobek und Isis mit dem Ankh.

Auf der Rückwand der Vorhalle ist der Pharao bei mehreren Kulthandlungen mit verschiedenen Gottheiten zu sehen.

Auf der Wand zwischen den Durchgängen zur zweiten Säulenhalle sind Krokodile als Tier des Sobek abgebildet worden.

*Tempelfront; rechts unten die Reinigung des
Pharaos durch Thot und Sobek*

Säulen in der ersten Säulenhalle

Säulenkapitelle in der ersten Säulenhalle

10. Von der äußeren Säulenhalle führt ein Weg um den Tempel: der **innere Umgang**. Von ihm führt ein kleines Tor in den äußeren Umgang. Auch hier ist der Opferkult des Pharaos in bemalten Reliefs dargestellt worden. Auf der Rückseite des Tempels liegen an der inneren Umfassungsmauer sieben kleine Kammern, die man nur von dem inneren Umgang aus erreichen kann. Die Funktion dieser sieben kleinen Kammern ist unbekannt.

An der Rückwand des Tempels, an der nur diese eine Wand denjenigen, der dort steht, von den Göttern im Allerheiligsten trennt, ist etwas sehr Geschicktes angebracht worden. Da ein einfacher Bauer nicht das Innere des Tempels betreten durfte, hatte er hier die Möglichkeit, den Göttern in dem Tempel nahe zu kommen.

Zu diesem Zweck befand sich hier wie auch in einigen anderen Tempeln eine „Kapelle des hörende Ohres". Hier konnten die einfachen Bauern Fragen und Bitten an die Götter aussprechen.

Damit diese Fragen und Bitten auch zu den beiden Göttern Sobek und Horus in den Tempel gelangten, befand sich hier an der Rückseite des Tempels eine Nische mit einer kleinen Statue der Göttin Ma'at, von der links und rechts jeweils ein Paar Ohren eingraviert waren – das Paar Ohren auf der linken Seite von Ma'at gehörte zu Sobek, das Paar Ohren rechts von ihr gehörten zu Horus, die beide hinter dieser Mauer ihr Allerheiligstes hatten.

Unter dieser Ma'at-Nische stand die Doppel-Hymne an Sobek und Horus eingraviert, die bei in dem Kapitel über die Sobek-Hymnen angeführt worden ist.

die Krönung des Pharaos

Auf diesem Relief wird die Krönung des Pharaos (zweiter von rechts) durch die unterägyptische Göttin (erste von rechts) und die oberägyptische Göttin (dritte von rechts) sowie durch Sobek (zweiter von links) und vermutlich Hathor (ganz links) dargestellt.

die Hallen von der Seite; hinten ist die erste, höchste Säulenhalle zu sehen

11. Durch wieder zwei Tore betritt man die **innere Säulenhalle**, die „Halle der Opfergaben" genannt wird. Diese Halle wurde von dem Pharao Ptolemaios XII (Herrschaft: 80-51 v.Chr.) errichtet.

Auch die Decke dieses Säulensaals, in dem es schon deutlich dämmriger als in der ersten Säulenhalle ist, wird von zehn Säulen getragen: vier links auf der Seite des Horus, vier rechts auf der Seite des Sobek und zwei als Raumtrenner in der Mitte der Halle. Die Säulen waren hier nur noch halb so hoch wie in der ersten Halle. Auf diesen Säulen ist wieder der Pharao bei Kulthandlungen für die Götter zu sehen.

An der linken Wand ist Kleopatra VI abgebildet, die durch ihre Liebschaften mit Cäsar und mit Marcus Antonius berühmt geworden ist.

An der Wand zwischen den beiden Eingängen zu dem nächsten Raum ist Sobek-Re mit der Sonnenscheibe dargestellt worden (siehe die Abbildung auf der nächsten Seite).

Sobek-Re als Krokodil mit Sonnenscheibe

Hathor und Sobek

Auch in Kom Ombo erscheinen Hathor und Sobek oft gemeinsam.

Hier ist Sobek durch die Sonnenscheibe als Sobek-Re gekennzeichnet.

12. Durch wieder zwei Tore betritt man die **erste Querhalle**, an deren beiden Seiten sich je eine Kammer befindet. Bei diesen nun beginnenden drei Querhallen, die die letzten Vorhallen zum Allerheiligsten sind, erhöht sich von Halle zu Halle der Fußboden.

In dieser ersten Querhalle ist der gesamte jährliche Kult-Kalender von Kom Ombo aufgeführt.

Dies ist ein weiteres Relief, das Hathor und Sobek darstellt.

Hier erscheint Sobek mit der Krone, die aus der Sonnenscheibe, zwei hohen Amun-Federn, den Widderhörnern und zwei Uräusschlangen besteht.

13. Durch wieder zwei Tore betritt man die **zweite Querhalle**, an deren beiden Seiten sich je eine Kammer befindet. Von der Kammer auf der linken Seite dieser Querhalle führt eine Treppe zur Terrasse auf dem Tempel hinauf. Dieselbe architektonische Konstruktion wie hier gibt es auch in Edfu – ebenfalls eine Dachtreppe auf der linken Seite.

Hathor und Sobek

Und noch ein drittes Mal Hathor und Sobek.

Hier beschützt Hathor den Krokodilgott durch eine Geste.

Chons mit dem Palmenzweig, Horus, Sobek

14. Durch wieder zwei Tore betritt man die **dritte Querhalle**, von der aus ein Gang um das zweifache Allerheiligste führt.

Zwischen den beiden Türen an der Rückwand des dritten Saales sind Pharao Philometor und Kleopatra vor dem Mondgott Chons zu sehen. Chons verheißt dem Pharao durch das Einschreiben seines Namens in einen Palmenzweig eine lange Regierungsdauer.

Hinter Chons stehen Haroeris und Sobek (siehe Abbildung).

15. An diesem Gang liegen links drei **Kammern**, rechts vier Kammern und hinter dem Allerheiligsten fünf Kammern.

*Blick durch die Tür in das Allerheiligste des Sobek
(die Mauern des Raumes fehlen)*

16. Durch zwei Tore gelangt man in das **Allerheiligste** des Sobek (rechts) und des Horus (links). Dort steht jeweils ein schwarzer Granitsockel, auf dem einst die beiden Götterbarken mit den Statuen der beiden Götter Sobek und Horus standen.

Unter den Schreinen und in den Innenwänden des Allerheiligsten gab es geheime Räume – vermutlich um dort wertvolle Kult-Gegenstände zu verbergen.

Diesen innersten Kern des Tempels ließ Pharao Ptolemaios VI (Herrschaft 180-164 v.Chr.) erbauen – vermutlich auf älteren Fundamenten.

der schwarze Sockel-Stein der Sobek-Barke

Blick durch das Tor in das Allerheiligste des Horus

der schwarze Sockel-Stein der Horus-Barke

Die beiden Götter hatten zwar jeder seinen eigenen Tempel, aber sie erscheinen auch gemeinsam in den Tempel-Reliefs.

Horus und Sobek

Sobek

*Horus und Sobek auf einem Architrav
(Deckenstein)*

Sobek

Sobek

Krokodil-Statuette, ca. 400 v.Chr.

Das Uas-Szepter, das Sobek oft in seiner Hand hält, symbolisiert „Macht" und „Herrschaft" und folglich auch den Pharao.

Das obere Ende des Zepters stellt wahrscheinlich den Kopf des Gottes Seth dar.

Sobek auf einer Säule mit dem Uas-Szepter

die Zwillings-Krokodile

Krokodil-Mumien

In Kom Ombo wurden über 1000 Krokodil-Mumien gefunden. In dieser Gegend ist in vielen Gräbern von Menschen eine Krokodil-Mumie beigefügt worden – sie sollte Sobeks Schutz für den Toten auch im Jenseits aufrechterhalten.

Die mumifizierten Krokodile wurden in Leinenstreifen gewickelt, die mit Harzen und Ölen getränkt waren, nachdem die toten Krokodile mit Natron getrocknet worden waren. Um die Mumien zu stärken und gegen ein versehentliches Zerbrechen beim Tragen zu schützen, wurden Palmenrippen unter die Binden gelegt.

4.   nicht lokalisierte Orte

Über diese Orte, die fast nur aus den Hymnen an Sobek bekannt sind, weiß man zwar, daß in ihnen ein Tempel des Sobek gestanden hat, aber da man nicht genau genug weiß, wo diese Orte lagen, bleiben diese Tempel unbekannt.

Diese 14 unbekannten Tempel standen in den 14 unbekannten Orten Iga, Ra-sehwi, Sehe, Hebenu, Bait, Ahet, Ramuha, Sesch, Nemti, Ra-Wach, Iu-nescha, Cher-Aha, Bachu und der „Tempel der Ima-Bäume".

5. Zusammenfassung

Die Tempel des Sobek glichen den Tempeln anderer Götter: ein Weg entlang einer geraden Achse vom Eingangstor zwischen den beiden Pylonen (Türmen) aus durch den Vorhof und verschiedene Säulenhallen bis zum Allerheiligsten, in dem die Statue des Sobek auf einer Barke auf einem Steinsockel stand.

Dieser zentrale Teil des Tempels wurde durch verschiedene weitere Bauwerke ergänzt: Statuen anderer Götter in den Seitenkammern des Tempels, kleine Tempel anderer Götter, Geburtshäusern (kleine Tempel für junge, wiedergeborene Götter), Brunnen, Waschbecken, Wohnhäuser für Priester, Aufzucht-Anlagen und Wasserbecken für Krokodile, Räume für Krokodil-Mumien, Vorratsräume, Umfassungsmauern um die gesamte Anlage usw.

V Der Kult des Sobek

Über den Kult des Sobek sind vereinzelte Angaben bekannt. Der größte Teil des Kultes wird sich nicht wesentlich von dem allgemeinen Kult in den Tempeln anderer Götter unterscheiden haben, also aus Anrufungen, Opfergaben, Liedern, Tänzen, dem Bekleiden der Statuen und ähnlichem bestanden haben.

1. Tägliches Ritual

In der griechisch-römischen Zeit stand 3km nördlich des Fayyum-Sees ein Tempel des Sobek, der *„Ta-mai Sebek neb Pai pa netjer a'a"*, d.h. *„Insel des Sobek, des Herren von Pai, des Großen Gottes"* bedeutet.

Die stark vereinfachte griechische Aussprache dieses Ortes lautete damals *„Soknopaiou Nēsos"*, die heutige Bezeichnung *„Dīmai es-Sibā"* bedeutet *„Dimai der Löwen"*.

Dieser Tempel ist verhältnismäßig gut erhalten und er wird in vielen Papyrus-Rollen genannt, die an diesem Fundort aus der letzten Phase der ägyptischen Religion sehr reichlich gefunden worden sind.

In diesem Tempel finden sich mindestens 19 Anweisungen für den täglichen Opferkult. Diese Anweisungen sind leider zum Teil schwer beschädigt. Sie führen vom Eingang des Tempels bis in das Innerste des Tempels.

Der Kult begann damit, daß sich die Priester zunächst einmal waschen und kleiden mußten. Dann gingen sie den Weg vom Tempeltor bis zum Allerheiligsten und mußten dabei an jedem der fünf Tore, durch die sie dabei gehen mußten, einen Spruch vortragen.

Das Ritual im Allerheiligsten bestand aus dem Entkleiden der Sobek-Statue, der Salbung der Statue und dem erneuten Bekleiden der Statue sowie Räucherungen. Dann wurden ihr Opfergaben gereicht, die vor allem aus Nahrungsmitteln bestanden. Nachdem Sobek, der ja ein Lebenskraft-Wesen und kein physisches Wesen ist, die Lebenskraft („Ankh") aus den Opfergaben entnommen hatte, aßen die Priester später diese Opfergaben bzw. verteilten sie an Arme.

Die dabei gesprochenen Texte wurden zwar für jeden Tempel neu zusammengestellt, aber sie enthielten stets viele teils sehr alte Formeln und traditionelle Bestandteile.

Das Ritual hat mindestens 19 Abschnitte, die alle mit einem Spruch verbunden sind. von denen die ersten zehn in dem Papyrus, auf den sie geschrieben wurden, jedoch so beschädigt sind, daß sie nicht mehr übersetzt werden können.

Jeder der fünf Tor-Sprüche endet mit der Formel „Ein Opfer, das der König gebe ...". Diese Formel wurde auch benutzt, um an den Gräbern den Vorfahren ein zwar nur gesprochenes, aber magisches wirksames Opfer darzubringen.

Diese Sprüche sind:

    1. Anweisung (an der Umfassungsmauer):
       a) Spruch: Waschen des Gesichtes

    2. Anweisung (Weg zum 1. Tor):
       a) Spruch des Wassers

    3. Anweisung (Weg zum 1. Tor):
       a) Spruch: Nehmen des Natrons

    4. Anweisung (Weg zum 1. Tor):
       a) Spruch: Reinigen mit Natron

    5. Anweisung (Weg zum 1. Tor):
       a) Spruch: Waschen im Mund

    6. Anweisung (Weg zum 1. Tor):
       a) Spruch: Ergreifen der weißen Sandalen

    7. Anweisung (Weg zum 1. Tor):
       a) Spruch: Ergreifen des Sed-Schurzes

    8. Anweisung (Weg zum 1. Tor):
       a) Spruch: Ergreifen der Spitze des Set-Tuches

    9. Anweisung (Weg zum 1. Tor):
       a) Spruch: Ergreifen des Nemes-Tuches

10. Anweisung (Weg zum 1. Tor):
    a) Spruch: An den Türhüter

11. Anweisung (am 1. Tor):
    a) Spruch beim Eintreten: *„Ein Opfer, das der König gibt ...“* Dieser Spruch ist ein magisch wirksamer Ersatz für ein tatsächliches Opfer.
    b) Spruch: *„Ich bin rein.“* Dieser Zustand, in dem jeder Priester sein sollte, ist zumindest in einem Tempel die Voraussetzung für die magische Wirksamkeit des Opfer-Spruches.

12. Anweisung (am 2. Tor):
    a) Anrufung des Horus und Identifizierung mit ihm – Horus ist derjenige, der zusammen mit Thot das Horusauge (heile, wiedergeborene Sonne) erschaffen hat.
    b) Anrufung des Thot und Identifizierung mit ihm – Thot ist derjenige, der zusammen mit Horus das Horusauge erschaffen hat.

13. Anweisung (am 3. Tor):
    (derselbe Vorgang wie beim 2. Tor)
    a) Anrufung des Horus und Identifizierung mit ihm.
    b) Anrufung des Thot und Identifizierung mit ihm.

14. Anweisung (am 4. Tor):
    a) Der Priester wird mit reinem Wasser gereinigt, das aus dem Nil oder aus dem Fayyum-See stammt und das als das Urwasser, das Nun-Wasser und als das ursprüngliche *„Hesi-Wasser“* angesehen wird.

15. Anweisung (am 5. Tor):
    a) Räucherung – vermutlich wird der Priester durch das Räuchern gereinigt.
    b) Der Priester lobpreist Horus jubelnd, invoziert ihn und ruft: *„Ich bin Horus!“*
    c) Der Priester lobpreist Anubis jubelnd, invoziert ihn und ruft: *„Ich bin Anubis!“*

16. Anweisung (Eintritt in die Säulenhalle, die Nut geweiht ist):
    a) Hymne an die Göttin Nut

17. Anweisung (in der Säulenhalle):
    a) Anrufung der 1. Götter-Generation: Nut und Geb
    b) Anrufung der 2. Götter-Generation: die Kinder von Nut und Geb, also Osiris, Isis und Nephthys (Seth fehlt hier)
    c) Anrufung der 3. Götter-Generation: Horus Isis-Sohn

[Die Götter werden in der Reihenfolge Nut, Geb, Osiris, Horus, Isis, Nephthys und Horus Isis-Sohn mit drei Anrufungen in den Tempel gerufen. Es ist daher wahrscheinlich, daß diese Götter in den drei Anrufungen den drei Generationen, die sie umfassen, angerufen wurden.]

18. Anweisung (Ankunft im Allerheiligsten):
    a) Hymne an Sobek, den Herrn von Pai

19. Anweisung (im Allerheiligsten):
    a) Anrufung der Göttin Ma'at, die mit den Worten *„Lobpreis, Lobpreis, gebt dem Sobek Ma'at, denn er lebt täglich davon ..."* beginnt.

… … …
… … …
… … …

Der 9. dieser Sprüche sieht als Beispiel wie folgt aus:

Spruch des Nehmens des Nemes-Tuches.
Worte zu sprechen:

Gegrüßt seist Du, (Name des Gottes)!
Das Nemes-Tuch ist an meiner Vorderseite,
der Sed-Schurz an meinem Hinterteil.
Erhebe Dich doch, damit Du meine Worte hörst.
Ich bin vor Dich getreten im Auftrag des Osiris.
Meine Arme auf Dir sind Horus,
meine Hände auf Dir sind Thot,
meine Finger an Dir sind Anubis, der Erste des Gotteszeltes.
Ich bin rein durch die Reinheit der Götter.
Ein Opfer, das der König gebe.
Ich bin rein.

Dieses Ritual wird sehr ausführlich von Martin Andreas Stadler in seinem leider sehr teuren Buch „Das Soknopaiosritual" beschrieben.

Dieser Aufbau des Tempel-Rituals als eines Weges, auf dem man bestimmte Dinge tut, entspricht der Reise der Sonne durch die Unterwelt und auch dem Totenbuch, in dem der Tote durch verschiedene Tore gehen und dafür seine Reinheit nachweisen bzw. sie magisch (wieder-)herstellen muß.

2. Räucherungen

In einer Sobek-Hymne spricht der Pharao Amenemhat III, der zusammen mit seinem Vater Sesostris III den Nilkanal hat erbauen lassen, am Ende dieser Hymne:

Dies ist für Sobek aus Shedyt,
Horus, der in Shedyt wohnt,
der Herr der Myrrhe,
der sich am Geben von Weihrauch erfreut.
Mögest Du dem König Amenemhat gnädig sein,
durch den Dein Antlitz an diesem Tag glücklich ist."

Räucherungen mit Weihrauch, Myrrhe und anderen Kräutern, Harzen usw. waren ein wesentlicher Bestandteil des Rituals, was sich daran zeigt, daß Räucherwerk damals „Senetjer", also „das, was göttlich macht" genannt wurde. Der Rauch des Räucherwerks stieg zu der Statue auf und erfüllte sie mit der Lebenskraft („Ankh") aus dem Räucherwerk, sodaß sie nun ein steinerner Leib mit einem Lebenskraftkörper („Ka") war, wodurch nun die Seele eines Toten bzw. die Gottheit diesen „belebten Stein" als einen materiellen Leib annehmen konnte.

Vermutlich ist der Rauch des Räucherwerks ursprünglich auch einmal ein Bild für die hellsichtig wahrgenommene Lebenskraft angesehen worden. Die Wahrnehmung dieser Lebenskraft wird in der westlichen Kultur meist als „milchig-weißer Nebel" beschrieben, während sie bei den Indianern als „Rauch" bezeichnet wird (was auch der Ursprung des rituellen-Pfeife-Rauchens ist).

Es wäre denkbar, daß der Vergleich der Lebenskraft mit Rauch schon sehr alt ist und generell die Wurzel des Räucherns im Kult ist.

3. Opfergaben

Ursprünglich sind Opfergaben die Nahrung für die Toten gewesen. Da die Toten ja keinen physischen Leib mehr haben, nehmen sie für sich nur die Lebenskraft („Ankh"), also den Lebenskraftkörper („Ka") aus dieser Opfergabe, die dann anschließend von den Menschen gegessen werden kann, sofern es sich bei der Opfergabe um Speisen gehandelt hat.

Im Sobek-Kult wurden manchmal auch Krokodile für Sobek geopfert und anschließend mumifiziert. Die diesem Opfer zugrundeliegende Vorstellung ist nicht ganz klar – eigentlich sollten Krokodil-Opfer an den Krokodilgott Sobek ja tabu sein. Wurden die Lebenskraftkörper („Ka") dieser Krokodile ins Jenseits zu Sobek gesandt, um Sobek zu stärken?

Sobek wurden auch mumifizierte Krokodil-Eier geopfert. Sollte das evtl. die

Wiedergeburt des Sobek-Re am Morgen fördern?

4. Ritualgegenstände

Über die Gegenstände, die im Kult verwendet wurden ist wenig bekannt. Es wird Wassergefäße, Räucherschalen, Löffel für Räucherwerk, rituelle Kleidung usw. gegeben haben. Diese Gegenstände hingen natürlich auch von der Art des Rituals ab – bei einem Bestattungsritual wurde andere Dinge gebraucht als bei dem Götterkult im Tempel oder bei der Krönung des Pharaos.

Immerhin ist ein Ritual-Gegenstand, der sich eindeutig Sobek zuordnen läßt, erhalten geblieben:

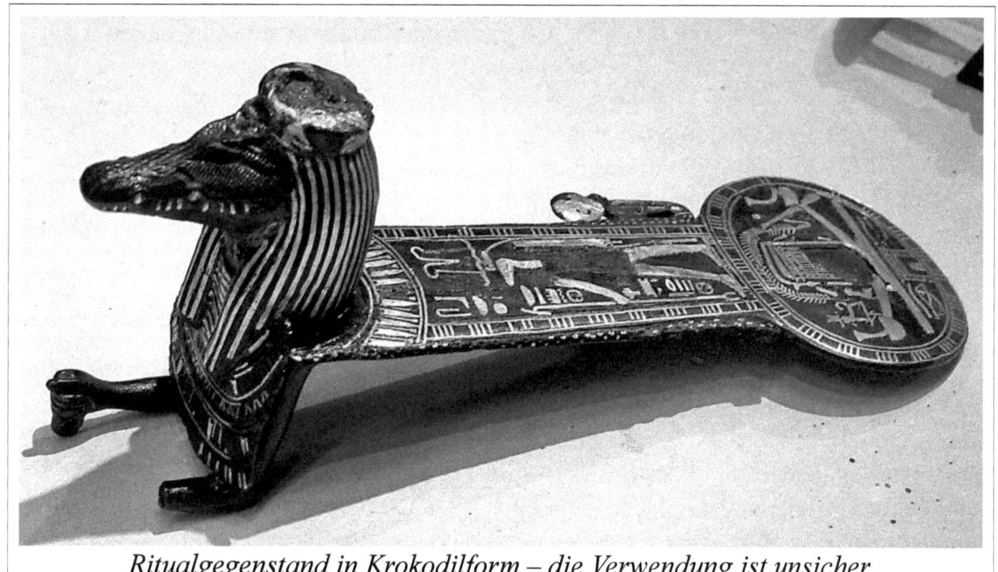

Ritualgegenstand in Krokodilform – die Verwendung ist unsicher

Links ist der Krokodilkopf zu sehen. Der Ring auf dem Kopf wird einst die Befestigungsstelle für die Krone des Sobek gewesen sein. Sobek trägt auf seinem Kopf das Sonnenschutztuch, das vor allem von der Goldmaske des Tutanchamun bekannt ist.

Auf seinem „Rücken" ist Sobek mit dem Uas-Zepter und der Krone, die aus den Widderhörnern, dem Federpaar und der Sonnenscheibe besteht, zu sehen. Links neben der Krone stehen die Hieroglyphen „sbk re", also „Sobek-Re".

Auf dem runden Teil ganz rechts ist die Sonnenbarke abgebildet. Unten an dem „Rücken" ist rechts noch die Uräus-Schlange zu sehen, die auf der linken Seite bereits

181

abgebrochen ist.

Doch wozu wurde dieser Gegenstand eigentlich benutzt? Er ist kein Gefäß, kein Löffel, kein Zepter, keine Statuette … Er hat auch kein Bestandteil, der eindeutig als Griff erkennbar ist. Auch die beiden Inschriften direkt vor Sobek auf dem „Rücken" sind lediglich Titel.

Auf dem runden Teil ist unter der Sonnenbarke in der Mitte ein Tempel zu sehen, neben dem sich links und rechts jeweils ein schützendes Horus-Auge befindet.

Über der Sonnenbarke, die in ihrer Mitte leider beschädigt worden ist, sind wieder die beiden Palm-wedel zu sehen, die des öfteren in Zusammenhang mit Sobek dargestellt werden.

Über diesen Ritual-Gegenstand lassen sich nur die folgenden Dinge sicher sagen:

Detail

- Er bezieht sich auf Sobek-Re.
- Er bezieht sich auf die Fahrt des Sobek-Re in seiner Barke.
- Er bezieht sich auf den Tempel des Sobek-Re.
- Er hat etwas mit Schutz zu tun (Horus-Augen).
- Er ist kein Werkzeug.
- Er ist keine Sobek-Statuette.

Ein Gegenstand, der kein Werkzeug und keine Statuette ist, der keinen Griff hat und der etwas mit Sobek-Re in seiner Barke und in seinem Tempel sowie mit dem Schutz des Tempels zu tun hat – das klingt ein wenig nach einen symbolisch-rituellen Schlüssel zu dem Tempel des Sobek.

Völlig schlüssig ist diese Deutung jedoch nicht, da man bei solch einem Schlüssel ja einen Griff erwarten sollte. Der kleine Ständer unter dem rechten Vorderfuß des Sobek-Krokodils sieht aus wie die kleinen Ständer unter den Tier-gestaltigen Tischen und Bahren, die z.B. im Grab von Tutanchamun gefunden worden sind, oder wie sie sich unter den Füßen des Löwen befinden, der auf diesem Gegenstand vor der Son-nenbarke auf einer Standarte abgebildet ist. Dieser Gegenstand stand also normaler-weise auf einem Podest o.ä. – jedenfalls lag er nicht irgendwo, sondern stand.

Irgendetwas Spezielles wird man mit ihm getan haben, denn sonst hätte man an seiner Stelle auch eine Statuette oder etwas anderes herstellen können.

Somit bleibt vorerst nur die Deutung als symbolischer Tempel-Schlüssel … Leider scheinen auch keine ähnlichen Gegenstände aus anderen Tempeln bekannt zu sein.

5.   Hymnen, Gesang und Tänze

Die Hymnen an Sobek, die zu seinem Kult gehörten, sind bereits in einem früheren Kapitel angeführt worden. Teilweise wurde die Hymnen auch gesungen. Weiterhin wird auch von Tänzen in den Tempeln berichtet.

6.   Namen

Auch die vielen Beinamen des Sobek, die bereits in dem ersten Kapitel dieses Buches angeführt worden sind, waren ein wesentlicher Bestandteil des Hymnen und somit auch des Kultes.

7.   Sobek-Stelen

Oft wurden Krokodil-Stelen aufgestellt – sozusagen als „Mini-Kultstätte". Auf ihnen wurden vor allem Sobek und die ihm dargebrachten Opfer dargestellt.

Sobek-Stele

Auf der Stele ist oben zweimal der Krokodilgott Sobek zu sehen, der die aus den beiden Ma'at-Federn und der Sonnenscheibe bestehende Krone trägt.

Er sitzt jeweils auf der Hieroglyphe für „Tempelfassade" – er ist also in seinem Tempel.

Die Bedeutung des Palmzweiges, das des öfteren in Zusammenhang mit Sobek erscheint, ist unklar.

Unten sind zehn Krokodile zu sehen, die zu dem Mittelstreifen schauen. Dieser Streifen könnte der Weg zu den beiden Sobek-Tempeln sein. Diese Krokodile könnten links und rechts an diesem Weg stehen wie die Widder-Sphinxe an dem Weg zwischen Luxor und Karnak.

Zwischen den beiden Tempeln steht etwas, was sich leider nicht klar erkennen läßt. Ist das ein Mensch, der zu den beiden Sobek-Tempeln geht? Oder ist das die Sonnenscheibe?

Stele aus der 19. Dynastie (1292-1190 v.Chr.)

Auch hier sitzt wieder Sobek mit der Krone aus zwei Federn und der Sonnenscheibe auf der Hieroglyphe für „Tempel".

Über ihm ist wieder ein Zweig zu sehen, der diesmal jedoch nicht wie ein Palmwedel aussieht.

Vor ihm sind Opfergaben aufgeschichtet worden – u.a. eine Lotusblüte, die ja besonders gut zu Sobek paßt, weil sowohl der Lotus als auch das Krokodil aus dem Wasser auftauchen.

Unter Sobek sind wie bei der vorigen Stele symmetrisch angeordnete Krokodile zu sehen – hier allerdings nur zwei.

Stele aus der Zeit der Ramses-Pharaonen (1292-1069 v.Chr.)

Auch hier findet sich dasselbe Grundmuster:

Sobek mit der Krone aus den beiden Ma'at-Federn, der Sonnenscheibe und den Widderhörnern auf der Hieroglyphe für „Tempel" und über ihm ein Zweig.

Vor ihm steht ein Gefäß mit verschiedenen Opfergaben.

Darunter sind links fünf und rechts vier Krokodile zu sehen. Hat sich der Bildhauer hier vertan? Diese Asymmetrie ist für die Ägypter ausgesprochen ungewöhnlich.

Vor den Krokodilen ist die aufgehende oder untergehende Sonne zu sehen. Vermutlich handelt es sich um die aufgehende Sonne, da es Sobeks wichtigste Aufgabe war, am Morgen die Sonne aus der Unterwelt zurück ins Diesseits zu holen.

Unten rechts ist eine Frau zu sehen, die Sobek opfert und die sehr wahrscheinlich diese Stele in Auftrag gegeben hat. Die Inschrift links ist entweder nicht ganz fertig geschrieben worden (zwei Spalten sind leer) oder der Bildhauer hat sich bei dem Entwurf der Stele und des Textes arg vertan.

Der Bildhauer, der diese Stele angefertigt hat, scheint insgesamt ein wenig unaufmerksam bzw. wenig sorgfältig gewesen zu sein … Sie beginnt links oben mit einer Opferformel an Sobek, der ganz links unten in der Ecke als Krokodil auf einer Standarte, also als Gott zu sehen ist.

Stele aus der Zeit der Ramses-Pharaonen (1292-1069 v.Chr.)

Diese Stele ist ein wenig komplexer als die vorigen, aber sie erzählt daher auch etwas mehr bzw. dasselbe, aber genauer.

Links oben sitzt ein Pavian. Er ist das Tier des Ibisgottes Thot, was hier jedoch keine Bedeutung zu haben scheint. Das morgendliche Geschrei der Paviane wurde damals als Lobpreisung der aufgehenden Sonne angesehen. Daher werden die Krokodile mit der Sonne vor ihnen auf der vorigen Stele wirklich die aufgehende Sonne darstellen.

Dazu paßt, daß auf dem Kopf des Pavians die Sonnenbarke zu sehen ist: eine Barke mit der Sonnenscheibe in ihr.

Dieses Thema wird rechts oben noch einmal wiederholt: Dort ist die Kuhgöttin Hathor zu sehen, die am Morgen aus dem Schilf hervortritt und die Sonnenscheibe zwischen ihren Hörnern trägt.

Dazwischen ist recht klein ein Mann zu sehen, der vor einem Tisch mit Opfergaben steht, die für die aufgehende Sonne, also für Re, und auch für den Pavian und für Hathor bestimmt sind.

Darunter sind links sieben Krokodile zu sehen, die von dem Mann und der Frau unten rechts verehrt und angebetet werden.

Vor den Krokodilen steht jeweils ein Gefäß, das Opfergaben enthalten wird.

8. Lebende Tempel-Krokodile

In den Sobek-Tempeln wurden oft lebende Krokodile in dafür angelegten Bereichen mit Wasserbecken gehalten und täglich gefüttert – was recht aufwendig gewesen sein muß, da Krokodile Fleischfresser sind.

Die Ägypter unterschieden drei Arten von Tempel-Krokodilen:

1. Das heilige Tempel-Tier: Solche Krokodile wurden als Inkarnation des Sobek angesehen.

2. Das heilige Tier: Diese Krokodile wurden als Familie, Sippe oder Hofstaat des heiligen Tempel-Tieres angesehen.

3. Das Fetisch-Tier: Diese Krokodile waren Haustiere, die als mit Sobek verbunden angesehen und daher verehrt wurden.

In der Regel wurden in den Tempeln jedoch nur die kleineren Kongo-Krokodile gehalten und nicht die großen und weitaus gefährlicheren Nil-Krokodile.

In den Berichten der Griechen und Römer wird jedoch nicht zwischen diesen drei Arten von Krokodilen unterschieden.

In Medinet Madi im westlichen Fayyum sind die Reste einer Krokodil-Aufzuchtanlage entdeckt worden. Es sind auch Reste von Anlagen zur Fütterung von Krokodilen bekannt.

Die Krokodil-Seen des Fayyum waren nicht nur bei der Bevölkerung des Fayyums, sondern auch bei den Besuchern von außerhalb sehr beliebt.

Ein Papyrus aus dem Jahr 112 v. Chr. fordert den örtlichen Vorsteher des Fayyum auf, für den Besuch des römischen Würdenträgers Lucius Memmius eine gute Krokodil-Show zu veranstalten.

Strabo beschreibt in seiner Geographie einen Besuch im Fayyum aus erster Hand:

„Denn die Menschen in diesem Gau halten das Krokodil sehr in Ehren, und es gibt dort ein heiliges Krokodil, das in einem See gehalten und gefüttert wird und für die Priester zahm ist. Es heißt Suchus; und es wird mit Getreide, Fleischstücken und Wein gefüttert, die ihm von den Fremden, die es besuchen, immer wieder vorgesetzt

werden.

Jedenfalls ging unser Gastgeber, einer der Beamten, der uns in die dortigen Mysterien einführte, mit uns zum See, wobei er eine Art Kochgeschirr und etwas gebratenes Fleisch sowie einen Krug mit Wein, der mit Honig vermischt war, mit sich führte.

Wir fanden das Tier am Rande des Sees liegen; und als die Priester zu ihm gingen, öffnete eines von ihnen sein Maul und ein anderer steckte den Kuchen hinein, und dann das Fleisch, und goß anschließend die Honigmischung hinterher. Das Tier sprang daraufhin in den See und rannte ans andere Ufer.

Als aber ein anderer Fremder ankam, der ebenfalls eine Gabe erster Früchte bei sich trug, nahmen die Priester diese, liefen im Lauf um den See herum, ergriffen das Tier und fütterten es auf dieselbe Weise mit dem, was gebracht worden war."

9. Prozessionen

Seit frühester Zeit gab es Prozessionen, bei denen die Statuen eines Gottes oder mehrerer Götter aus dem Tempel hervorgeholt und durch die Straßen getragen wurden. Bei solchen Prozessions-Festen wurde ausgelassen gefeiert und reichlich gegessen und getrunken.

10. Krokodil-Mumien

Wenn ein Krokodil als heilig angesehen wurde, wurde es wie ein Mensch mumifiziert.

In El-Maabdeh in Mittelägypten findet sich eine natürliche Höhle, die die älteste „Totenstadt" für Krokodile ist, die dort als Mumien ihre letzte Ruhestätte erhalten. Dort wurden auch Mumien von Männern, Frauen und Kinder untergebracht. In dieser Höhle findet sich eine riesige Anzahl an Krokodil-Mumien, was zeigt, wie wichtig das Halten von Krokodilen in den Sobek-Tempeln und ihre anschließende Mumifizierung gewesen sein muß.

Auch in dem oberägyptischen Kom Ombo nördlich von Assuan, in dem der berühmter Doppel-Tempel des Sobek und des Horus steht, gibt es eine Aufbewahrungsstätte für weit über tausend Krokodil-Mumien.

Da Krokodile über 100 Jahre alt werden können, kommt man schon bei 1000 Krokodil-Mumien in Kom Ombo (und es sind weitaus mehr) auf 100.000 „Krokodil-Jahre". Da das ägyptische Reich nur gut 3500 Jahre lang bestanden hat, kommt man daher auf 30 Krokodile, die gleichzeitig in dem Tempel von Kom Ombo gelebt haben müssen. Wenn man bedenkt, daß manche Krokodile auch schon früh gestorben sind (es gibt auch Mumien von sehr jungen Krokodilen), kommt man trotzdem noch immer auf 15-20 Krokodile, die gleichzeitig in Kom Ombo gelebt haben müssen. Und diese Rechnung ist nur von 1000 Krokodil-Mumien ausgegangen, obwohl es weit mehr Mumien sind.

In Krokodilopolis im Fayyum wurden die Krokodil-Mumien auch zur Schau ausgestellt – vermutlich, damit alle, die das wollten, diese Krokodile um Hilfe bitten konnten.

Einige mumifizierte Krokodile trugen mumifizierte Babykrokodile in Maul. Krokodile sind eine der wenige Reptilien-Arten, die ihren Nachwuchs schützen und die ihre Jungen in ihrem Maul an andere Orte tragen. Es ist anzunehmen, daß die Ägypter erwartet haben, daß Sobek Ägypten genauso schützt wie ein Krokodil seine Jungen schützt.

11. Nebenverdienste der Sobek-Priester

Auch die Priester mußten von etwas leben und der Kult im Sobek-Tempel brachte in aller Regel nicht genug ein, um sich oder gar eine ganze Familie davon ernähren zu können. Daher waren die Sobek-Priester – zumindestens in der griechisch-römischen Zeit – oft auch noch auf andere Weise tätig.

Zunächst einmal führten sie natürlich den Sobek-Kult im Tempel durch, leiteten Feste, führten Opferungen durch, erstellten Horoskope und beantworteten Fragen mithilfe von Orakeln.

Daneben waren sie aber auch noch als Schreiber, Schriftgelehrte, Wächter, Handwerker, Viehzüchter u.ä. tätig. Die Sobek-Priester im Fayyum waren nebenberuflich vor allem als Kamelzüchter bekannt.

12. Zusammenfassung

Der Kult des Sobek bestand aus Reinigungen, Räucherungen, dem Weg durch den Tempel zum Allerheiligsten, Hymnen an Sobek, Opfergaben, dem Salben und Kleiden der Statue und der Invokation von Göttern. Dabei wurden auch Ritualgegenstände verwendet. Privat gab es Sobek-Stelen, öffentlich gab es Prozessionen. Eine Besonderheit des Sobek-Kultes waren die lebenden Krokodile bei den Tempeln sowie die Krokodil-Mumien.

VI „Das Fayyum-Buch"

1. Das Buch

Das „Fayyum-Buch" ist einer der letzten mythologischen Texten, die die Ägypter in Hieroglyphen-Schrift verfasst haben. Die Vielzahl der von diesem Buch gefunden Exemplare und der Vielfalt der Varianten zeigt, daß es damals ein „Bestseller" gewesen sein muß. Die meisten dieser Bücher sind zwischen ca. 50n.Chr. und 150 n.Chr. entstanden. Es wird aber sicherlich einen längeren Vorlauf gegeben haben, in dem sich dieses Buch allmählich entwickelt hat, bevor es dann „berühmt" geworden und oft kopiert worden ist.

Die Nachfolgern Alexanders des Großen, die als die „Ptolemäer-Pharaonen" in Ägypten regierten, haben ab 323 v.Chr. den Kanal zum Fayyum ausgebaut und durch Dämme und neue kleine Kanäle im Fayyum selber ergänzten, woraufhin auch neue Siedlungen und Tempel errichtet wurden. Durch diese Veränderungen gab es aus der Sicht der Ägypter und vor allem aus der Sicht der ägyptischen Priester die Notwendigkeit, die gesamten Mythen des Sobek und der anderen Götter des Fayyum neu zu ordnen und sie zu überarbeiten. Das „Buch vom Fayyum" könnte das Ergebnis dieser Neuorientierung sein.

Teil des Fayyum-Buchs aus dem Tempel von Kom Ombo

2. Das Fayyum

Das Wort Fayyum ist aus dem koptischen („spätägyptischen") Namen „pa iom" entstanden, was ganz schlicht „der See" bedeutet – der Fayyum-See ist der einzige See, den es in Ägypten gibt …

Das Fayyum ist eine Senke westlich des Nils ungefähr auf der Höhe von Kairo. Diese Senke ist ca. 30km x 50km groß und ist durch einen ca. 7km breiten Streifen Wüste vom Niltal getrennt. Durch diesen Wüstenstreifen führt ein Kanal, den der Pharao Sesostris III und sein Sohn, der Pharao Amenemhet III anlegen ließen. Dieser Kanal führt vom Nil aus nach Westen zu dem „Birket al Qarun" genannten See in dieser Oase. Dieser Oasen-See liegt am Nordwest-Ende der Fayyum-Senke und ist ca.

50km x 7km groß ist. Ohne diesen Kanal würde dieser See und die gesamte Oase weitgehend austrocknen.

Der Wasserspiegel dieses See, der heute „Birket al Qarun" genannt wird, liegt 41m unter dem Meeresspiegel. Der Wasserspiegel des Nils liegt dort, wo der Kanal vom Niltal zum Birket al Qarun beginnt, ca. 20m über dem Meeresspiegel. Der Kanal beginnt allerdings 250km weiter nilaufwärts in Assiut, da das Wasser in dem Kanal ja nur abwärts fließt und der Höhenunterschied zwischen dem Nil und dem Wüstenbereich, durch den der Kanal führt, überwunden werden mußte.

Bevor Sesostris III, der 40 Jahre lang regierte, und Amenemhet III, der 47 Jahre lang regierte, diesen Kanal haben graben lassen, gab es nur ein Sumpfgebiet in der Fayyum-Senke, das voller Krokodile war. Das Großprojekt dieses Kanals, das auch der Bewässerung des Niltals zugute kam, war nur möglich, weil diese Pharaonen ungewöhnlich lange reagiert haben und beide an demselben Projekt festgehalten haben. In dem Kapitel „Darstellungen" ist die Abbildung einer Statue zu finden, die den Krokodilgott Sobek als Beschützer des Pharaos Amenemhet III zeigen, der auch viele Sobek-Tempel im Fayyum hat errichten lassen.

Die Wichtigkeit der Fayyum-Senke zeigt sich durch einen Vergleich mit dem Nildelta, also mit Unterägypten: Das Delta ist 24.000 km² groß, das Fayyum 1.830km², was ca. 8% der Fläche des Deltas ist. Das oberägyptische Niltal ist 9.860km² groß. Der Bau dieses Kanals hat die fruchtbare Fläche von Gesamtägypten folglich um immerhin 5% vergrößert – und das ohne jeden Krieg und ohne jede Eroberung.

Da die Fayyum-Senke vor dem Bau des Kanals vor allem von Krokodilen in den Sümpfen bevölkert war, ist es verständlich, daß diese Oase anschließend an ihre Kultivierung den Gott Sobek als den wichtigsten Gott gewählt hat.

Das Wasser des Kanals fließt durch einen Einschnitt in der Wüste vom Niltal bis zum Rand der Fayyum-Senke und von dort aus weiter bis nach Schedet („Krokodilopolis"), dem heutigen Medineh. Dort teilt sich der Kanal in mehrere Zweige auf, die durch die Felder fließen und sie bewässern, bis sie schließlich – vor allem als Grundwasser – den See „Birket al Qarun" erreichen.

Da die Versorgung des Fayyum vollständig von diesem Kanal abhängig war und dieses Wasser fast nur bei der alljährlichen Nil-Überschwemmung Anfang August durch den hochliegenden Teil des Kanals in dem Wüstenstreifen zwischen dem Niltal und dem Fayyum-Becken floß, gab es manchmal Überschwemmungen und manchmal Dürrezeiten im Fayyum – vor allem, wenn die Nilflut in einem Jahr so gering ausfiel, daß das Wasser nicht das Fayyum-Becken erreichte.

Das Fayyum war jedoch nicht nur mit dem Krokodilgott Sobek assoziiert, sondern auch mit dem Jenseits, da in der gesamten Jungsteinzeit von Ägypten am Nil über Sumer und Elam am Euphrat und Tigris bis zu der Harappa-Kultur am Indus der Osten, an dem die Sonne aufgeht, das Diesseits war und der Westen, in dem die Sonne untergeht, das Jenseits. Alle diese Kulturen langen an einem Fluß, der in Süd/Nord-Richtung floß. Daher war das Ostufer der Flüsse das Diesseits und das Westufer das Jenseits.

Diese Vorstellung war weit verbreitet und hat auch zu der Vorstellung von der „Insel der Toten im Westen" geführt, auf der der Sonnengott am Abend in die Unterwelt eingeht: Das Am-Duat der Ägypter, das Tier-nan-og der Kelten, das Walaskialf der Germanen, das Atlantis der Griechen usw.

Auch die ägyptischen Pyramiden, die Totenstädte, das Tal der König usw. lagen wegen dieser Symbolik alle auf dem Westufer des Nils. Das Fayyum wurde also schon wegen seiner Lage in der westlichen Wüste mit dem Jenseits verknüpft. Der Kultort des Sobek im Fayyum, der von den Ägyptern „Schedet", von den Griechen „Krokodilopolis" und von den heutigen Ägyptern „Medineh" genannt wird, ist also schon aufgrund seiner für Ägypten speziellen Lage im Westen außerhalb des Niltals eng mit dem Jenseits assoziiert. Der Gott Sobek, dessen Krokodile dort lebten, waren daher ebenfalls mit dem Jenseits verknüpft.

Es gibt im Fayyum noch eine Besonderheit: Der Birket al Qarun ist der einzige See in Ägypten. Dies hatte allerdings kaum Auswirkungen auf die Mythen des Sobek.

4. Der Papyrus

Der Papyrus ist 42cm breit und 9,4m lang – er ist also ausgesprochen unhandlich zum Lesen. Er war vermutlich auch nicht zum Lesen gedacht, da man ihn nur schwer halten konnte, weil die Schrift auf ihm oft um 90° oder um 180° gekippt war. Zudem konnten damals auch nur noch wenige die Hieroglyphenschrift überhaupt noch lesen. Weiterhin gab es in diesem Papyrus viele Spiele mit Bildern und Schriftzeichen, die nur von denen verstanden werden konnten, die in der Hieroglyphenschrift sehr gut bewandert waren.

Es handelt sich bei dem Fayyum-Papyrus also vermutlich um eine Gelehrtenschrift, eine Geheimschrift oder eine Prunkschrift, mit deren Besitz man ein wenig angeben konnte.

Der Papyrus ist für die damalige Zeit ausgesprochen modern und innovativ gestaltet. Er ist in der Form einer Landkarte angelegt, die grob dem Aufbau des Fayyum entspricht. Sie ist jedoch stark stilisiert und mit den örtlichen Mythen verknüpft worden.

Die Schriftrichtung in dem Papyrus entspricht dem Lauf der Sonne. Da sich die Ägypter stets nach Süden hin, wo die Sonne am höchsten am Himmel steht, orientierten, liegt der Osten links und der Westen rechts. Diese Süd-Orientierung findet sich auch schon um 10.000 v.Chr. in Göbekli Tepe in Nordmesopotamien. Auch die gesamte Megalithkultur und die Hügelgräberkultur ist nach Süden hin orientiert – dort liegt der Eingang zu den Steinkreisen, zu den Hügelgräbern und zu den Tempeln.

In Ägypten bewegt sich die Sonne also von links nach rechts und auch das Wasser in dem Kanal zu dem Fayyum fließt von links nach rechts, also von Osten nach Westen. Entsprechend dem Bestreben der Ägypter, stets alles in Einklang miteinander zu bringen, wird in diesem Papyrus folglich von links nach rechts hin geschrieben.

In dem Papyrus erscheinen drei wichtige Orte: 1. der Hauptort Schedet („Krokodilopolis"), der der Hauptkultort des Sobek im Fayyum war, 2. das „Lebenshaus des Ra-sehet", das das Haus der Schreiber gewesen ist, und 3. der Ort mit dem Namen „Akazie der Neith" – ein Tempel der Göttin Neith, die in den meisten Texten die Mutter des Sobek ist. Der Papyrus ist vermutlich in diesem „Lebenshaus des Ra-sehet" entstanden.

5.   Der Aufbau des Papyrus

Das „Fayyum-Buch" ist inhaltlich und graphisch in acht Abschnitte unterteilt, die recht verschieden lang sind. Dazu kommt noch eine kurze Einleitung.

   1. Abschnitt: Der Zufluss zum Fayyum
   2. Abschnitt: Der Zufluss zum Fayyum und der östliche Bereich des Sees
   3. Abschnitt: Der See des Fayyum
   4. Abschnitt: Krokodilopolis (Schedet), die zentrale Stadt des Fayyum
   5. Abschnitt: Das Lebenshaus von Ra-sehet
   6. Abschnitt: Der Ort „Akazie der Neith"
   7. Abschnitt: Die Gründung des Fayyum durch die Urgötter
   8. Abschnitt: Zusammenfassung über die Bedeutung des Fayyum-Sees

6. Teil 1: Der Zufluss zum Fayyum

Der erste Teil des Papyrus, also das linke Ende, beschreibt ganz am Anfang die Stelle, an der der Kanal das Fayyum erreicht, sowie den ersten Teil des Kanals im Fayyum selber.

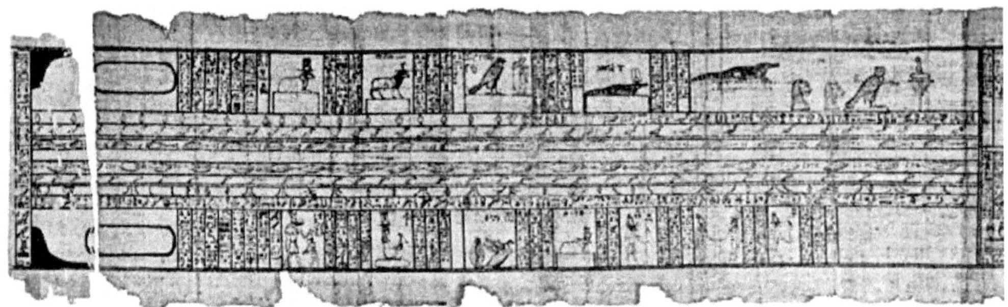

Der Anfang am linken Ende des Papyrus wird deutlicher, wenn man ihn etwas größer sieht:

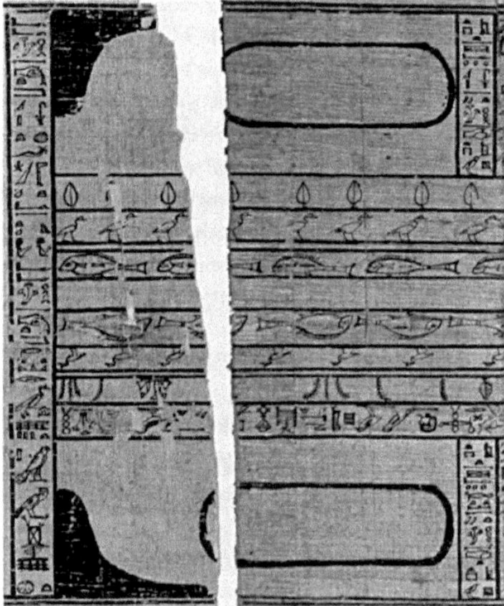

Der waagerechte Streifen in der Mitte ist der Kanal, der von links her in das Fayyum geflossen kommt – hier fehlen die sonst für Wasser üblichen Zickzack-Wellenlinien.

Die gebogene schwarze Fläche links unten und links oben stellt die Steilhänge links und rechts des Kanals dar, also das Ende des schmalen Tals, in dem dieser Kanals vom Niltal durch die Wüste zu der Fayyum-Senke führt. Diese schwarzen Flächen sind die groß dargestellte Hieroglyphe für „Steilhang". Dies ist auch in anderen ägyptischen Büchern die übliche Darstellung des Eingangs in die Unterwelt im Westen.

Die beiden Ovale rechts daneben sind langgestreckte Hügel o.ä. Diese beiden Ovale sind die groß dargestellte Hieroglyphe für „Sandbereich", womit ein Hügel, eine Insel oder ein sandiges Feuchtgebiet gemeint sein kann. Die Inschriften bezeichnen das obere Oval als „südlicher Sand des Feuchtgebietes" und das das untere Oval als „nördlicher Sand des Feuchtgebietes".

Oberhalb und unterhalb des Wassers in dem Kanal sind Fische abgebildet. Über und unter dem Kanal (Wasser + Fische) sind Wasservögel zu sehen, die am Ufer des Kanals leben. Oberhalb des Kanals ist eine Reihe von Bäumen abgebildet – unterhalb eine Reihe von Wasser- und Uferpflanzen.

Rechts von den beiden Sandbänken (ganz links ist ein Teil von ihnen zu sehen) folgen oben fünf und unten sieben Darstellungen von Gottheiten. Die verschiedenen Anzahl von Göttern läßt vermuten, daß sich diese Abbildungen auf konkrete Tempel von Göttern im Fayyum beziehen, die südlich (oben) und nördlich (unten) des Kanals liegen.

Oben sind von links nach rechts der Widdergott Chnum, noch einmal Chnum, ein Falkengott und zweimal Sobek zu sehen.

Die Größe, in der Sobek dargestellt worden ist, zeigt seine Wichtigkeit. Das Zeichen, auf dem Sobek sitzt, ist die Hieroglyphe für „wassergefüllter Kanal". Die Kombination dieser Hieroglyphe mit der Abbildung des Sobek bedeutet daher „Kanal des Sobek".

197

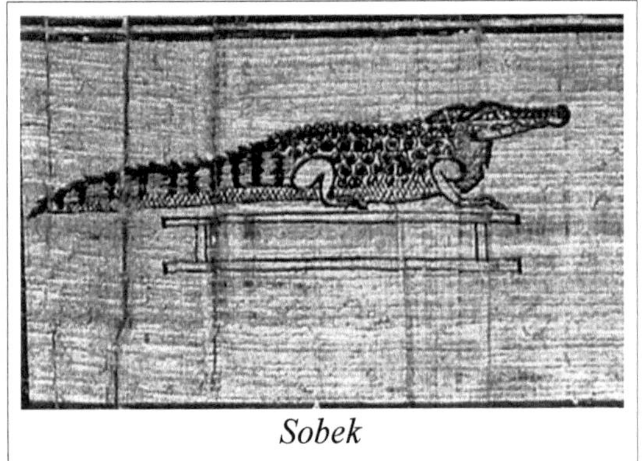
Sobek

Wenn man die Hieroglyphe unter dem Krokodil als „mit Kanälen bewässertes Land" liest – was auch möglich ist – dann bedeutet diese Darstellung „Land des Krokodils" oder etwas ausführlicher „Das Fayyum gehört Sobek." Oberhalb dieser Abbildung steht noch einmal in Hieroglyphen aus-geschrieben „Das Fayyum ist in der Gewalt des Sobek."

Unter der Zeichnung des Kanals auf dem Papyrus – also im Norden des Kanals – sind deutlich vielfältigere Abbildungen zu sehen als oben:

Sobek und Seth

Der erste Gott ganz links in der untersten Reihe ist Sobek-Horus (siehe Abbildung links). Er hat den Gott Seth (hier mit Vogelkopf) besiegt und gefangen. Sobek hat hier die Funktion des Horus inne, der in der Mythe über Isis und Osiris den Wildnisgott Seth besiegt. Der Vogelkopf des Seth wird wohl ein Flamingo-Kopf sein, da im Fayyum viele Flamingos leben und „Rot" die Farbe des Seth und auch der Flamingos ist – und weil Krokodile gelegentlich auch Flamingos fressen.

Osiris ist das fruchtbare Ackerland im Niltal und im Fayyum – sein Bruder Seth ist die Wüste.

Der Ort westlich der Stelle, in der der Kanal das Fayyum erreicht, wird „Kampfplatz" genannt, was sich auf den Kampf zwischen Sobek/Horus und Seth beziehen wird und der hier illustriert worden ist. Dieser Ort befindet dort, wo der Kanals die Fayyum-Senke erreicht – das ist auf dem Papyrus ganz links außen, wo dieser Sieg des Sobek-Horus über Seth dargestellt worden ist.

In dem Text wird Folgendes gesagt: *„Re hat seine Feinde an diesem Ort am 23. Tag des 1. Monats der Überschwemmungszeit. vertrieben."* Der Tag des Sieges über die Feinde des Sobek-Re ist also identisch mit dem Tag, an dem ein Teil des Überschwemmungs-Wassers des Nils durch den Kanal in das Fayyum zu fließen beginnt.

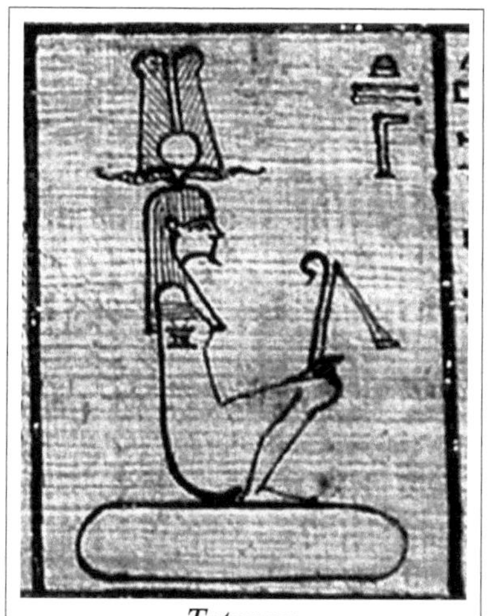

Tatenen

„Herr des Fanges"

Der zweite der sieben Götter, die unter dem Kanal dargestellt worden sind, ist Tatenen. Er ist der Erdgott – nicht wie Geb die Erde an sich, sondern wie Atum die Urinsel. Er sitzt auf der Hieroglyphe für „sandiges Land".

Dieser Ort liegt am *„See von Memphis"*, der ein künstlicher See ist, in den man das Wasser des Kanals geleitet hat, um dort die Fische aus dem Kanal zu fangen. Diese Fische sind der „Fang" des *„Herrn des Fanges"*.

Dieser *„Herr des Fanges"* ist einer der unbekannteren Götter – er wird in dem Text „Heri Schef", d.h. *„der auf seinem See ist"* genannt. Dieser Vogel neben dem Isched-Baum links von ihm ernährt sich vermutlich von den Fischen in dem See.

Er ist der dritte Gott von links in der unteren Reihe.

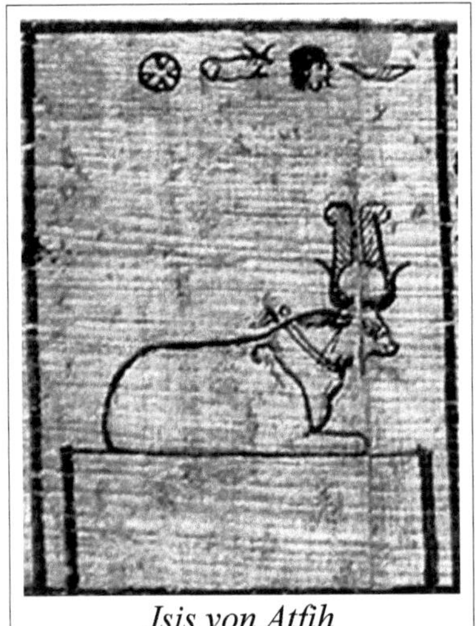

Isis von Atfih

„Isis von Atfih" – „Atfih" ist ein Ort in der Nähe der Stelle, an der der Kanal das Fayyum erreicht – sie hat schon recht früh die Kuhgestalt der Muttergöttin Hathor übernommen. Sie ist die vierte Gottheit in der unteren Reihe.

Das obere, also südliche Oval ganz am Anfang des Papyrus steht dem Text zufolge unter dem Schutz der Isis. Hier sind die Feinde des Sonnengottes Re zurückgeschlagen worden. Dieses Feuchtgebiet wird als der Leib der Himmelskuh angesehen, die Re vor seinen Feinden schützt.

Das untere Oval ist ebenfalls ein Feuchtgebiet und trägt den Namen „Menmen" Dem Text zufolge gehörte es einst Osiris, bevor Seth es ihm geraubt hatte. Der Name „Menmen" bedeutet möglicherweise *„Weideland"*.

Als fünftes folgt ein Gott, der vermutlich eine Form des Re ist.

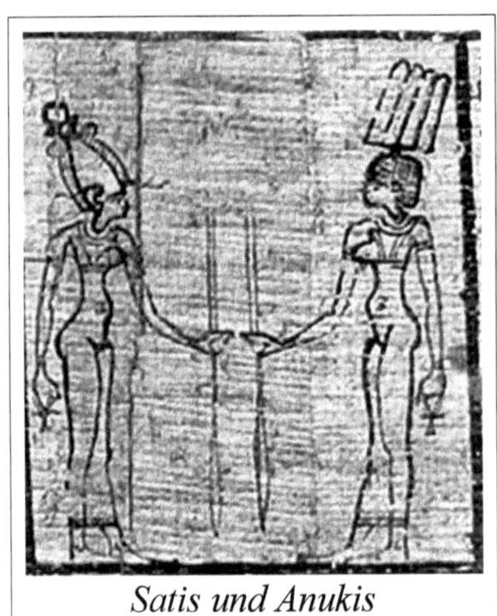

Satis und Anukis

Die Antilopengöttin Satis (links in dem Bild) und die Gazellengöttin Anukis (rechts in dem Bild) sind eigentlich im Gebiet der Katarakte in der Nähe von Assuan beheimatet. Dort werden sie mit der Nilquelle assoziiert. Sie erscheinen hier nah an der Stelle, wo der Kanal in das Fayyum-Becken fließt, ebenfalls als „Wasserbringerinnen".

Sie sind die Gottheiten in dem sechsten Bild von links in der unteren Götterreihe.

Re

Der Sonnengott Re erscheint hier in dem siebten unteren Bild (also ganz rechts in der Reihe) mit dem Widderkopf des Chnum und den Hörnern des Chnum an der oberägyptischen Krone, an der auch die beiden Ma'at-Federn angebracht sind. Oben auf der Krone und auch unten an ihr ist die Sonnenscheibe zu sehen und auf den Widderhörnern sitzen zwei Uräus-Schlangen. In seiner Hand hält er das Uas-Szepter, das „Macht" symbolisiert.

Re wird hier als *„Re von Menwer"* bezeichnet, das ein Ort in der Nähe von Krokodilopolis ist. Auch der Kanal selber wird „Menwer" genannt. Da dieses Wort ganz schlicht *„großes Bauwerk"* bedeutet, wird damit der Kanal gemeint sein.

Der Name „Merwer" des Ortes, an dem dieser Gott im Fayyum verehrt wurde, bedeutet *„Großer Kanal"*.

<u>Zusammenfassung</u>:

a) *„Das Fayyum gehört Sobek"; „das Fayyum ist in der Gewalt des Sobek"; „das Fayyum ist das Land des Sobek".*

b) Sobek besiegt Seth, den Feind des Osiris, d.h. Sobek bringt das Wasser des Osiris in das Fayyum, das der Wüstengott Seth auszutrocknen versucht.

7. Teil 2: Der Zufluss zum Fayyum und der östliche Bereich des Sees

Der Hauptkanal, der nur während der Nilflut Wasser führte, endet in Krokodilopolis. Der Kanal bis dorthin ist im ersten Teil des Papyrus beschrieben worden. In Krokodilopolis teilt sich der Kanals in viele kleine Kanäle auf, die das Wasser über das ganze Fayyum-Becken verteilen.

Sobek

Ganz links unten in dem zweiten Abschnitt des zweiten Teils des Papyrus ist Sobek zu sehen, der vor zwei Kanopenkrügen steht. Sie stellen vermutlich Sobek und Horus dar, auch wenn der linke Krug einen Schakalkopf und keinen Krokodilkopf hat.

Der Ort an dem Sobek steht, wird *„Aussichtspunkt"* genannt.

Neben ihm steht: „*Das Seeland* („Fayyum") *ist der Tempel des Sobek von Schedet und des Horus von Schedet. "*

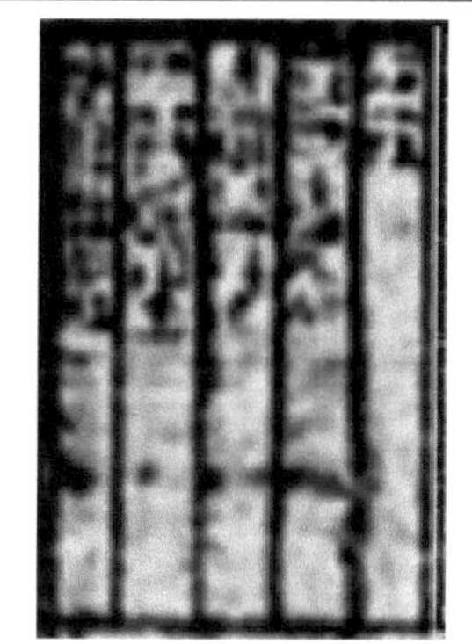

Text: „Haus der Flamme"

Ganz links oben ist auf dem zweiten Abschnitt ein Rechteck mit senkrechten Trennlinien zu sehen. Hier befindet sich auf anderen Fayyum-Büchern ein *„Haus der Flamme".* Der Text dazu lautet:

„Der Name dieses Ortes ist 'Haus der Flamme'. Dies ist der Ort, an dem man die Fackel entzündet, um Osiris den Weg zu seinem See zu weisen. "

Das „Kommen des Osiris" ist wahrscheinlich das Wasser in dem Kanal, das bei der Nilflut Anfang August die Fayyum-Senke erreicht.

Das gesamte Feuchtgebiet wird als eine große Göttin dargestellt. Sie steht in der Haltung des Luftgottes Schu, der seine Mutter, die Himmelsgöttin Nut, emporhebt und dabei auf seinem Vater, dem Erdgott Geb steht.

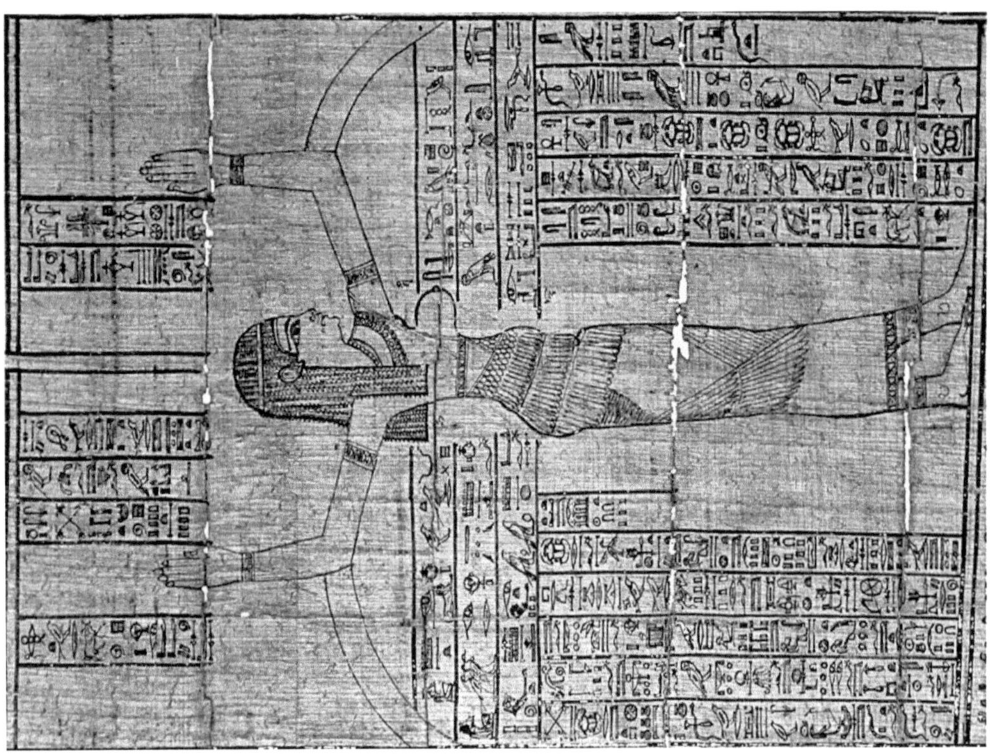

Diese Göttin heißt „Mehetweret", d.h. *„Große Flut"*. Auf griechisch lautet ihr Name „Methyer". Sie entspricht der Kuhgöttin Hathor. Die „große Flut" ist sowohl ihre Milch als auch die Nilflut. Sie ist auch die Sonnenmutter.

Der Kanal kommt von links her (von dem Ende des ersten Teils des Papyrus) auf den Kopf der Göttin zu geflossen und teilt sich in zwei kleinere Kanäle, die von ihren Ellenbogen nach links und rechts hin abbiegen. Diese Gablung des Kanals befindet sich kurz vor Krokodilopolis.

Neben dem Kopf der Göttin steht:

„Hier sind diese acht Urgötter. Es sind je vier Götter und vier Göttinnen – jeweils in seiner Länge und seiner Breite bei der Arbeit des Großen Gründens im Großen See (Fayyum-See) im Seeland (Fayyum). "

Das Erbauen dieses Kanals und das Leiten des Wassers in die Fayyum-Senke wird hier so aufgefaßt wie das Gründen eines Tempels, d.h. sein Ausmessen mithilfe von

Meßstricken auf dem Boden, auf dem der Tempel errichtet werden soll.

In einer Version des *„Buches der Himmelskuh"* steht rings um die Göttin ein Text, in dem geschildert wird, wie sich der alternde Re, den die Menschen töten wollen, auf den Rücken der Himmelskuh gerettet hat, wo er für die Menschen unerreichbar war. Dies ist eine Geschichte, die erklären soll, warum die Sonne, d.h. der Sonnengott, nicht auf der Erde, sondern hoch oben am Himmel ist.

Die hier in diesem Papyrus angeführte Version dieser alten Geschichte lautet:

„Die Achtheit der Urgötter entstand an der Stätte des Urwassers des Wadjwer („Großes Wasser").

Da saß Re in seiner eigenen Verkörperung. Er war alt. Seine Knochen waren aus Silber, sein Fleisch war aus Gold, sein Haar war aus Lapislazuli, seine beiden Augen waren aus grünem Wadj-Stein und seine schöne Sonnenscheibe war aus Türkis.

Da erkannte er den (bösen) *Plan der Menschen und Götter in Herakleopolis. Während er seinen Körper in einem Zeitraum von zwölf Tagen verjüngte, kamen sie heraus mit Arglist.*

Groß war die Zahl derer, die bei der Flammeninsel gegen ihn gingen. Sie stellten sich auf und sie kämpfen gegen die, die sich gegen sie aufgestellt hatten. So entstand sein Name Paaha („Ort des Aufstellens"). *Das geschah in Herakleopolis im 4. Monat der Trockenzeit, am 15. Tag.*

Er ging heraus vor ihnen zum Großen See (Fayyum-See) *im Seeland* (Fayyum) *im 1. Monat der Überschwemmungszeit, am 23. Tag. Das ist aber der Ort des Verhüllens der Achtheit. Er verbirgt das Versteck* (Tempel) *seiner Väter und seiner Mütter.*

Da nahm ihn die Ihet-Kuh auf ihren Rücken. Sie ist seine Mutter von Anbeginn. Sie schützt ihn vor seinen Feinden. So entstand ihr Name Schedet („Beschützerin").

Sie belebte ihn mit ihrer Milch. So entstand der See, es entstand Re, es entstand Mehetweret („Große Flut"), *es entstand* (die Göttin) *Schedet* („Beschützerin"), *indem sie zu dem Wadjwer* („Großes Wasser") *des Meeres wurde.*

Re lebt von (seinen) *Feinden. Er speit unter sie aus – dauernd an diesem Platz – ewiglich. "*

Diese Mythe ist hier auf die Fayyum-Senke übertragen worden.

Die *„Flammeninsel"* ist der Ort der Wiedergeburt, der mit dem Mythos von Re als Benu-Vogel (*„aufsteigender Vogel"*) verbunden ist, aus der dann später der Mythos vom Phönix entstanden ist.

Das Wort „Schedet", das der Name für „Krokodilopolis" war, bedeutet „beschützen". Das ihm nah verwandte Wort „schedi" bedeutet „säugen, stillen", was eine Anspielung auf das Säugen des Re durch die Himmelkuh ist.

Rechts neben der Göttin ist ein Bereich mit zwei Barken und mehreren Göttern zu sehen:

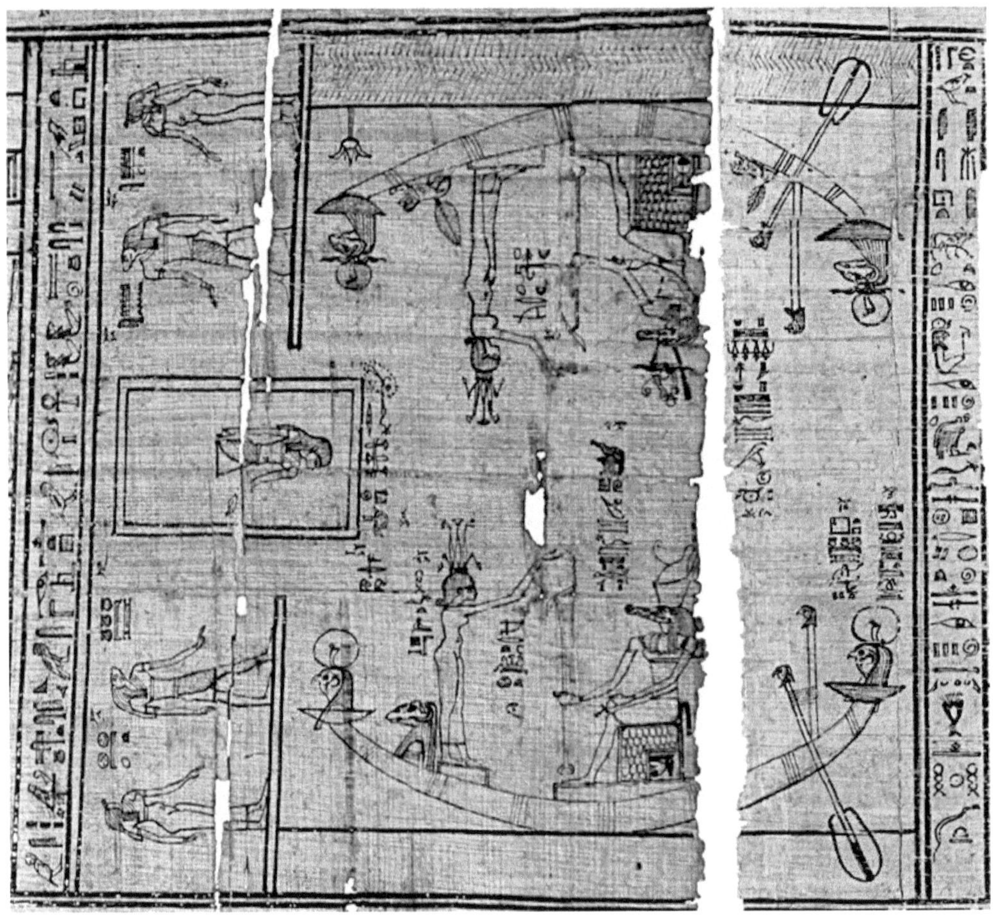

In beiden Barken sitzt ein Krokodilgott mit der ober- und unterägyptischen Krone, also der Pharao-Krone, zu sehen. Vor Sobek steht beide Male die Göttin Meret mit einer Schilfkrone. Beide Barken fahren nach links, d.h. nach Osten. Es gibt jedoch auch einige Unterschiede:

- Am Bug und Heck der oberen, südlichen Barke ist der Kopf des Widdergottes Chnum mit der Sonnenkrone zu sehen – am Bug und Heck der unteren, nördlichen Barke ist der Kopf des Horus-Falken mit der Sonnenkrone zu sehen.

- Neben der oberen Barke steht *„Es ist Re, der auf dem südlichen See fährt.“* – neben der unteren Barke steht *„Es ist Sobek, der in dem nördlichen See fährt.“*

- Diese beiden Kronen des Sobek unterscheiden sich geringfügig: Sie sind zunächst beide die kombinierte ober- und unterägyptische Krone des Pharaos. An der Krone oben (Süden) sind noch die Sonnenscheibe, die Ma'at-Federn und die Widderhörner angefügt worden.

Die beiden Krokodilgötter sind – abgesehen von den Texten neben ihnen – vollkommen gleich, was zeigt, daß Sobek und Re vollkommen zu Sobek-Re verschmolzen sind.

Diese Szene spielt sich im Urwasser ab, da links vier der acht Urgötter zu sehen sind, von denen die Götter Froschköpfe und die Göttinnen Schlangenköpfe haben: links oben sind Amun und Amaunet zu sehen, links unten Nun und Naunet.

In der Mitte zwischen den vier Urgöttern steigt Re aus den Urwassern, die zugleich auch die Unterweltwasser sind, auf – seine Beine sind noch in dem Wasser. Neben ihm steht: *„Re beginnt zu schwimmen.“*

Derselbe Vorgang wird auch durch die beiden Barken dargestellt: Re steigt von der unteren, nördlichen Nachtbarke in die obere, südliche Tagbarke um. Süden ist der Tag, weil dort die Sonne am höchsten steht, und der Norden ist die Nacht, weil die Sonne dort nie zu sehen ist.

Dieser Vorgang wird gleich noch ein drittes Mal dargestellt, da sich der aus dem Wasser auftauchende Gott Re in dem umrandeten Bereich in dem Urwasser rechts direkt unter den Füßen der Göttin Mehetweret links befindet: die Göttin gebiert den Sonnengott jeden Morgen neu.

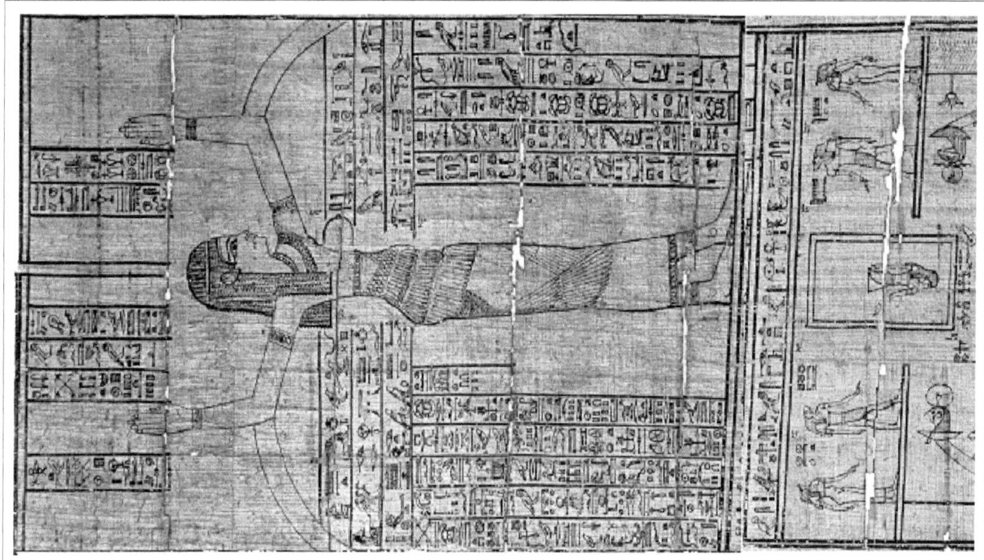

die Geburt des Re (rechts in der Mitte) durch die Göttin (links),
die auch das „Große Wasser“ ist, aus dem Re rechts aufsteigt

Zusammenfassung:

a) *„Das Seeland („Fayyum") ist der Tempel des Sobek von Schedet und des Horus von Schedet. "*

b) Sobek ist auch Sobek-Re auf seiner Himmelsbarke – sowohl auf seiner Tagesbarke als auch auf seiner Nachtbarke. Der Fayyum-See stellt dabei die Jenseitswasser dar.

8.   Teil 3: Der See des Fayyum

Dieser Abschnitt des Papyrus ist sehr lang und gleichförmig aufgebaut. In der Mitte ist als das lange Oval der Fayyum-See zu sehen, in dem sich allerlei Tiere und vor allem ein großes Krokodil, d.h. Sobek als Herr des Fayyum befinden. Darüber und darunter sind jeweils zwanzig Götter angeführt.

Das rechte Ende des Fayyum-Sees ist gut erhalten, das linke Ende jedoch nicht. Glücklicherweise läßt sich das linke Ende anhand anderer Versionen des Fayyum-Buches rekonstruieren:

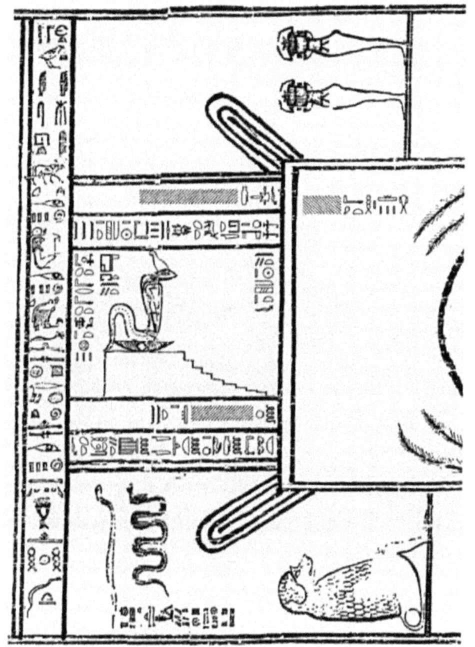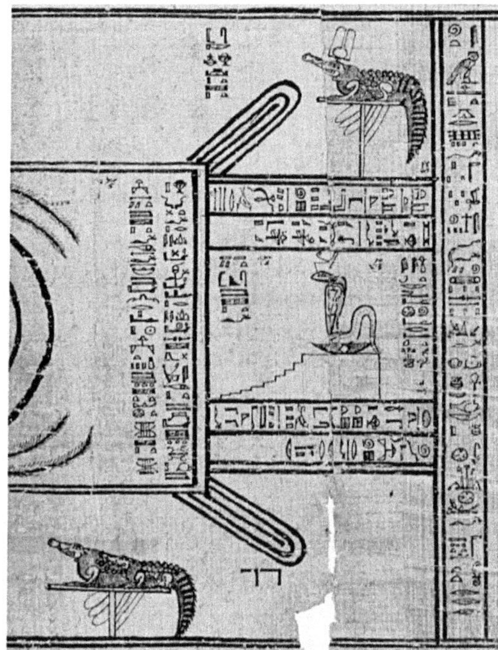

linkes Ende des Fayyum-Sees   rechtes Ende des Fayyum-Sees

Rechts in der Mitte ist eine Uräus-Schlange mit der unterägyptischen Krone zu sehen – links eine Uräus-Schlange mit der oberägyptischen Krone.

Da der Kanal von Osten (links) her kommt, sind dort oben zwei Skarabäen und unten ein Pavian, also Tiere der Götter aus dem Niltal zu sehen. Rechts, also im Fayyum selber, sind jedoch nur zwei Krokodile – die Tiere des Sobek – zu sehen.

Die rechte Schlange ist Göttin Wadjet von Unterägypten, zu dem auch das Fayyum gehört. Zu ihr heißt es: *„die unterägyptische Uräus-Schlange des Sobek in seinem See"*. Der Ort, an dem sie thront, wird *„der Ort, an dem sich der große Gott niederlässt, indem er die Feinde niedertritt, die vor ihm sind. Richter ist sein Name ..."* genannt. Der *„Große Gott"* kann hier nur der dem Jenseitsrichter Osiris gleichgesetzte Sobek sein.

Re und Kuhgöttin

Am linken Ende des Sees, also im Osten, hebt die Himmelskuh am Morgen den Sonnengott Re an den Himmel empor.

Amun-Re-Sobek

Am rechten Ende des Sees, also im Westen, geht die Sonne in die Unterweltwasser ein. Die sonst übliche Widder-Sphinx-Gestalt des Amun-Re (Löwe mit Widderkopf) wird hier im Fayyum durch einen Krokodilschwanz zu Amun-Re-Sobek ergänzt.

Die Anzahl von 40 Göttern, also jeweils 20 im Süden (oben) und im Norden (unten) des Sees ist verwunderlich, weil es in Ägypten 42 Gaue (je 21 Verwaltungsbezirke in Ober- und Unterägypten) gibt, es im Jenseitsgericht 42 Beisitzer gibt und Osiris von Seth in 42 Teile worden und über ganz Ägypten zerstreut worden ist. Dem Text auf dem Papyrus zufolge sollten es auch 42 sein – da ist dem Zeichner entweder ein Fehler unterlaufen (was unwahrscheinlich ist) oder die beiden Krokodile ganz rechts gehören noch zu diesen Gottheiten (was wahrscheinlicher ist).

Der See wird von zwei Streifen umgeben, in dem sich innen ein Fisch und außen ein Wasservogel mit langen Beinen befindet. Vermutlich ist der Papyrus nicht ganz fertig gezeichnet worden, da diese Streifen sicherlich ganz mit Fischen und Vögeln bemalt werden sollten.

Links und rechts sind am Ende des Sees streifenförmig stilisierte Pflanzen zu sehen – vermutlich Schilf am Ufer des Sees o.ä.

Ganz links und ganz rechts sind vier schräge „Balken" an den Ecken des Rechtecks, in dem sich der See befindet, zu sehen. Vermutlich sollte der See als Tempel charakterisiert werden, an dessen Ecken sich jeweils eine Säule (die man hier gekippt sieht) befindet.

- - -

In dem See gibt es zwei Bildfolgen, die ineinander verschachtelt sind, aber die leicht zu unterscheiden sind:

    - die Gestalten, die von links/Osten/Morgen nach rechts/Westen/Abend gehen – sie sind der Tageslauf der Sonne am Himmel; und

    - die Gestalten, die von rechts/Westen/Abend nach links/Osten/Morgen gehen – sie sind der nächtliche Weg durch die Wasserunterwelt.

Zunächst einmal der Tagesweg der Sonne, der aus den Gestalten besteht, die isch in dem See von links nach rechts bewegen:

Thoeris und Sobek

Hier ist die Nilpferdgöttin Thoeris mit dem Krokodilgott Sobek auf ihrem Rücken sowie einem kleinen Krokodil unter ihrer rechten Hand dargestellt. Ihre große Brüste zeigen, daß sie auch die Amme des Sobek ist.

Zu ihr heißt es: *„Neith, die Große, der Schutz ihres Sohnes, die Erste ihrer Verkörperungen inmitten des Sees."*

Die Göttin Neith ist die Mutter des Sobek. Sie erscheint hier als die Göttin Thoeris, was ein Hinweis auf die Wiedergeburt ist.

Dieser Gott trägt den Namen *„Erster seiner Achemu"*, wobei diese „Achemu" seine „Verkörperungen" sind.

Erster seiner Achemu

Da dieser Gott einen Froschkopf hat, könnte er eher eine der vier Urgöttinnen sein. Sein Löwenschwanz weist auf Macht hin, die Schuppen an seinem Leib werden wohl Fischschuppen sein und weisen daher auf das Wasser hin. Dieses Muster könnte aber auch Krokodilhaut symbolisieren – was ebenfalls auf das Wasser hinweisen würde. Es handelt sich wegen des Wasser-Bzeugs auf jeden Fall um eine Schöpfergottheit. Dafür sprechen auch die beiden Uräus-Schlangen, die dieses Gottheit in ihren Händen hält und sie vermutlich dem Sobek-Re reicht.

Weißes Nilpferd

Diese Göttin lebt wie das Krokodil im Wasser und ist daher mit der Wasserunterwelt verbunden. Da die Götter – und vor allem der Sonnengott Re – aus der Wasserunterwelt heraus geboren werden, hat die Geburtsgöttin Thoeris der Ägypter die Gestalt eines weiblichen Nilpferdes.

Zu ihr heißt es in dem Text: *„Sie ist die Weiße, die Schwere im See. Sie ruht im Inneren des See-landes* (Fayyum). *Sie lebt im See des lebenden Gottes* (Osiris) *als Schutz ihres Sohnes* (Osiris). *Sie ist die Herrin von Atfih. "*

Die Göttin von Atfih ist eine Weiße Kuh. Die Weiße Nilpferdgöttin des Fayyum ist daher mit dieser Weißen Kuhgöttin identisch – sie ist sozusagen die Wasser-Variante der Weißen Kuh.

Hathor und Osiris

Die Göttin Isis in der Gestalt der Hathor begrüßt Osiris, der hier als Wesen der Unterwelt die Gestalt einer Schlange hat. Die beiden Beine sind sowohl der Kanal als auch Osiris – zum einen steht das neben der Zeichnung und zum anderen sagten die Ägypter nicht „Flußarm", sondern „Flußbein".

Links steht: *„Der Weg des Osiris, der aus Hera-kleopolis herauskommt, wird durch seine Schwester Isis geleitet. "*

Die Göttin Isis wird *„Gottesgemahlin von Schedet "* genannt. Der Gott, dessen Gemahlin Isis ist, ist Sobek-Re-Osiris.

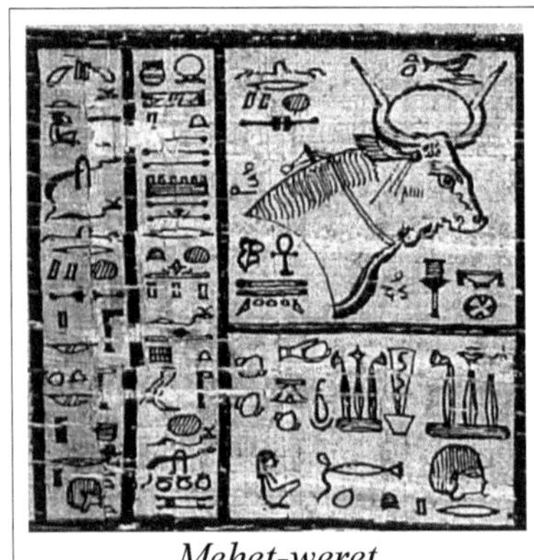

Mehet-weret

Hier ist die Göttin Mehet-weret (*„Große Flut "*) dargestellt, die eine Form der Hathor ist, wie an ihrer Krone (Kuhhörner und Sonnenscheibe) erkennbar ist. Diese Sonnenmutter ist ein großes Geheimnis: *„Kein Wesen kennt sie. "*

Die *„Große Flut "* ist natürlich auch der Fayyum-See selber.

Links neben ihr steht: *„Der Umkreis des Sees ist dauerhaft und frisch mit all dem, was dazu gehört. Der Gott ruht in seinem Schutz und in der Tiefe des Urwassers. "* Dabei handelt es sich mit Sicherheit um Sobek, aber wohl auch um den Sonnengott Re in der Wasserunterwelt und auch um Osiris im

Jenseits. Da diese drei Götter weitgehend gleichgesetzt worden sind, macht das auch keinen großen Unterschied: Sie sind Sobek-Re-Osiris.

Über den See selber (und über das Urwasser) heißt es: *„Kein Gott und keine Göttin der ersten Göttergeneration kennt seine Länge, seine Breite und seine Tiefe."* Selbst die Götter, die ganz am Anfang als erstes entstanden sind, kennen nicht die Geheimnisse dieses Sees …

Mumie des Sobek-Re

Hier wird rechts unten in symbolischer Weise eine Krokodil-Mumie durch ein Krokodil mit einer Mumie auf ihrem Rücken dargestellt. Der Text daneben lautet: *„Dies ist Re."*

Darüber befinden sich drei Sarkophage aus Weidenholz. *„Verborgen ist sein Leib in der Weide in dem kleinen Tempel aus Weidenholz in Schedet. Sobek von Schedet ist zufrieden wegen dieser Dinge."*

Amun-Re-Sobek

Der Tagesweg der Sonne endet mit dem Sonnenuntergang in der Gestalt des Amun-Re-Sobek. Er wird in dem Text „Skarabäus, der die Millionen göttlicher Gestalten entstehen läßt" genannt. Daneben steht „Sein sich-Niederlassen ist das unzähli-ge Versinken. Das bezieht sich auf die endlose Folge von Sonnenaufgängen und Sonnenuntergän-gen, die aus ägyptischer Sicht jeweils eine Ver-wandlung sind. Hier verwandelt sich der Sonnen-gott in den Krokodilgott Sobek, der die nächtliche Reise der Sonne durch die Wasser der Unterwelt antritt.

Nun der Nachtweg der Sonne, der aus den Gestalten besteht, die sich in dem See von rechts nach links bewegen:

Ihet

Die Himmelskuh Ihet wird von dem Luftgott Schu emporgehoben. Unter ihren Vorderbeinen ist die Sonnenbarke mit der Sonnenscheibe in ihr zu sehen. Der Sonnengott selber sitzt unter dem Euter der Himmelskuh – in den meisten Darstellungen wird gezeigt, wie die Himmelskuh den Sonnengott säugt.

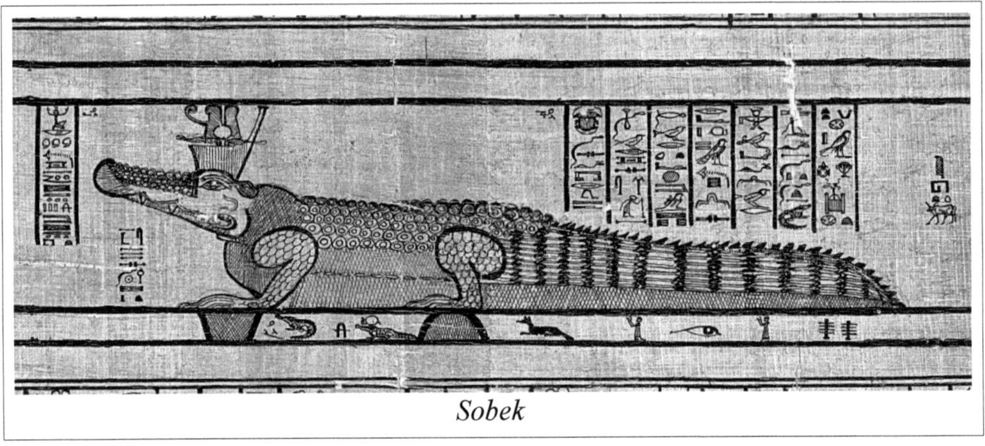

Sobek

Dieses große Krokodil, das die zentrale Figur in dieser Darstellung des Fayyum-Sees ist, ist Sobek, der *„Herr des Fayyums".*

Er ist der der Urgott und der Schöpfergott: *„Er ist der Gott, der sich selbst erschaffen hat, der aus dem Wadjwer* (Urwasser*) herausgekommen ist, der älteste Sohn der Mehetweret* (Große Flut)*. Er ist Re-Harachte* (die Sonne am Horizont)*, der nicht untergeht, der nicht ermüdet – ewiglich. Er ist Sobek von Schedet, Horus in Schedet. "*

Die Hieroglyphen unter dem Krokodilgott lauten: *„Das Mysterium des Sobek ist das Mysterium des Sobek-Re – ewig und für alle Zeiten. "*

Dieses Mysterium ist die Selbsterschaffung des Sobek, sein Erschaffen der Welt und der Sonnenlauf des Sobek-Re.

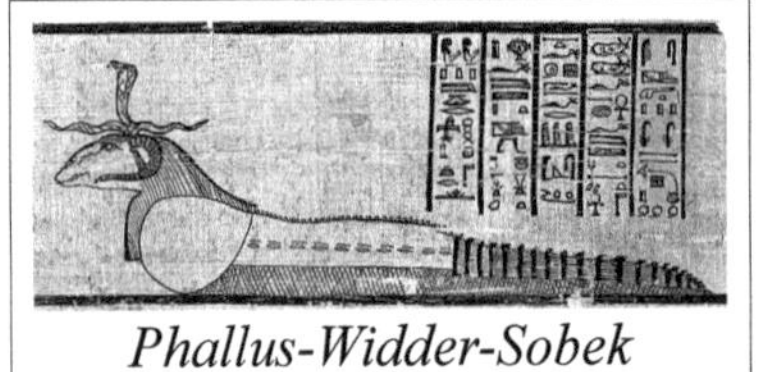

Phallus-Widder-Sobek

Diese Darstellung eines Phallus mit Widderkopf und Krokodilschwanz stellt die Zeugungskraft des Sobek dar – der Widdergott Chnum symbolisierte die Zeugungskraft.

Mit dieser Zeugungskraft ist nicht das Zeugen von vielen Nachkommen gemeint, sondern vor allem das Wiederzeugung von sich selber im Jenseits. Der Tote vereint sich im Jenseits mit der Jenseitsgöttin, die ihn nach dieser Wiederzeugung wiedergebiert und dann wiederstillt. Dabei hat der Tote die Gestalt eines Stieres und die Göttin die Gestalt einer Kuh – auf diese Weise werden die Zeugungskraft des Toten und die Fruchtbarkeit der Göttin abgesichert.

Dieser Vorgang wurde von den Ägyptern als „Ka·mut·ef", d.h. „Stier seiner Mutter" bezeichnet.

Daneben steht geschrieben: *„Seine Vereinigung ist die mit seinen beiden Schwestern. Er lebt im See des lebenden Gottes. Er ist es, der herauskommt zu den Feldern des Sobek, der sein Gesicht sieht im See, wenn er zu den beiden Schwestern geht in der göttlichen Nacht. "*

Hier wird Sobek als Osiris angesehen, dessen Schwestern Isis und Nephthys sind. Mit Isis hat Osiris den Sohn Horus, mit Nephthys den Sohn Anubis.

Erster des Per-wer

Dieser löwenköpfige Gott trägt ein Uas-Szepter in seiner Hand, das das Symbol für „Macht" ist. Sein Name bedeutet *„Erster des Großen Hauses"*.

Sobek auf der Totenbahre

Hier liegt Sobek auf der Totenbahre, an der auf anderen Darstellungen (vor allem im Totenbuch) der Schakalgott Anubis den Toten mumifiziert. Sobek ist hier allerdings nicht wie sonst üblich auf dem Rücken liegend dargestellt worden – das wäre wohl zu unüblich gewesen.

Vielleicht ist hier auch gemeint, daß sich Sobek-Re von der Totenbahre „erhebt".

Dieser Widdergott, der Chnum sein wird, reicht Sobek-Re die Kraft von vier Uräus-Schlangen, die die vier männlichen Urgötter sind, die die Gestalt von Schlangen haben. Diese vier Urgötter stellen auch die Zeugungskraft dar, durch die sich Sobek am Anfang der Zeit selber erschaffen hat.

Er wird im Text *„Schutz der Mehet-weret"* genannt, also Beschützer der Göttin „Große Flut".

Herr der Throne

Sobek-Re wird von der Himmelskuh wiedergeboren und an den Himmel emporgehoben.

Re und Kuhgöttin

Am oberen Rand, also am südlichen Ufer, sind von links nach rechts die folgenden 21 Gottheiten aufgeführt:

*1. Re
als Sobek*

*2. Nechbet
Geiergöttin*

*3. Neb-taui
„Herr der beiden
Länder" (Ägypten)
als Löwe*

*4. Nebu-Iunu
„Herr von Heliopolis"
als Anubis*

*5. Min
mit Amun-Federkrone*

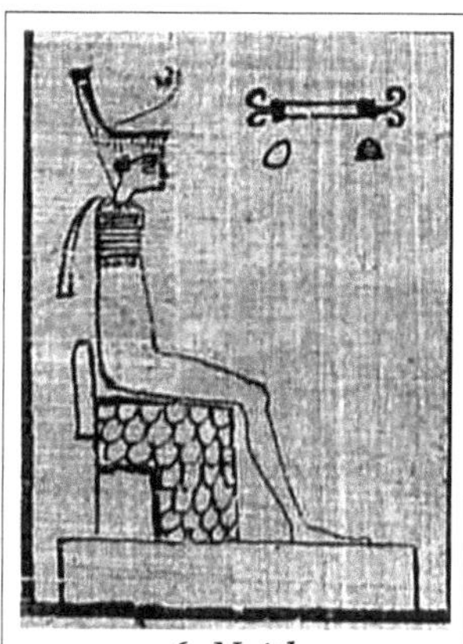

*6. Neith
mit unterägyptischer
Krone (Delta)*

7. *Anti*
mit unterägyptischer
Krone

8. *Hathor*

9. *Wepwawet*
Hundegott
mit Anubis-Kopf

10. *Anubis*

11. *Herischef*
mit Widderkopf

12. *Sobek*

13. Onuris
Jagdgott, Kriegsgott

14. Nephthys

15. Ba-neb-djed
„Seele der Ewigkeit"
Widderkopf

16. Osiris
mit Sobek-Re-Krone

17. Hathor
als Baumgöttin

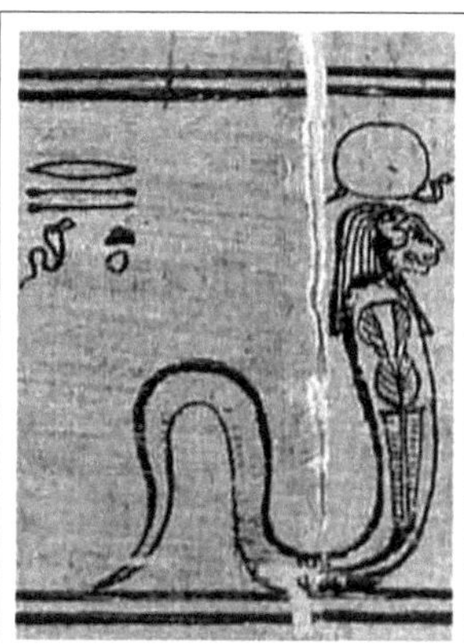

18. Renunent
Kornschlange mit
Löwenkopf

*19. Horus
mit ober- und
unterägyptischer Krone*

*20. Isis
mit Hathor-Krone*

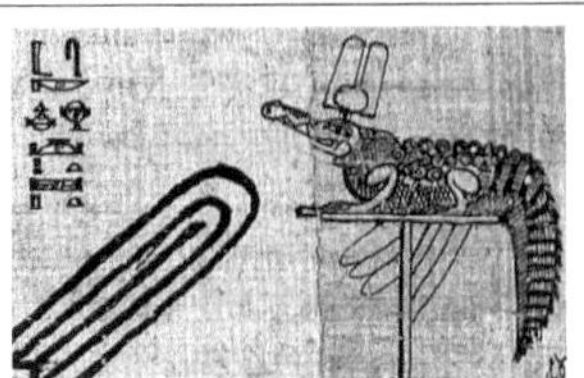

*21. Sobek
auf Standarte
(Gauzeichen)
mit Amun-Krone*

*„Sobek inmitten der
Insel des Sees"*

Am unteren Rand, also am nördlichen Ufer, sind von links nach rechts die folgenden 21 Gottheiten aufgeführt:

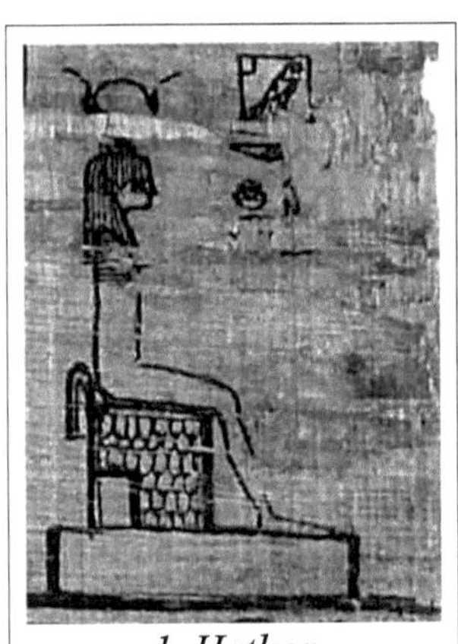

1. Hathor

*2. Osiris
mit Sonnenscheibe auf
seiner Krone*

*3. Hathor
mit Uräus an der Krone*

*4. Amun-Re
als Falke*

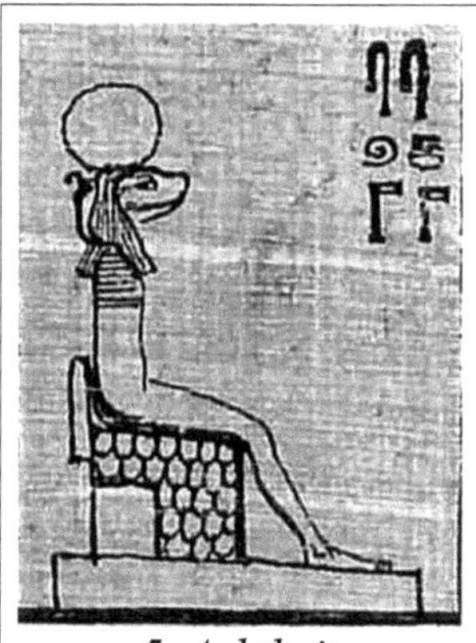

*5. Achtheit
stellvertreten durch
eine Froschgöttin*

6. Ptah

7. Thot

*8. Horus
als Widder*

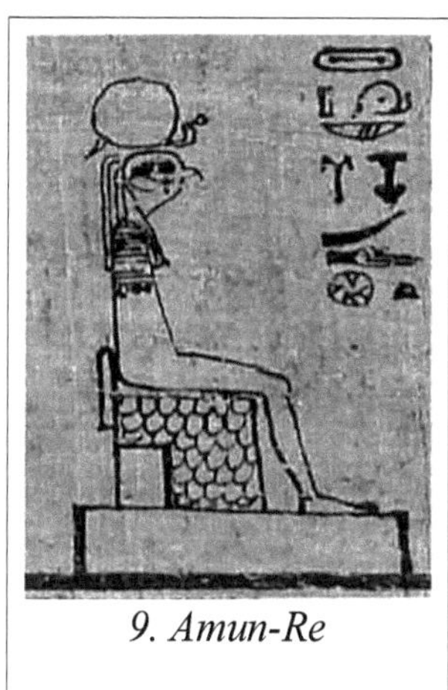

9. Amun-Re

10. *Horus-Chenticheti*
als Sobek

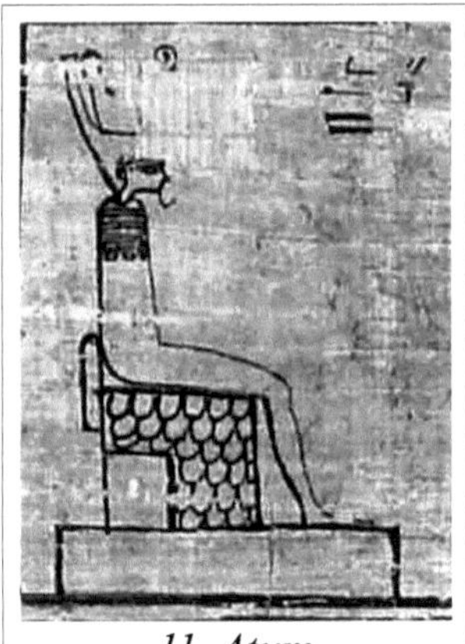

11. *Atum*
mit ober- und
unterägyptischer Krone

12. *Osiris*
mit Sobek-Re-Krone

13. *Sobek*
mit ober- und
unterägyptischer Krone

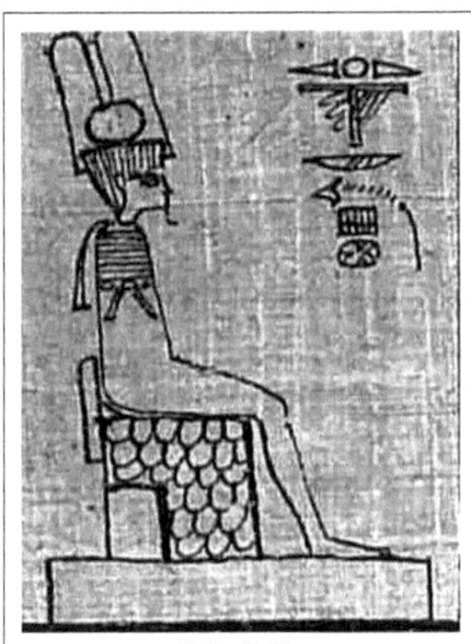

14. *Min*
mit Amun-Re-Krone

15. *Hathor*
als Löwengöttin
Sachmet

16. Sopdu
Falkengott mit
Amun-Re-Krone

17. Sobek
mit ober- und
unterägyptischer Krone

18. Ha

19. Amun-Re
mit Amun-Federkrone

20. Osiris
mit Widderhörnern und
Sonnenscheibe an
seiner Krone

21. Sobek oder Netjerui
(„die beiden Götter von
Wadjet")
Falls er zusammen mit
dem südlichen Krokodil
gesehen werden muß,
sollte er „Netjerui"
heißen.

Bei diesen 42 Göttern finden sich:

> 5-mal: Hathor und Sobek
> 4-mal: Osiris
> 3-mal: Amun-Re
> 2-mal: Horus und Min
> 1-mal Achtheit, Ptah, Thot, Horus-Chenticheti, Atum, Sopdu, Ha, Re, Nech-
> bet, Neb-taui, Nebu-Iunu, Neith, Anti, Wepwawet, Anubis, Herischef, Onuris,
> Nephthys, Ba-neb-djed, Renenet und Isis.

Hathor und Sobek scheinen daher damals im Fayyum am wichtigsten gewesen zu sein.

Wenn man schaut, welche Götter zu dem Typ „Sobek-Re-Osiris-Ptah" gehören, findet man 14 Götter.

Zu dem Typ „Hathor-Isis-Nephthys-Neith" gehören 8 Götter.

Zu dem Typ „Horus" gehören 4 Götter.

Diese Versammlung von 42 Göttern und Göttern spiegelt wieder, daß in diesem Papyrus – und damals im Fayyum – der Gott Sobek-Re und seine Reise durch die Unterwelt (Schicksal des Osiris) das prägende Thema gewesen ist.

- - -

Der erste Gott in der Liste der südlichen, oberägyptischen Götter ist der Widdergott Chnum aus dem 1. oberägyptischen Gau. Zu ihm wird in dem beistehenden Text gesagt: *„Das ist Sobek, der Herr der beiden Quellhöhlen des Nils. Ihm werden Hotep-Opfer und Djefau-Opfer gereicht. Er lebt von den Fischen in seinem See."*

Ganz links in dem Text heißt es weiterhin über ein großes Krokodil: *„Das ist Ichesesef, der herauskommt aus der Tiefe, das ist Sobek von Schedet, der Sohn der Großen Neith."*

Auch der Ort, an dem sich dieses Krokodil befindet, wird beschrieben: Er ist *„der Tempel des Ichesesef, der heraus kommt aus der Tiefe, Re ist es, der Sohn der Nut. Er liegt neben dem Tempel des Horus in Schedet und zwar im Norden davon. 'Spiegel' sagt man zu ihm oder 'Gesicht des Pavian'. Es ist der Platz, an dem Achtheit der Urgötter den Re-Harachte[262] erblickt, wenn er aus diesem See herauskommt als diesem seinem Mysterium."*

Die Achtheit der Götter preist die Sonne mit den folgenden Worten an: *„Mögen sein Leib und sein Besitz vor ihm dauern täglich. Mögen seine Arme[263] (die Sonnen strahlen) auf dem See sein, indem sie den Ichesesef beleben, der aus der Tiefe kommt, Sobek, den Herrn der geheimen Plätze."*

---

262 Re-Harachte: „Re-Horus am (morgendlichen) Horizont"
263 Arme: Sonnenstrahlen

<u>Zusammenfassung</u>:

a) Sobek ist der Richter über alle seine Feinde.

b) Isis ist die Gottesgemahlin von Schedet, d.h. die Gemahlin von Sobek-Re-Osiris.

c) Sobek ist als sich selber wiederzeugender Gott Amun-Re-Sobek.

d) *„Sobek ist der Gott, der sich selbst erschaffen hat.“*

e) *„Sobek ist aus dem Wadjwer* (Urwasser) *herausgekommen.“*

f) *„Sobek ist der älteste Sohn der Mehetweret* (Große Flut)*.“*

g) *„Sobek ist Re-Harachte* (die Sonne am Horizont)*, die nicht untergeht, die nicht ermüdet – ewiglich.“*

h) *„Sobek ist Sobek von Schedet, Horus in Schedet.“*

i) *„Das Mysterium des Sobek ist das Mysterium des Sobek-Re – ewig und für alle Zeiten.“*

j) Die Darstellung eines Phallus mit Widderkopf und Krokodilschwanz stellt die Zeugungskraft des Sobek dar – der Widdergott Chnum symbolisierte die Zeugungskraft.

k) Sobek ist ein Ka-mut-ef, also ein *„Stier seiner Mutter“*, d.h. er zeugt sich selber mit der Jenseitsgöttin, wodurch diese dann anschließend nach seiner Wiedergeburt seine Mutter wird.

l) *„Sobek ist der Beschützer der Göttin Mehet-weret* (Große Flut)*.“*

m) Sobek erscheint als zwei Krokodile bzw. als Zwillingskrokodile.

Dieser Teil des Papyrus ist nur in Bruchstücken erhalten, die sich jedoch recht gut ergänzen lassen – u.a. durch die Kenntnis der anderen Varianten des Fayyum-Buches.

Die Gliederung dieses Teil des Fayyum-Papyrus wird deutlicher, wenn man die Linien auf dem fehlenden Teilen des Papyrus ergänzt:

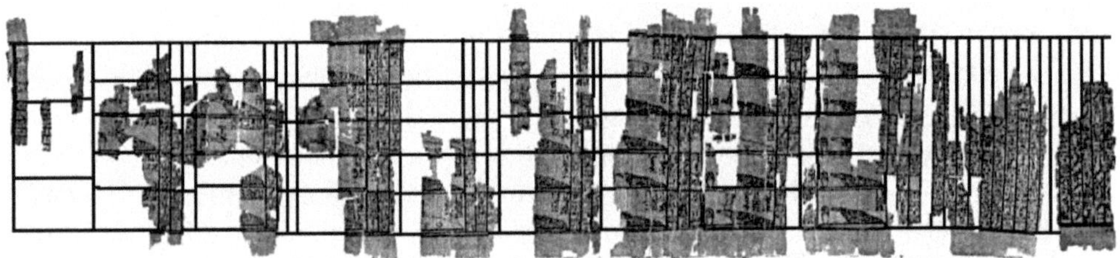

Den weitaus größten Teil dieses Abschnitts ist in Rechtecke mit je einem Krokodil eingeteilt – 8 Spalten zu je 5 Zeilen, also 5·8=40 Rechtecke mit je einem Krokodil. Rechts neben jedem Krokodil befinden sich drei Spalten mit Text zu diesem Krokodil.

Hier findet sich wieder die Zahl „40" wie bei den Göttern im Süden und im Norden der Fayyum-Sees. Bei dem See erscheint rechts außen zusätzlich zweimal der Gott Sobek. Hier bei dem vierten Teil des Papyrus ist links oben ein weiteres Rechteck zu sehen und links unten (wo der Papyrus beschädigt ist) könnte ein weiteres Rechteck gewesen sein, da dieser Papyrus ja durchgehend symmetrisch aufgebaut ist. Dann wären es auch hier 42 Krokodile.

Auf dieser Detail-Aufnahme ist zu sehen, daß die Krokodile – also Sobek – verschiedene Kronen tragen und daß vor ihnen jeweils ein Kanopenkrug steht. Da beim Mumifizieren die Eingeweide des Toten in diesen Krügen aufbewahrt wurden, muß es sich hier um Jenseits-Szenen zu handeln.

Die Texte zu diesem Teil des Papyrus sagen, daß alle Götter, wenn sie in die Unterwelt – hier also in den Fayyum-See – eingehen, die Gestalt eines Krokodils in der Unterwelt annehmen. Das bedeutet, daß Sobek die „Seele" aller Götter ist, auch wenn diese Götter im Diesseits verschiedene Gestalten annehmen. Das ist schon sehr nah an der Ansicht, daß Sobek der einzige Gott ist, daß er das wahre Wesen aller Götter ist, die zwar in verschiedenen Formen erscheinen können, am im Inneren doch alle Sobek sind.

Die Texte neben den Krokodilen sind eine lange, aber leider arg beschädigte Liste der Opfergaben, die die Krokodile – also alle Götter in ihrer Krokodil-Gestalt – in den Fayyum-Tempeln erhalten haben. Die ägyptischen Götter aus den 42 Gauen Ägyptens werden also hier im Fayyum ernährt – eine geschickte Weise, das Fayyum zum Zentrum Ägyptens zu machen. Die Götter erhalten alle weitgehend dieselben Opfergaben.

Zusammenfassung:
a) *„Sobek ist der Herr der beiden Quellhöhlen des Nils."*
b) *„Sobek ist der Sohn der Großen Neith."*
 c) Alle Götter sind Erscheinungsformen des Sobek – Sobek ist das wahre Wesen aller Götter.
d) *„Sobek kommt aus der Tiefe."*
e) *„Sobek ist der Sohn der Nut."*
f) *„Sobek ist der Herrn der geheimen Plätze."*

10.   Teil 5: Das Lebenshaus von Ra-sehet

Der fünfte Abschnitt ist leider wieder nur bruchstückhaft erhalten geblieben. Zum Glück läßt sich trotzdem noch erkennen, worum es hier geht.

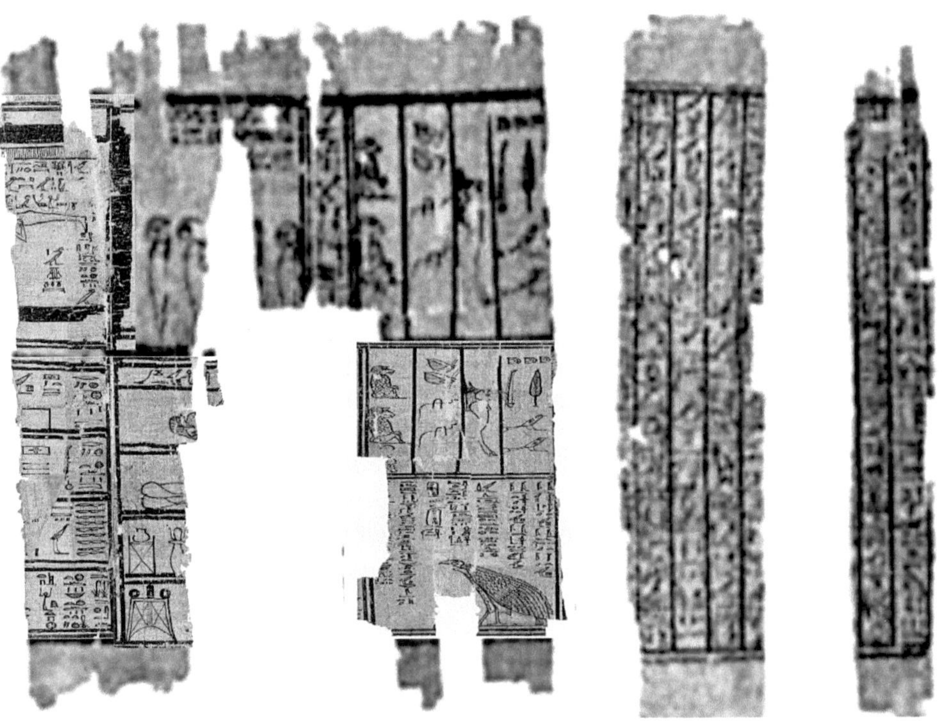

228

Auch bei diesem Teil des Papyrus wird der Aufbau klarer, wenn man die Gliederungs-Linien bei den fehlenden Teilen des Papyrus ergänzt. Da sich die Teile des Papyrus jedoch zum Teil verformt haben, verlaufen diese Linien hier nicht ganz gerade.

Hier wird das „Lebenshaus von Ra-sehet" dargestellt:

- oben links: das Hauptgebäude mit dem Osiris-Heiligtum
- links unten ganz am Rand: die vier Nebengebäude des Lebenshauses
- oben in der Mitte: die „Breite Halle der Götter" mit den vier Horussöhnen
- unten in der Mitte: die „Breite Halle der Dinge"
- rechts oben: das Motto des Lebenshauses
- recht unten: der Text des Geierweibchens

In dem Fayyum-Buch wird die Lage des „Lebenshauses von Ra-sehet" beschrieben: *„Es liegt an der Nordseite am Rand des Feuchtgebietes als Hafen des Großen Sees des Wadjwer."* Das Wadjwer („Großes Grünes") ist ein See, in Teich, ein Wasserbecken oder etwas ähnliches.

Im Norden des Lebenshauses stehen dem Text zufolge Akazien. Dort wird der Boden schon trockener gewesen sein, da Akazien nicht viel Wasser brauchen.

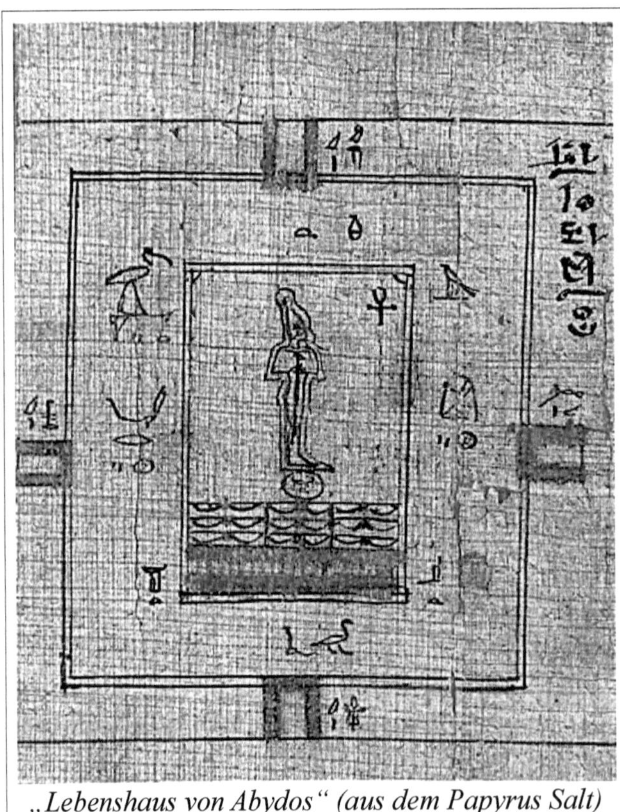

„Lebenshaus von Abydos" (aus dem Papyrus Salt)

Das „Lebenshaus von Ra-sehet" ist in dem Fayyum-Buch mehr inhaltlich als architektonisch beschrieben worden.

Es gibt jedoch einen architektonischen Plan des Lebenshauses von Abydos. Es besteht aus einem Hauptgebäude und an allen vier Seiten aus einem Nebengebäude. In der Mitte befindet sich Osiris.

Da auch bei dem Lebenshaus im Fayyum ein Hauptge-bäude mit Osiris und vier weitere Gebäude mit den vier Horussöhnen gezeichnet worden sind, wird das Lebenshaus im Fayyum denselben Aufbau gehabt haben wie das Lebenshaus von Abydos – zumal die Ägypter ihre Traditionen ja nur sehr langsam änderten.

In den Schreibräumen dieses Lebenshauses wird das Fayyum-Buch, das hier gerade betrachtet wird, konzipiert, verfaßt, gezeichnet und geschrieben worden sein.

linke obere Ecke des linken Teils des Papyrus

In diesem Hauptgebäude des Fayyum-Lebenshauses liegt genauso wie in dem Abydos-Lebenshaus die Mumie des Osiris, d.h. ein Statue dieses Gottes. Von ihr ist hier nur der Teil von der Schulter bis zu Brust und ein Ellenbogen zu sehen, aber die typische Armhaltung zeigt deutlich, daß es ich hier um Osiris handelt.

Dieser Raum stellt den Schnittpunkt der vier Himmelsrichtungen sowie Himmel und Erde dar. Osiris ist hier – wie der architektonische Aufbau des Lebenshauses zeigt – somit die „Mitte der Welt".

Diesen Zentralraum des Osiris darf niemand betreten und niemand darf sehen, was dort drinnen ist – „nur die Sonne", wie es in dem Begleittext heißt.

Nun folgen einige Erläuterungen zu dem „Lebenshaus des Ra-sehet".

Das zentrale Gebäude mit der Osiris-Kammer wurde von dem Hof umgeben – dies ist die *„Breite Halle der Götter"*. Hier wurden von den Priestern z.B. Orakel gedeutet.

Der Text, der rechts abgebildet ist, bezieht sich vermutlich auf die vier Gebäude, die in den vier Himmelsrichtungen den Hof umgaben.

linke untere Ecke des linken Teils des Papyrus

rechter oberer Teil des Papyrus

Rings um das Hauptgebäude – vermutlich angrenzend an die Mauer rings um den Hof, der das zentrale Osiris-Gebäude umgab – lagen vier kleinere Gebäude in den vier Himmelsrichtungen. Sie waren verschiedenen Tätigkeiten, Papyrusrollen-Lagern, Wissensbereichen usw. gewidmet waren.

Zu ihnen zählten im Fayyum z.B. der *„Wissensbereich von diesem See: Bäume, Felder, Rinder, Esel, Widder, Gänse, Fische und die Jahreszeiten"* und der *„Wissensbereich vom Himmel, der Erde, der Unterwelt, dem Bereich des Südens, dem Bereich des Nordens, den Winden, dem Zustand des Wassers, dem hohen Platz".*

Diese vier Gebäude, die den Hof mit dem Zentralgebäude in den vier Himmelsrichtungen umgaben, waren sozusagen die Universitäten der alten Ägypter. Sie entsprachen wahrscheinlich den vier Horussöhnen, die auf dem Papyrus dargestellt worden sind.

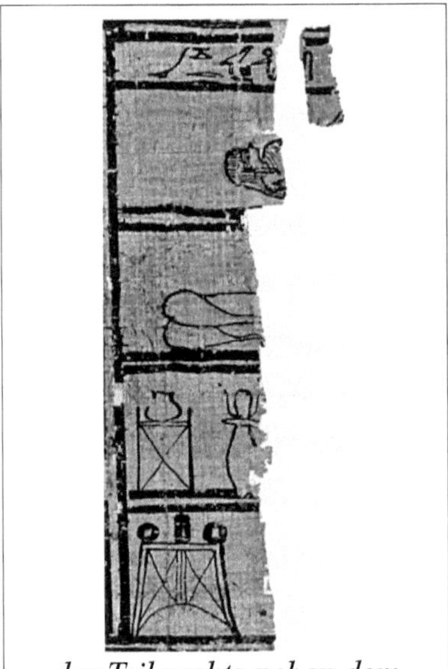

der Teil rechts neben dem vorigen Bruchstück

Das Lebenshaus mit dem Osiris-Heiligtum, dem Orakel-Hof und den vier „Schreibstuben mit Archiven" in den vier Richtungen wurden von der *„Breiten Halle der Dinge"* umgeben.

Hier befanden sich Räume von Handwerkern, die die verschiedensten Dinge – auch die, die im Tempel selber benötigt wurden – herstellten. In der Abbildung sieht man einen Mann (zweite Spalte von oben) mit seiner Ausstattung.

Das Lebenshaus war offensichtlich wie ein Mandala aufgebaut.

rechter unterer Teil des linken Teils des Papyrus

Rechts neben der Darstellung der „breiten Halle der Götter" ist das Motto – heute würde man sagen die „corporate identity" – dieses Lebenshauses auf symbolische Weise geschrieben worden: *„Das Hören des Gesagten der ersten Könige, das Hören der Worte – das ist die Verjüngung im Ozean."*

Hier wird – wie in allen derartigen Schulen und auch noch in den heutigen Universitäten – das Erlernen des alten Wissens angepriesen. Dieses Wissen soll auch der Verjüngung dienen, d.h. der Wiedergeburt im Jenseits, da dieses Wissen die Ma'at lehrt, die beim Jenseitsgericht mit Hilfe der Waage der Ma'at überprüft wird.

Unter diesem „Motto des Lebenshauses" erscheint ein Geier mit einem längeren Text, der der Anfang eines Orakels ist, mit dem damals nach der Länge der Regierungszeit des Königs bis zu seinem Tod gefragt wurde.

In diesem *„Text der Geierin"* werden vier Geier-Weibchen angerufen, die aus den vier Himmelsrichtungen zu dem Lebenshaus kommen sollen, um ihre Flügel schützend über dem Pharao auszubreiten.

Der Aufbau des Lebenshauses als Mandala ist offensichtlich:

- innen: das Osiris-Heiligtum mit der Statue des Osiris
- darum herum: der Hof *„Breite Halle der Götter"* - vermutlich mit den Statuen der vier Horussöhne
- darum herum in den vier Himmelsrichtungen die vier Gebäude der Schreiber, in denen Papyrusrollen beschrieben und aufbewahrt wurden und in denen das ganze Wissen gesammelt wurde
- in den vier Himmelsrichtungen darum herum: die Gebäude, die *„Breite Halle der Dinge"* heißen und in denen Handwerker arbeiten
- aus den vier Himmelrichtungen werden vier Geiergöttinnen zu dem Lebenshaus, d.h. zu dem Pharao gerufen, um ihn zu beschützen (der Pharao ist der *„lebende Horus"* und wird nach seinem Tod zu Osiris, dessen Statue in dem Zentralgebäude des Lebenshauses liegt)

Ganz rechts neben der Darstellung des Lebenshauses wird dieses Gebäude noch einmal ausführlicher beschrieben.

Es wird zwar nirgendwo ausdrücklich gesagt, aber man kann davon ausgehen, daß Sobek die wichtigste Gottheit der Priester, Schreiber und Handwerker, die in dem *„Lebenshaus des Ra-sehet"* gearbeitet haben, gewesen ist.

Zusammenfassung:
a) Das Fayyum-Buch wurde im *„Lebenshaus von Schedet"* geschrieben.

11. Teil 6: Der Ort „Akazie der Neith"

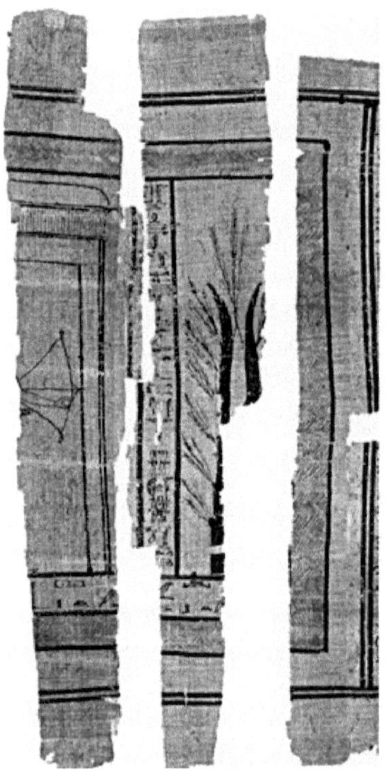

der erhaltene Teil des Papyrus   *Rekonstruktion des Papyrus*

Aus den Beschreibungen auf dem Papyrus ergibt sich, daß dieser *„Ort der Neith"* *„neben dem Tempel des Sobek, dem Herrn von Ra-sehet liegt"*. Dies wird noch genauer als *„neben den östlichen Bereichen des Feuchtgebiets"* beschrieben. Da bei dem Lebenshaus außerdem noch gesagt wird, daß *„nördlich daneben Akazien"* stehen, wird der Ort mit dem Namen *„Akazie der Neith"* wohl im Norden des

234

Lebenshauses gelegen haben.

Da in der Beschreibung dieses Ortes der Neith auch Tamarisken, Schilfrohr und *„Bededuka-Pflanzen im See"* erwähnt werden, muß er am Seeufer gelegen haben.

Der Ort selber wird als Sandhügel und Insel beschrieben, d.h. er wird ein Hügel sein, der bei einem hohen Wasserstand des Fayyum-Sees bei der Nilflut zu einer Insel wird: *„Der Sand ist auf der großen Insel im See der Bededuka-Pflanzen."* Vermutlich bezeichnet dieser *„See der Bededuka-Pflanzen"* einen Teil des Fayyum-Sees, der möglicherweise nur während der Nilflut mit Wasser-gefüllt ist.

Es gab also im Norden des Lebenshauses einen Hügel, der im Spätsommer von Wasser umgeben war und dadurch zu einer Insel wurde. Dazu paßt, daß das Lebenshaus auf der Südseite des Sees stand – „nördlich des Lebenshauses" bedeutet daher auch „zwischen dem Lebenshaus und dem See". Auf diesem Hügel standen oben Akazien und an seinem Rand weiter unten wuchsen Tamarisken und Schilf: *„Der Uferbereich ist bewachsen mit Tamarisken und Schilfrohr."*

Dieser Ort wurde entweder *„Akazie der Neith"*, *„Tempel der Akazie"* oder *„Tempel der Neith"* genannt.

In diesem Tempel stand eine Statue der Göttin Neith aus Tamarisken-Holz. Sie ist auf dem Papyrus dargestellt, aber leider arg beschädigt. Doch sie läßt sich aus den bekannten Darstellungen der Neith rekonstruieren. Über sie heißt es in dem Papyrus: *„Da steht Neith, sie hat den Bogen aus dem Holz der ... Tamariske gepackt. ... Sie schießt ihren Pfeil aus Rohr, sie beschützt ihren Horus, der sich zwischen ihren Schenkeln befindet, wo er sich versteckt hat."* Dieser Horus ist Sobek-Horus als Kind. Von ihm ist auf dem Papyrus-Bruchstück nur noch ein Teil des Krokodilkopfes zu sehen.

Auf dieser Insel der Neith wird am 23. Tag des 1. Überschwemmungsmonats (Anfang August), der *„Tag des Richtens"* genannt wird, ein Ritual durchgeführt, bei dem der Pharao vermutlich in der Regel durch einen Priester vertreten wird. Bei diesem Ritual erhält er den Bogen und die Pfeile der Neith sowie einen 2m hohen Stab aus Akazienholz, in den oben ein Löwenkopf geschnitzt ist und der den Namen *„Der seine Lebenszeit vollendet hat"* trägt. Außerdem wird der Kopf des Pharaos bzw. des ihn vertretenden Priesters mit Akazien-Blüten geschmückt.

Das Ziel dieses Rituals bestand wahrscheinlich darin, die Lebenskraft des Pharaos zu stärken und ihn dadurch zu verjüngen, sodaß er wieder zu einem jungen *„Sobek, Sohn der Neith"* wird – so wie der junge Sobek-Horus auf dem Papyrus abgebildet ist. Derartige Rituale zur Sicherung eines hohen Alters des Pharaos gab es in Ägypten in verschiedenen Varianten. Das älteste und wichtigste Ritual dieser Art ist vermutlich das Ritual der Panthergöttin Mafdet gewesen.

<u>Zusammenfassung</u>:
a) Sobek-Horus ist das Kind der Neith und die Göttin beschützt ihren Sohn in ihrem *„Tempel der Akazien"* mit Pfeil und Bogen.

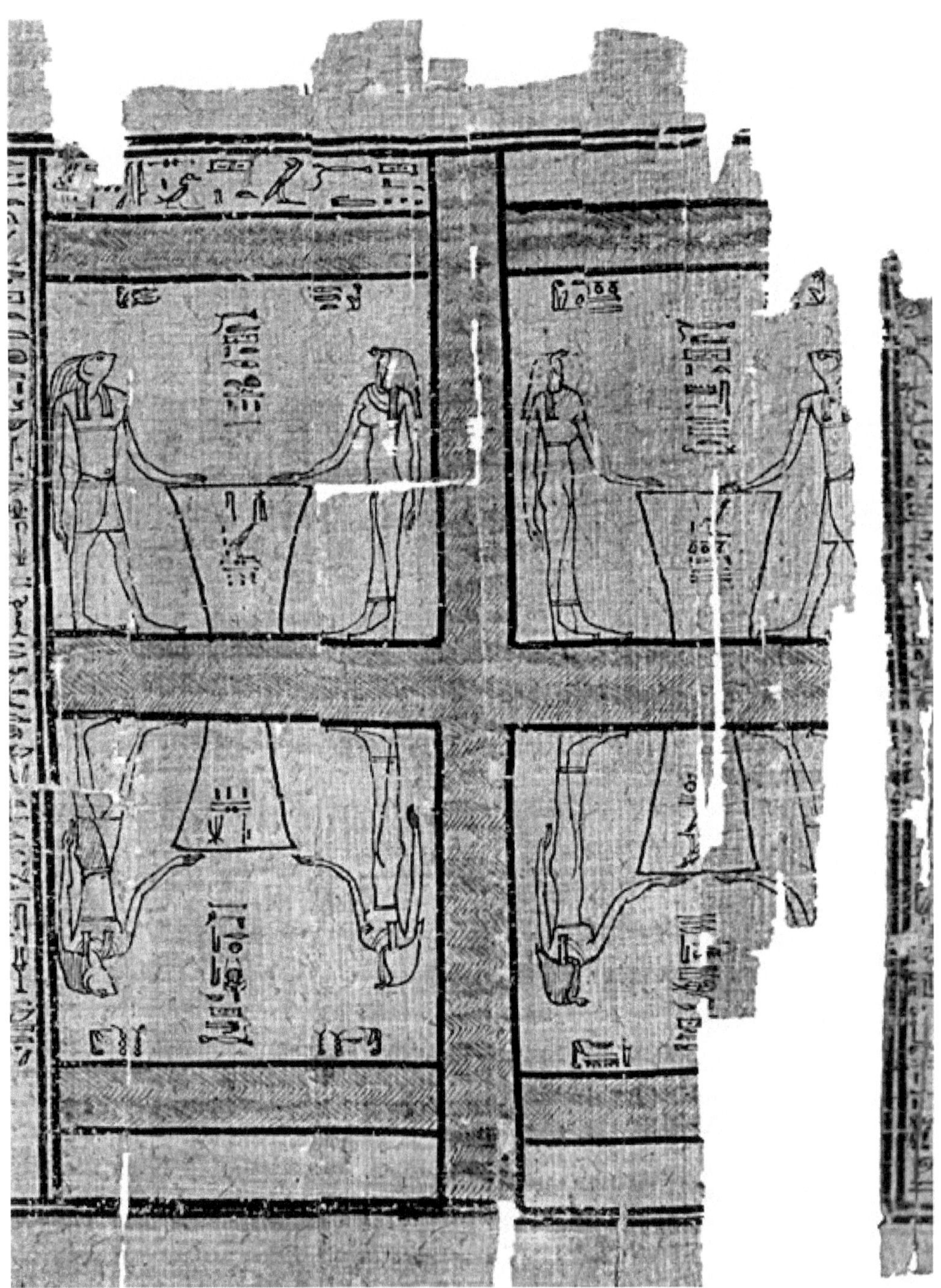

Auf diesem Teil des Papyrus sind die vier Urgötter mit Schlangenkopf und die vier Urgöttinnen mit Froschkopf zu sehen, die gemeinsam die Fundamente des Fayyum-Sees ausheben, der hier wie an vielen Stellen des Papyrus als *„Tempel des Sobek"* angesehen wird.

Zwischen den Götterpaaren ist jeweils in groß die Hieroglyphe für das Verb „graben" zu sehen. Diese Verwendung von Hieroglyphen als Teil des Bild und nicht nur als Kommentar zu dem Bild findet sich in diesem Papyrus recht häufig.

Offenbar haben die acht Urgötter so tief gegraben, daß das Urwasser diese Gräben füllt: Die Gräben sind von Wasserlinien gefüllt, die die Ägypter als Zickzack-Linien schrieben und zeichneten.

Die Gräben selber haben die Form der Grundmauern eines Tempels. Die Götter in den Flächen dieses Tempels stehen symmetrisch – so wie auch viele andere Teile dieses Papyrus symmetrisch aufgebaut sind.

In dem Text heißt es dazu: *„Sie (die Urgötter) haben (den See) mit ihren eigenen Händen gegraben. Der Urozean ist aus ihm hervorgekommen aus der Tiefe der Millionen von Millionen. So entstand Schedet* (Krokodilopolis). *'Das mit beiden Händen Gegrabene' sagt man zu ihm. "*

Der Name „Schedet" bedeutet wörtlich „das, was mit zwei Händen gegraben worden ist". Ähnliche Vorstellungen gibt es an vielen Orten. So soll z.B. das Siebengebirge östlich von Bonn von sieben Riesen mit sieben Schaufelladungen erschaffen worden sein, um dem Rhein den Durchfluß zu ermöglichen.

Nachdem die Gräben von den Urgöttern gezogen worden waren, füllte Nun, der Urwasser-Gott, ihn mit Wasser, wodurch der Fayyum-See entstand: *„Der große Nun ist im (See des) Fayyum. Es ist seine Gestalt seit diesem ersten Mal. Größter der Götter ist sein Name. "*

Zusammenfassung:
a) Der Fayyum-See ist der *„Tempel des Sobek"*.
b) Der See wurde von den Urgöttern ausgehoben und Nun hat ihn mit Wasser gefüllt.

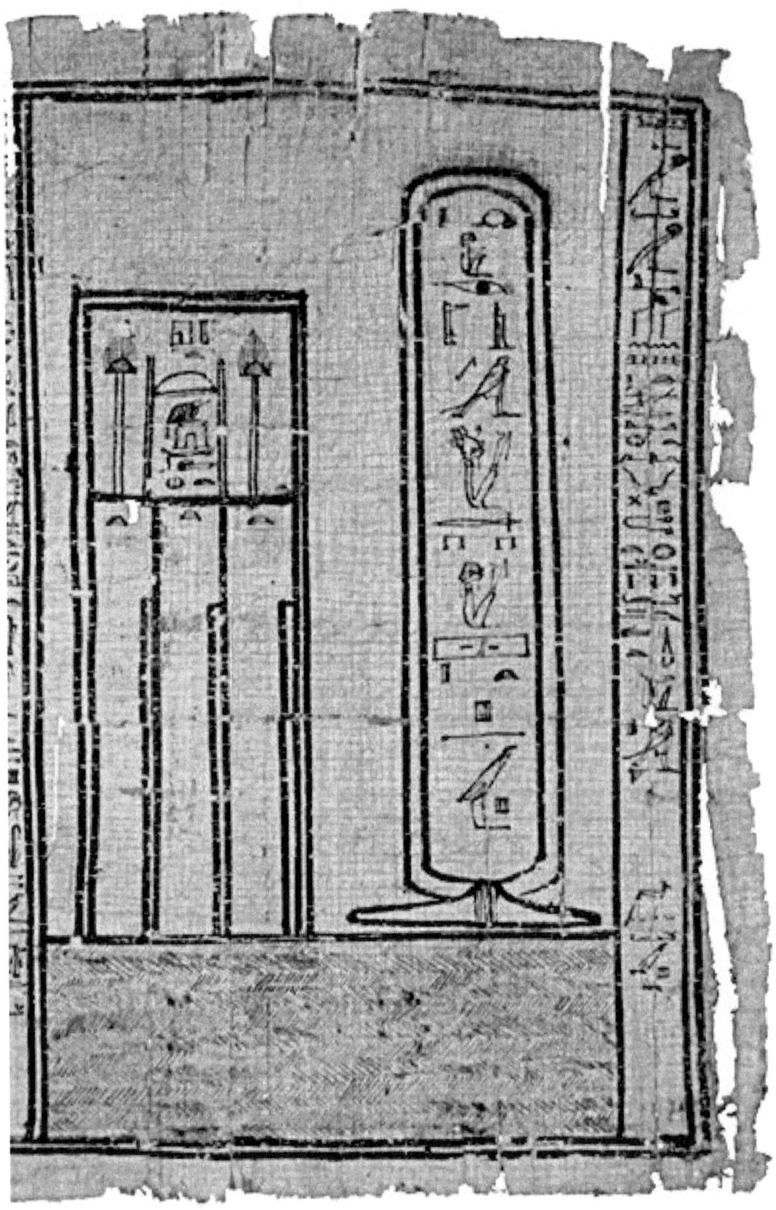

Hier am Ende des Papyrus ist unten eine Wasserfläche mit den üblichen Zickzack-Mustern, also den altägyptischen eckigen Wasserwellen, zu sehen.

In dem Tempel auf der linken Seite stehen die Worte *„Tempel des Sobek von Schedet“.*

In dem schützenden Königsring („Kartusche“) rechts von dem Tempel stehen die Worte *„Der Name des Sonnengottes Re, des Osiris, des Horus und des Pharao – das ist dieser See.“*

Ganz rechts in der aufrechten Zeile steht der Schlußsatz dieses Papyrus: *„Es ist bis zum Ende gekommen.“*

14. <u>Zusammenfassung</u>

Der Fayyum-See ist der Tempel des Sobek; Sobek ist der Herr des Fayyum; und das Fayyum ist das Land des Sobek.

Die Fayyum-Senke ist von den acht Urgöttern mit ihren eigenen Händen so gegraben worden, wie man die Fundamente eines Tempels ausgräbt. Nun, der Gott des Urwassers, hat dann diese Senke teilweise mit Wasser gefüllt.

Alle Götter haben in der Unterwelt die Gestalt des Sobek, d.h. sie sind in ihrer Vielfalt im Diesseits alle Erscheinungsformen des Sobek. Sie erscheinen daher als 42 Krokodile in den Wassern des Fayyum-Sees, der zugleich das Urwasser ist. (Die Zahl „42“ist die Anzahl der Gaue in Ägypten und somit die „vollständige Zahl“.)

Sobek-Re fährt in der Nacht auf der Sonnenbarke als Sobek vom Sonnenuntergangs-Ort im Westen bis zum Sonnenaufgangs-Ort im Osten durch die Wasser der Unterwelt, die mit dem Fayyum-See identisch sind.

Der starke, siegreiche Gott Sobek besiegt dabei nicht nur die Feinde des Re, sondern auch die Feinde des Osiris, d.h. den Wüstengott Seth.

Die Göttin Neith, die die Mutter des Sobek ist, hat einen Tempel auf einem von Akazien bewachsenen Hügel, der bei der Nilflut eine Insel ist. Dort findet alljährlich zum Beginn der Nilflut, die den Fayyum-Kanal mit Wasser füllt, ein Ritual zur Verjüngung und Stärkung des Pharaos statt. In diesem Tempel steht die Göttin Neith mit ihrem Sohn Sobek-Horus.

Sobek erscheint auch in der Gestalt des Phallus-Widder-Sobek, die seine große Zeugungskraft betont.

Sobek ist der Herr des Fayyums:

„Das Fayyum gehört Sobek.“

„Das Fayyum ist in der Gewalt des Sobek.“

„Das Fayyum ist das Land des Sobek.“

„Das Seeland („Fayyum“) ist der Tempel des Sobek von Schedet und des Horus von Schedet.“

Sobek hat sich selber erschaffen:
„Sobek ist der Gott, der sich selbst erschaffen hat.“
„Sobek ist aus dem Wadjwer (Urwasser) *herausgekommen.“*
„Sobek ist der älteste Sohn der Mehetweret (Große Flut). *“*

Sobek ist die Sonne, die am Morgen aus der Unterwelt zurückkehrt:
„Sobek ist Re-Harachte (die Sonne am Horizont), *die nicht untergeht, die nicht er-müdet – ewiglich.“*
„Das Mysterium des Sobek ist das Mysterium des Sobek-Re – ewig und für alle Zei-ten.“
Sobek ist auch Sobek-Re auf seiner Himmelsbarke – sowohl auf seiner Tagesbarke als auch auf seiner Nachtbarke. Der Fayyum-See stellt dabei die Jenseitswasser dar.

Sobek ist der Gott, der sich in der Unterwelt selber wiederzeugt:
Sobek ist als sich wiederzeugender Gott Amun-Re-Sobek.
Sobek ist ein Ka-mut-ef, also ein *„Stier seiner Mutter“*, d.h. er zeugt sich selber mit der Jenseitsgöttin, wodurch diese dann anschließend nach seiner Wiedergeburt seine Mutter wird.
Die Darstellung eines Phallus mit Widderkopf und Krokodilschwanz stellt die Zeu-gungskraft des Sobek dar – der Widdergott Chnum symbolisierte die Zeugungskraft.

Sobek ist der Sohn der Jenseitsgöttin:
„Sobek ist der Sohn der Großen Neith.“
„Sobek ist der Sohn der Nut.“
Isis ist die Gottesgemahlin von Schedet, d.h. die Gemahlin von Sobek-Re-Osiris.
Sobek-Horus ist das Kind der Neith und die Göttin beschützt ihren Sohn in ihrem *„Tempel der Akazien“* mit Pfeil und Bogen.

Sobek bringt das Wasser in das Fayyum:
Der Fayyum-See ist der *„Tempel des Sobek“*.
„Sobek kommt aus der Tiefe.“
„Sobek ist der Herrn der geheimen Plätze.“
„Der See wurde von den Urgöttern ausgehoben und Nun hat ihn mit Wasser ge-füllt.“
„Sobek ist der Herr der beiden Quellhöhlen des Nils.“
„Sobek ist der Beschützer der Göttin Mehet-weret (Große Flut). *“*
Sobek besiegt Seth, den Feind des Osiris, d.h. Sobek bringt das Wasser des Osiris in das Fayyum, das der Wüstengott Seth auszutrocknen versucht.

Sobek ist der einzige wirkliche Gott:
Alle Götter sind Erscheinungsformen des Sobek – Sobek ist das wahre Wesen aller Götter.
Sobek ist der Richter über alle seine Feinde.

Sobek ist zwei Krokodile:
Sobek erscheint als zwei Krokodile bzw. als Zwillingskrokodile.

Das Fayyum-Buch wurde im *„Lebenshaus von Schedet"* geschrieben.

Die Ägypter sahen ihre Gottheiten nicht als isolierte Wesen an, sondern mehr oder weniger als ein „göttliches Kontinuum", aus dem die einzelnen Götter wie „Inseln" herausragen.

Anfangs hat es zwar den Sonnengott Re, den Korngott Osiris, die Kuhgöttin Hathor, den Krokodilgott Sobek usw. gegeben, also Götter und Göttinnen, die die „Seele" eines bestimmten Teils der Welt dargestellt haben, doch diese klare Eigenständigkeit und Abgrenzung hat sich schon bald aufgelöst.

Schon die ägyptische Sprache ist eher wie die Quantentheorie als wie die Mechanik: Am Anfang eines Satzes steht kein Substantiv, also keine fest abgegrenzte und definierte Person (wie die festen Dinge in der Mechanik), sondern das Verb, das einen Prozeß, einen Vorgang, eine Bewegung darstellt (wie die Energiefelder in der Quantentheorie). Einem alten Ägypter wäre daher die Quantentheorie vermutlich vollkommen plausibel vorgekommen.

Auch schon in der Zeit, als die Gottheiten noch stärker Einzelwesen gewesen sind, sind sie schon als „Kristallisationskerne" in dem Kontinuum der Lebenskraft „Ankh" und der Richtigkeit „Ma'at" angesehen worden. Das „Ankh" ist das, was nicht physisch ist und z.B. in Indien „Prana" genannt wird. Die „Ma'at" ist die grundlegende Qualität dieses Ankh und auch das sinnvolle und effektive Verhalten in der Welt. Die Ma'at ist das, was Handlungen und Dinge funktionieren und Lebewesen überleben läßt. Sie ist die Rundheit des Rades, die Hitze des Feuers, die Süße der Erdbeere, die Spitze des Pfeils, die Schnelligkeit des Falken, die Stärke des Löwen, der richtige Aussaattermin, die gegenseitige Hilfe in der Gemeinschaft, die Sachkenntnis der Alten, die Klugheit der Schreiber, die Gerechtigkeit des Pharao usw.

Alle Gottheiten bestehen aus Ankh (Lebenskraft), die sich zu einem „Ka" (Lebenskraftkörper) formt, als „Ba" (Seele) bewußt wird und schon aus dem Selbsterhaltungsdrang heraus die Ma'at befolgt. Da die Ma'at in ihnen vollkommen ist, gelangt ihr Wille („Hu" in ihrem Herzen) durch ihre Worte („Sia" in ihrem Mund) in die Welt und hat dort eine magische Wirkung („Heqa").

Auf die Phase, in der die Götter noch die „Seelen" von Teilen der Welt waren, folgte die Phase, in der sich Geschichten bildeten, in denen mehrere Gottheiten gemeinsam ein Thema darstellten wie z.B. Osiris, Seth, Isis, Nephthys, Horus, Thot und Anubis in der Getreideanbau-Mythe; Osiris, Isis, Nephthys, Anubis, Thot, Ma'at und Ammit in der Jenseitsgericht-Mythe; Re, Apophis, Sobek, Chnum und Horus in der Sonnenlauf-Mythe; Sobek und Re in Mythe der Wiedergeburt der Sonne; usw.

Später wurden die Gottheiten dann zu Familien und Sippen zusammengefaßt wie z.B. Hathor, Horus und Re; Nut, Geb, Shu und Re; Nun, Atum, Shu, Tefnut, Geb, Nut, Osiris, Isis, Seth, Nephthys und Horus; Neith und Sobek; usw.

Weiterhin gab es Gleichsetzungen von Göttern mit ähnlichem Charakter wie Osiris und Re (Wiedergeburt), Horus und Re (Himmel), Osiris und Ptah (Jenseits), Seth und Sobek (Wildheit), usw.

Schließlich wurden noch Hierarchien erschaffen, die den obersten Gott einer solchen Hierarchie wie den Pharao in Ägypten aufgefaßt haben. Diese Entwicklung durchlief mehrere Stufen von einem Sippenältesten über einen Götterkönig und die Auffassung verschiedener Götter als Aspekte des Einen Gottes bis hin zu der einen-einzigen-alles Gott wie der Sonnengott Aton des Echnaton.

Sobek hat in der Spätzeit bei vielen Ägyptern dadurch eine beinahe monotheistische Stellung erhalten, daß alle Götter als Erscheinungsformen des Sobek aufgefaßt worden sind.

1. Verwandtschaft

a) Neith

Sobek wurde oft als Sohn der Göttin Neith angesehen. Das war naheliegend, weil beide im Nildelta verehrt wurden und beide kriegerische Gottheiten waren. Zudem waren sowohl Neith als auch Sobek sehr alte Gottheiten, die bereits in den Pyramidentexten, also den ältesten Texten überhaupt, vorkommen.

Der Name „Neith" bedeutet „die Schreckliche" und ihre Zeichen waren Bogen und Pfeile. Ihr Symbol, das sie als Krone trug, waren zwei zusammengebundene Bögen. Ihr Haupttempel stand in der Stadt Sais in dem Gau mit dem Namen „Nördliches Schildland", der im westlichen Nildelta lag.

In einer Inschrift des Tempels von Esna heißt es über sie: *„Sie bildet Chnum in seinem Tempel und schützt seinen Leib. Sie beschützt seine Majestät in seinem Schrein. Sie ist die Uräus-Schlange, die seinen Feind verbrennt. Sie wird zur Mutter, durch die er sein Leben macht."*

Der Kult der Neith bestand hauptsächlich daran, daß Priesterinnen vor ihrer Statue tanzten.

Die Neith soll ihre Kinder – also auch den Krokodilgott Sobek – ohne Partner zur Welt gebracht haben.

b) Seth

Manchmal wird auch gesagt, daß Neith und der Wüstengott Seth die Eltern des Sobek sind. Seth paßt als der wilde Wüstengott gut in diese Familie.

c) Chnum

Auch der Widdergott, der die Zeugungskraft verkörpert, wird als der Vater von Sobek angesehen – wieder zusammen mit der Göttin Neith. Sowohl der Gott Chnum als auch der Gott Sobek sind Götter der Zeugungskraft im Diesseits und der Wiederzeugungskraft im Jenseits. An seiner Krone trägt Sobek auch sehr oft die Widderhörner des Chnum.

d) Tutu

Der Gott Tutu oder Thitoes, der erst in der Spätzeit erscheint, hat die Gestalt eines Krokodils mit Flügeln und Schlangenschwanz. Er wurde als Sohn der Neith angesehen und ist somit ein Bruder des Sobek.

e) Shemanefer

Auch der Gott Shema-nefer ist ein Sohn der Neith und somit ein Bruder des Sobek. Es gibt Abbildungen der Neith, die gleichzeitig Sobek und Shema-nefer in deren Krokodilgestalt stillt.

Der Gott Shema-nefer wurde u.a in Esna in Oberägypten verehrt. Sein Name bedeutet „der Schöne aus Oberägypten".

In Esna findet sich der folgende Text:

Spruch an Shema-nefer:

Der Sohn der Neith;
der edle Gott, der aus Re hervortritt
und der von dem Schöpfer der Geschöpfe erschaffen wurde;
der König von Ober- und Unterägypten;
der Erbe der Neith;
der ältere Sohn des Res-hut·s;
der göttliche Zerstörer, der am Tag erscheint;
das große Abbild aller Götter,
die den Herrn der Macht und der Stärke lobpreisen;
der Herrscher, der die Feinde vertreibt;
das Große Krokodil des Heiligen Landes,
das erscheint, um den Glanz[264] zurückzubringen und ihn zu verjüngen[265]
in alle Ewigkeiten und für immer;
Shema-nefer, der große Gott von Esna.

---

264 Glanz: Sonnengott Re
265 zurückbringen, verjüngen: allmorgendliche Wiedergeburt der Sonne

f) Nun

In manchen Berichten soll Sobek aus dem Urwasser hervorgegangen sein. Dabei kann entweder das Urwasser als Nun der Vater des Sobek sein oder das Urwasser als die Göttin Methyer („Große Flut") die Mutter des Sobek sein, aber Sobek kann auch als selbsterschaffen angesehen werden.

g) Hathor

Die Himmelsgöttin, Kuhgöttin, Sonnenmutter und Horusmutter Hathor erscheint auch als Frau des Sobek. Der gemeinsame Sohn der beiden ist der Mondgott Chons.

h) Renenutet

Renenutet ist eine Erntegöttin in der Gestalt einer Schlange. In ihrer Verbindung mit Sobek wurde die Nilflut, die Sobek jeden Sommer bringt und durch die das Niltal fruchtbar wurde, als die Vereinigung des Sobek (Nilflut) mit der Renenutet (Erde) aufgefaßt.

i) Meschenet

Meschenet ist eine Geburtsgöttin, die sowohl eine Helferin der Erntegöttin Renenutet als auch eine Göttin des Jenseitsgerichtes (Wiedergeburt des Toten ist) ist. Da Sobek mit der Fruchtbarkeit der Felder, mit der Zeugungskraft und mit der Wiederzeugung verbunden war, lag es nahe Sobek und Meschenet zu einem Götterpaar zu machen.

j) Heqet

Die Göttin Heqet oder Heket hat die Gestalt einer Frau mit dem Kopf eines Frosches. Sie ist wie Meschenet eine Geburtsgöttin und erscheint auch aus diesem Grunde als Frau des Sobek.

k) Thoeris

Die Nilpferdgöttin Thoeris („die Große") wurde als die Ammen-Göttin und die Beschützerin der Schwangeren und der Gebärenden angesehen. Auch diese Göttin findet sich wegen der Fruchtbarkeit als Frau des Sobek – und weil sie beide groß und gefährlich sind und im Nil leben. Doch die Fruchtbarkeit bzw. Zeugungskraft sind der eigentliche Grund für diese Paarbildung, wie man daran sehen kann, daß ja auch die „kleine" Froschgöttin Heqet als Frau des Sobek erscheint.

l) Chons

Der Mondgott Chons („Wanderer [durch den Himmel]") wurde als Sohn des Sobek und der Hathor angesehen. Er ist vermutlich als Gott der Unterwelt zu Sobeks Sohn geworden. In den Pyramidentexten erscheint Chons jedoch auch als kriegerischer Gott, dessen Mondsichel dem altägyptischen Sichelschwert verglichen wurde – was ebenfalls gut zu dem Krokodilgott Sobek paßt.

m) Chnum

Der Widdergott Chnum, der bisweilen als Vater des Sobek erscheint, wird in manchen Texten auch als Sohn des Sobek angesehen. Der Zusammenhang ist hier die große Zeugungskraft der beiden Götter.

n) Horus

Auch Horus wird als Sohn des Sobek angesehen. Dies leitet sich zum einen aus der Gleichsetzung des Sobek mit dem Totengott Osiris her, dessen Sohn und Seele Horus ist, und zum anderen aus der Gleichsetzung des Sobek mit Re, der oft die Gestalt des Horus-Falken hat.

o) Anubis

Sobek war als Sohn des Osiris auch der Halbbruder des Anubis, der der Sohn des Osiris und der Nephthys ist. Da Seth – der Mann der Nephthys – den Anubis getötet hätte, wenn er von ihm erfahren hätte, zog Isis – die Schwester der Nephthys und Frau des Osiris – den Schakalgott auf.

p) Osiris

So wie Osiris zwar mit Isis zusammen war, aber mit Isis' Schwester Nephthys den Sohn Anubis hatte, hatte auch Seth, der mit Nephthys zusammen war, zusammen mit

Neith den Sohn Sobek. In diesem Fall hat Osiris den Sobek aufgezogen – so wie Isis den Anubis aufgezogen hat. Anubis und Sobek sind also als Halbbrüder gemeinsam bei Osiris, Isis und Horus aufgewachsen.

Sobek soll auch Isis bei der Geburt von Horus geholfen haben. Aus dieser Sicht müßte Sobek der ältere Bruder des Horus sein, was jedoch nicht so recht zu der Mythe über Isis, Osiris und Horus paßt. Doch diese Götterfamilien sind auch eher als Beschreibungen von Wesensverwandtschaften anzusehen und nicht als physische Verwandtschaften.

Dies ist offensichtlich eine Mythe aus der Zeit, in der bereits alle Götter in menschengleichen Sippen geordnet wurden.

2. Gleichsetzung

a) Osiris

Osiris ist als Unterweltsgott/Totengott und als Fruchtbarkeitsgott gleich auf zweifache Weise mit Sobek assoziiert, weshalb die beiden Götter schließlich auch gleichgesetzt worden sind. Als Gott der Unterwelt und als ein mit dem Osiris verbundener Gott hilft Sobek auch der Isis, die Teile des von Seth getöteten und zerstückelten Leibes des Osiris, die Seth über ganz Ägypten verstreut hatte, wiederzufinden. Dabei wurde lediglich der Penis des Osiris, also seine Zeugungskraft nicht wiedergefunden – sie blieb im Wasser des Nils, der alljährlich das Land in dem Niltal befruchtete.

3. Assoziation

a) Re

Der Sonnengott Re starb an jedem Abend und ging dann im Westen in die Unterwelt ein. Nach der Durchwanderung der Unterwelt wurde er am Morgen im Osten von Hathor, Nut oder einer anderen Göttin wiedergeboren. Sobek trug den Sonnengott Re auf dem Weg aus den Jenseitswassern zurück ins Diesseits als Sonnenscheibe auf seinem Kopf. Daraus entstand im Laufe der Zeit die feste Verbindung Sobek-Re.

Sobek wurde in dieser Zusammensetzung auch als der Ka („Lebenskraftkörper") des Re angesehen.

b) Amun

Da Sobek sehr oft als Sobek-Re erschien und er mit dem Luftgott zu Amun-Re vereint worden war, blieb es nicht aus, daß auch Sobek mit Amun verbunden wurde. Dieser Gott wurde jedoch nicht „Sobek-Amun" oder „Sobek-Amun-Re" genannt, sondern „Suchosammon", also Suchos-Amun", was „Krokodil-Amun" bedeutet.

c) Horus

Zwischen Sobek und Horus gibt es mehrere Verbindungen.

1. Sobek und Horus sind in den neueren Mythen Halbbrüder.

2. Da Sobek als Sobek-Re erscheint und Horus als eine Erscheinungsform des Re angesehen wurde, wurden der Krokodilgott und der Falkengott zu dem Krokodil mit Falkenkopf, also zu einem „Sobek-Horus", der jedoch nicht so genannt wurde.

3. Da Horus an Seth den Mord an seinem Vater Osiris rächte und da Seth oft mit Sobek zumindestens assoziiert wurde, wurden auch Horus und Sobek zu Feinden.

Diese Vielschichtigkeit war für die Ägypter kein Widerspruch, sondern ein Hinweis auf die Tiefe und Wichtigkeit der betreffenden Mythe.

d) Nefertem

Sobek wurde manchmal auch als Falkenkopf-Krokodil auf einer Lotusblüte dargestellt. Diese Form der Darstellung „auf der Lotusblüte" wird ansonsten nur für den Urgott Atum, der aus dem Urwasser Nun aufsteigt, verwendet. Atum wird dann „Nefertem" („Nefer-Atum"), also „schöner Atum", genannt. Diese Darstellung des Krokodils auf der Lotusblüte weist darauf hin, daß Sobek wie die Lotusblüte aus der Wasserunterwelt zurückgekehrt ist und daß er wie Atum ein Urgott ist.

Dieselbe Lotus/Seerosen-Symbolik findet sich auch bei den Indern und bei den Mayas.

4. inhaltlicher Zusammenhang

Manche mythologischen Zusammenhänge sind zwar deutlich erkennbar, sind aber von den Ägyptern nicht ausgearbeitet worden. Von diesen Zusammenhängen werden hier noch einige aufgezählt.

a) Ptah

Ptah war unter anderem auch ein Totengott, der wie Osiris in Mumienbinden gewickelt dargestellt erscheint. Daher wurde Ptah lose mit Osiris assoziiert und über Osiris auch mit Sobek. Doch diese Verbindung erscheint nur sehr selten.

b) Ptah-Sokar-Osiris

Der Falkengott Sokar war die Seele des Ptah. Daher sollte Sokar wie Horus, der die Seele des Osiris ist, mit Sobek assoziiert sein – zumal auch Osiris und Ptah sehr ähnliche Götter sind. Vage Hinweise auf diese Verbindung gibt es jedoch nur in den Pyramidentexten.

c) Hapi

Hapi als der Nil und Sobek als die Nilflut verbinden diese beiden Götter inhaltlich aufs Engste, doch abgesehen davon, daß Sobek manchmal auch als der Nil, also als Hapi, aufgefaßt worden ist, gibt es keine Verbindungen zwischen den beiden Göttern.

d) Geb

Sobek als der Befruchter der Erde wurde manchmal dem Erdgott Geb als der fruchtbaren Erde gleichgesetzt. Das war jedoch ein sehr seltenes Motiv.

VIII Magie

Sobek ist ein wichtiger Gott in der Magie gewesen, was aufgrund seiner großen Kraft naheliegend gewesen ist. Man wollte sich auch seine magische Macht zunutze machen. Zum einen gab es viele Krokodil-Amulette, die gegen Krokodile schützen sollten, und zum anderen gab es auch viele Amulette, die Sobek als Helfer gegen andere Gefahren um Schutz anriefen.

Unter den folgenden Texten finden sich auch einige Texte über Sobek oder Krokodile, die zwar nur ganz am Rande zu den Magie-Texten gehören, aber die etwas über das Wesen des Krokodilgottes Sobek aussagen.

1. Schutz gegen Krokodile im Diesseits

Der Schutz gegen die Krokodile im Nil, im Delta und im Fayyum war geradezu einen Alltags-Notwendigkeit für die damaligen Ägypter.

a) Harpokrates-Statuen

Am bekanntesten sind sicherlich die Harpokrates-Statuetten und die Harpokrates-Stelen. Auf ihnen steht Harpokrates (ägyptische Hor-pi-chrud = „Horus das Kind") auf einem oder zwei Krokodilen und hält meistens noch einige Skorpione und Schlangen in seiner Hand. Stelen diese Art finden sich in dem 2. Kapitel über die bildliche Darstellung des Sobek.

Über diese Statuetten oder Stelen wurde teilweise Wasser gegossen und unten mithilfe eines Auffang-Randes in einen Becher geleitet und dann getrunken, um den Schutz des Horus gegen Krokodile oder um die Heilung gegen den Stich eines Skorpions zu erhalten.

Diese Stelen beziehen sich auf den Schutz, den Isis ihrem Sohn Horus gegeben hat.

b) Zauber gegen Krokodile
(aus „Die Legende vom Tod des Horus durch den Stachel eines Skorpions
und von seiner Wiederbelebung durch Thot sowie andere magische Texte")

Oh Ra-Khuti, komm zu Deiner Tochter.
O Shu, komm zu Deiner Frau.
O Isis, komm zu Deiner Schwester und erlöse sie von dem bösen Gift, das in allen ihren Gliedern ist.

Seid gegrüßt, ihr Götter, kommt und besiegt das böse Gift, das in allen Gliedern der Katze ist, die unter dem Messer liegt.

Sei gegrüßt, Du Greis[266], der Du Deine Jugend erneuerst in Deiner Zeit[267]; Du alter Mann, der Du Dich als Junge ausgibst, gewähre, daß Thot zu mir kommt, wenn meine Stimme ertönt, und siehe, er soll sich von mir abwenden, Neta-ter: Osiris ist auf dem Wasser, das Auge des Horus ist bei ihm.

Ein großer Käfer[268] breitet sich über ihm aus, groß ist sein Griff – von den Göttern aus einem Kinde hervorgebracht.

Er, der über dem Wasser ist, erscheint in gesunder Gestalt. Wenn er, der über dem Wasser ist, angegriffen wird, gehe zu dem Auge des Horus, das weint.

Kehrt zurück, ihr, die ihr im Wasser wohnt, Krokodile, Fische, der Feind, männliche Tote und weibliche Tote, männliche Ungeheuer und weibliche Ungeheuer von jeder Art, hebt eure Gesichter nicht, ihr, die ihr im Wasser wohnt, ihr Krokodile und Fische. Wenn Osiris über euch reist, erlaubt ihm, nach Busiris[269] zu gehen. Lasst eure Nasenlöcher geschlossen sein, eure Kehlen zugedrückt.[270]

Weicht zurück, ihr Unholde von Seba! Erhebt eure Gesichter nicht gegen den, der auf dem Wasser ist.

Osiris-Re erhebt sich in seinem Boot, um die Götter von Kher-ahat zu betrachten, und die Herren der Duat stehen auf, um Dich zu töten, wenn Du kommst, oh Neha-ter, gegen Osiris.

Wenn er auf dem Wasser ist, ist das Auge des Horus[271] über ihm, um eure Gesichter auf den Kopf zu stellen und euch auf den Rücken zu legen.

Seid gegrüßt, ihr, die ihr im Wasser wohnt, Krokodile und Fische! Re verschließt eure Münder, Selkhet[272] verstopft eure Kehlen, Thot schneidet eure Zungen heraus, und Heka[273] macht eure Augen blind.

---

266 Greis: der alte, abendliche Sonnengott Re

267 erneuern: morgendliche Wiedergeburt des Re

268 Käfer: Skarabäus (Schutz des Herzens)

269 Busiris: Kultort des Osiris

270 Der Satz bedeutet, daß die Krokodile unter Wasser bleiben sollen – dort schließen sie ihre Nase, damit ihnen kein Wasser in die Lunge läuft.

271 Auge des Horus: allgemeines Schutzsymbol: 

272 Selket: die Skorpiongöttin

273 Heka: Magie, Gott der Magie

c) Schutzzauber
(Inschrift des Tempels von Edfu)

Ein Loblied auf Horus, um ihn zu verherrlichen, das über dem Wasser und über dem Land gesprochen werden soll.

Thot spricht und dieser Gott rezitiert:

Huldigung an Dich, Gott, Sohn eines Gottes.
Huldigung an Dich, Erbe, Sohn eines Erben.
Huldigung an Dich, Stier, Sohn eines Stieres, der Du von einer heiligen Göttin hervorgebracht wurdest.
Ich huldige Dir, Horus, der Du aus Osiris hervorgegangen bist und von der Göttin Isis hervorgebracht wurdest.
Ich rezitiere Deine Worte der Macht, ich spreche mit Deinen magischen Aussprüchen.
Ich spreche einen Zauberspruch in Deinen eigenen Worten, den Dein Herz erschaffen hat, und alle Zaubersprüche und Beschwörungen, die aus Deinem Mund hervorgegangen sind, die Dein Vater Geb Dir befohlen hat, und die Deine Mutter Nut Dir gegeben hat, und die die Majestät des Herrn von Sekhem Dich gelehrt hat, sie zu Deinem Schutz anzuwenden, um Deine Schutzformeln zweifach zu sprechen, damit sie das Maul jedes Reptils verschließen, das im Himmel, auf der Erde und in den Gewässern ist, um dadurch Männer und Frauen am Leben zu erhalten, um die Götter in Frieden mit Dir zu bringen und Re dazu zu bringen, seine magischen Zauber durch Deine Lobgesänge anzuwenden.
Komm heute zu mir, schnell, schnell – so schnell wie Du das Paddel des Bootes des Gottes[274] ruderst.
Vertreibe von mir jeden Löwen in der Ebene und jedes Krokodil in den Gewässern und alle Mäuler, die in ihren Löchern stechen[275]. Mache sie vor mir wie einen Stein auf dem Berg, wie einen zerbrochenen Topf, der in einem Viertel der Stadt herumliegt.
Grabe mir das Gift aus, das aufsteigt und in jedem Glied desjenigen ist, der unter dem Messer liegt. Wache Du über ihn durch Deine Worte. Wahrlich!, Dein Name soll für diesem angerufen werden. Laß Deine Macht in ihm entstehen. Nutze Deine magischen Kräfte. Laß mich leben und auch den, dessen Kehle zugeschnürt ist.[276] Dann werden die Menschen Dich preisen, und die Gerechten werden Dir in allen Deinen Gestalten danken. Und auch alle Götter werden Dich anrufen, und wahrlich!, Dein Name wird an diesem Tag angerufen werden.
Ich bin Horus von Shetenu!

O Du, der Du in der Höhle bist, O Du, der Du in der Höhle bist.
O Du, der Du am Eingang der Höhle bist.

---

274 Gott: Re in seiner Sonnenbarke
275 Hier sind vermutlich Skorpione gemeint.
276 Das Gift des Skorpions kann zu Atembeschwerden führen.

O Du, der Du auf dem Weg bist, o Du, der Du auf dem Weg bist.

O Du, der Du am Eingang des Weges bist.

Er ist im Urmeer[277], der sich jedem Menschen und jedem Tier nähert.

Er ist wie der Gott Sep, der in Iunu[278] ist.

Er ist der Skorpion-Gott, der im Großen Haus ist.

Beißt ihn nicht, denn er ist Re.

Stecht ihn nicht, denn er ist Thot.

Schießt nicht euer Gift über ihn, denn er ist Nefer-Tem[279].

Jede männliche Schlange, jede weibliche Schlange, jeder Ameisenskorpion, der mit dem Maul beißt und mit dem Schwanz sticht, beißt ihn nicht mit dem Maul und sticht ihn nicht mit dem Schwanz.

Entfernt euch von ihm, wendet nicht euer Feuer gegen ihn, denn er ist der Sohn des Osiris.

Erbrich Dich!

d) Schutz gegen Krokodile
(Die Legende von Heru-Behutet und der geflügelten Scheibe)

Horus (links), Re und Krokodil

Auf dieser Abbildung ist Horus von Behutet zusammen mit Re beim Fangen und Aufspießen des Gottes Seth in der Gestalt eines Krokodils zu sehen.

---

277 der im Urmeer ist: Sobek

278 Iunu: Heliopolis

279 Nefer-Tem: „Nefer-Atum" = „schöner Atum", der junge Atum auf der Lotusblüte, d.h. die Erde, die gerade aus dem Urmeer aufgetaucht ist

e) Schutz durch Isis
(Die Geschichte von Isis und Osiris)

Der folgende Text stammt von dem Griechen Plutarch, der ihn um ca. 100 n.Chr. aufgeschrieben hat. In diesem Text wird erklärt, warum alle Papyrusboote gegen Krokodilangriffe gefeit sind.

Als Isis zu ihrem Sohn Horus gekommen war, der in Buto aufgezogen wurde, legte sie die Truhe (den Sarg, in dem Osiris lag) *an einen abgelegenen und wenig besuchten Ort.*

Eines Nachts jedoch, als Typhon (Seth) *bei Mondschein auf der Jagd war, stieß er zufällig auf die Truhe, erkannte den darin eingeschlossenen Körper und zerriss sie in mehrere Stücke, insgesamt vierzehn* (in älteren Texten 42), *und verstreute sie an verschiedenen Orten im ganzen Land.*

Als Isis erfuhr, was geschehen war, machte sie sich auf die Suche nach den verstreuten Teilen des Leichnams ihres Mannes; und um leichter durch die tieferen, sumpfigen Teile des Landes zu gelangen, benutzte sie ein Boot aus der Papyruspflanze. Aus diesem Grund, so sagt man, entweder aus Furcht vor dem Zorn der Göttin oder aus Verehrung des Papyrus, verletzt das Krokodil nie jemanden, der in einem solchen Boot reist.

Dieser Vorfall, so sagen sie, hat zu der Erzählung geführt, daß es sehr viele verschiedene Gräber des Osiris in Ägypten gibt, denn wo immer Isis einen der verstreuten Teile des Körpers ihres Mannes fand, dort begrub sie ihn.

Andere jedoch widersprechen dieser Geschichte und sagen, daß die Vielfalt der Osiris-Gräber eher auf die Politik der Königin zurückzuführen sei, die den Städten statt des echten Körpers, wie sie vorgab, nur ein Bild ihres Mannes präsentierte. Sie tat dies, um die Ehren, die auf diese Weise seinem Andenken zuteil werden sollten, zu erhöhen und auch um Typhon (Seth) *zu besiegen, der, wenn er in seinem bevorstehenden Kampf gegen Horus siegreich wäre, nach dem Leichnam des Osiris suchen und angesichts der Vielzahl der Gräber verzweifeln würde, jemals den wahren zu finden.*

Darüber hinaus wird erzählt, daß Isis trotz all ihrer Bemühungen nie in der Lage war, den Phallus des Osiris zu finden, der unmittelbar nach seiner Trennung vom Rest des Körpers in den Nil geworfen wurde. Er wurde von den Lepidotus, den Phagrus und den Oxyrhynchus verschlungen – diese Fische meiden die Ägypter aus diesem Grund vor allen anderen ganz besonders.

254

f) Zauber gegen Krokodile

(Totenbuch)

Der Tod der gefährlichen Tiere wurde im Allgemeinen mit dem Speer herbeigeführt – insbesondere bei Schlangen und Krokodilen. Solche Bilder konnte man auch in Schutzritualen und auf Amuletten verwenden.

In magischen Texten, in denen der Buchstabe „f" vorkam, den man mithilfe der Hornviper schrieb, stellte man diese „f"-Hornviper mit abgeschnittenem Kopf dar, um sie nicht versehentlich durch den magischen Text herbeizurufen.

g) Omen

Die Begegnung mit einem Krokodil in freier Wildbahn wurde verständlicherweise als schlechtes Omen angesehen, das auf Lebensgefahr hinweisen konnte.

h) Talismane

Teile des Krokodils wie Zähne, Leder oder Knochen wurden gerne als Talismane gegen Gefahren aller Art getragen worden.

2. Schutz gegen Krokodile im Jenseits

Die Krokodile bedrohten auch die Toten im Jenseits sowie den Sonnengott auf seiner nächtlichen Fahrt auf der Sonnenbarke durch die Unterwelt.

a)   Schutz gegen das Krokodil im Jenseitsgericht
(Totenbuch)

Erlöse mich von dem Krokodil, das an der Stelle der Herren des Rechts und der Wahrheit ist.
Gewähre mir meinen Mund, daß ich mit ihm reden kann.
Mögen mir vor Deinem Angesicht Opfer dargebracht werden, denn ich kenne Dich und ich kenne Deine Namen, und ich kenne den Namen des Großen Gottes.

b)   Schutz der Seele
(Das Buch von Am-Duat)

Die Majestät von Heru-Tuati spricht zu den Stunden, die in dieser Stadt sind:

O ihr Stunden, die ihr die Macht habt, zu entstehen.
O ihr Stunden, die ihr mit Sternen ausgestattet seid.
O ihr Stunden, die ihr Re rächt, kämpft für ihn, der am Horizont ist, und nehmt eure Gestalten, und tragt eure Symbole, und erhebt eure Köpfe und führt diesen Re, der am Horizont ist, in den schönen Amentet in Frieden.

Seht die Götter und Göttinnen, die diesen großen Gott auf dem verborgenen Weg dieser Stadt führen.

Vor den Stunden steht ein riesiges Krokodil namens Ab-Sha-Am-Duat, das als *„Osiris, das Auge des Re"* beschrieben wird. Das Krokodil liegt auf einem Grabhügel, aus dessen Ende, unmittelbar vor dem Kopf des Tieres, ein bärtiger menschlicher Kopf erscheint, d.h. *„der Kopf des Osiris"*.

Über das Krokodil sagt der Text: *„Derjenige, der auf diesem Bild zu sehen ist, ist Ab-Shau, und er ist der Hüter der Symbole dieser Stadt. Wenn er die Stimme des Bootes des Re hört, die an das Auge in seiner Wange gerichtet ist, an den Kopf, der in seiner Herrschaft ist – dann frißt er seine eigene Gestalt, nachdem dieser Große Gott an ihm vorbeigegangen ist. Wer dieses Bild des Ab-Shau kennt, dessen Seele wird er nicht verschlingen."*

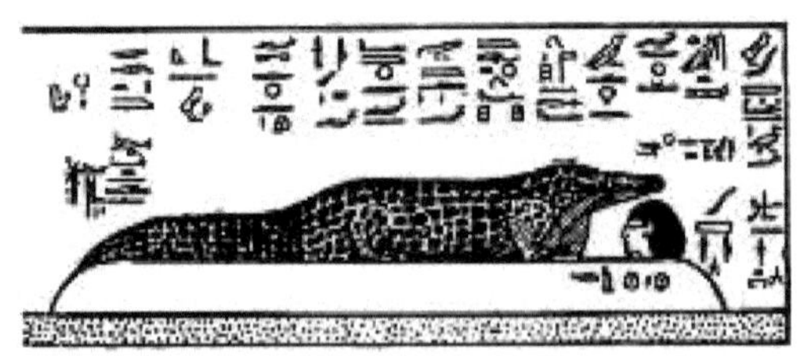

c)   Schutzzauber im Jenseitsgericht
(Das Buch der Pforten)

In diesem Buch wird der Weg des Sonnengottes Re durch die Unterwelt beschrieben, der als Reise auf einem Weg und durch viele Tore und Städte dargestellt wird.

Die siebte Stunde:

Die Herrlichkeit des Großen Gottes[280] hat seinen Platz eingenommen an dem geheimen Ort des Osiris[281] und seine Herrlichkeit dieses Großen Gottes sendet Worte zu den Göttern aus, die dort drinnen wohnen.

Dieser Gott erschafft sich selber andere Gestalten für seinen verborgenen Ort, um den Schlangenfeind Apep durch die Machtworte der Isis und die Machtworte des Semsu von seinem Weg zu vertreiben.

Ruti-Asar ist der Name des Tores der Stadt, durch das Gott schreitet.

Tephet-Sheta ist der Name der Stadt.

Dieser Große Gott fährt seinen Weg auf der Straße von Ament in der heiligen Barke und er gleitet über diese Straße, die ohne Wasser ist – ohne daß er getreidelt[282] wird.

Er geht seinen Weg mithilfe der Machtworte der Isis, mithilfe der Machtworte des Semsu, und die Aussprüche des Großen Gottes selber wirken wie ein magischer Schutz und verursachen ein Gemetzel in der Duat, in diesem Kreis, in diesem geschlängelten Weg am Himmel.

Wer auch immer diese Bilder[283] abzeichnet und dabei die Ähnlichkeit mit den Schriften bewahrt, die auf der Nordseite des Verborgenen Palastes in der Duat[284] zu sehen sind, für den werden diese Bilder ein magischer Schutz sein – möge er nun im Himmel oder auf der Erde sein.

Und wer auch immer sie kennt, wird eine Seele bei den Seelen bei Re werden.

Und wer auch immer die Machtworte der Isis und die Machtworte des Semsu sprechen wird, wird Apep von Re in Amentet forttreiben.

Wer auch immer dies in dem Verborgenen Palast der Duat tun wird, und wer auch immer dies auf der Erde tun wird – das Ergebnis wird dasselbe sein.

Wer auch immer dies weiß, wird in der Barke des Re sein – sowohl am Himmel als auch auf der Erde; doch der, der kein Wissen über diese Darstellung hat, wird nicht wissen, wie er Neha-Hra[285] forttreiben soll.

---

280 Großer Gott: der Sonnengott Re

281 geheimer Ort des Osiris: Unterwelt

282 treideln: ein Schiff vom Ufer aus an Seilen flußaufwärts ziehen

283 Bilder: Hieroglyphen

284 Duat: Unterwelt

285 Neha-Hra („Stinkendes Gesicht"):   Wie der folgende Text noch zeigen wird, ist hier eine Schlange gemeint – wobei die meisten, die genau wissen, ob derart große Schlangen tatsächlich einen üblen Mundgeruch haben, es uns nicht mehr erzählen können …

Nun ist der Rand der Erde von Neha-Hra in der Duat 150 Ellen[286] in der Länge – und er hat sie mit den Windungen seines Leibes ausgefüllt.[287]

Die Bereiche, die ihm[288] gehören, werden für ihn[289] freigeräumt, und der Große Gott nimmt seinen Weg nicht über ihn, sondern er vertreibt ihn zur Seite – fort von dem Geheimen Ort des Osiris, wenn dieser Gott seinen Weg durch diese Stadt in seiner Gestalt der Mehen-Schlange geht.

Wer dies auf Erden weiß, dessen Wasser wird die Schlange Neha-Hra nicht trinken, und die Seele desjenigen, der dies weiß, wird von den Göttern, die in diesem Kreis sind, nicht übel behandelt werden; und wer dies weiß, dessen Seele wird nicht vom Krokodil Ab-Shau verschlungen werden.

Khesef-Hai-Heseq-Neha-Hra ist der Name der Nachtstunde, in der dieser Große Gott durch diesen Kreis geführt wird.

d) Schutz gegen das Krokodil im Jenseitsgericht
(Totenbuch)

Der vierte Arit:

Der Name des Türhüters ist Khesef-hra-asht-kheru; der Name des Wächters ist Seres-tepu; der Name des Herolds ist Khesef-At („Vertreiber des Krokodils“).

e) Amenta
(Papyrus 9901 des Britischen Museums)

Das Unterwelt-Monster, das im Jenseitsgericht die Verurteilten frißt wird auch „Verschlingerin von Amenta“ genannt, wobei „Amenta“ die Unterwelt ist. Dieses Monster wird auch „Shai“ genannt.

In dem Papyrus Nr. 9901 des Britischen Museums wird es als *„der Vorderteil eines Krokodils; ihr Hinterteil ist das eines Nilpferds; ihr Mittelteil ist das eines Löwen“* beschrieben.

---

286 150 ägyptische Königsellen zu 52,5cm sind 7,795m.

287   Diese „Windungen“ passen besser zu einer Schlange als zu einem Krokodil.

288 ihm: vermutlich die Schlange „Stinke-Gesicht“

289 ihn: Re

3. Krokodil-Götter

Gelegentlich werden in den Texten Krokodilgötter erwähnt, deren Wesen meistens nicht näher bekannt ist.

a) Krokodil-Götter
(Das Buch von Am-Duat)

In einer Szene werden neun sitzende Götter dargestellt, die ihre Hände zur Anbetung des Re erhoben haben. Sie werden die *„Götter, die Re preisen"* genannt.

Die ersten drei sind menschenköpfig und werden *Hetch-A, Maa-A* und *Hes-A* genannt.

Die zweiten drei sind schakalköpfig und werden *Neb-Ta-Tesher, Ap-Uat* und *Ap-Sekhemti* genannt.

Die dritten drei sind krokodilköpfig und werden *Tchat-Tuat, Seki* und *Sekhem-Hra* genannt.

b) Krokodil-Götter
(Das Buch von Am-Duat)

In einer Szene sind acht Götter zu sehen, von denen zwei den Kopf eines Krokodils haben:

1. der Gott *Henti*, krokodilköpfig und ohne Thron,
2. der Gott *Em-Nu-Ur*, krokodilköpfig,
3. der Gott *Ahi*,
4. der Gott *Hem*,
5. der Gott *Netch-Atef*,
6. der Gott *Ankh-Hra*,
7. der Gott *Met-Hra*, und
8. der Gott *Netchti*.

c) Sobek-Re
(Das Buch von Am-Duat)

In einer Szene sind eine ganze Reihe von Göttern zu sehen:

1. Der Gott *Nun*, der das Zepter und das Ankh in seiner linken bzw. rechten Hand hält.
2. Die Göttin *Nut*, die das Zepter und das Ankh hält.
3. Der Gott *Hehu*, der Zepter und Ankh hält.
4. Die Göttin *Hehut*, die Zepter und Ankh hält.
5. Der Gott *Tebai*, der einen Männerkopf hat und ein Ruder oder Paddel hält.
6. Der Gott *Qashefshef*, mannsköpfig und mit einem Paddel in der Hand.
7. Der Gott *Nehui*, krokodilköpfig und mit einem Paddel in der Hand.
8. Der Gott *Ni*, mit den Köpfen zweier Vögel und einem Paddel in der Hand.
9. Die Gottheit *Nesmekhef*, in der in Gestalt einer Schlange, die aus ihrem Maul Feuer spuckt.
10. Der Gott *Neba-Khu*, mit einem Mannskopf und einem Paddel in der Hand.
11. Der Gott *Khenti-Theth-ef*, mit Männerkopf und einem Paddel in der Hand.
12. Der Gott *Aha-Ab*, mit einem Mannskopf und einem Paddel in der Hand.
13. Der Gott *Tuati*, mit Menschenkopf und einem Paddel in der Hand.
Weiterhin zehn Götter, jeder mit zur Anbetung erhobenen Händen; ihre Namen sind:
14-23.: *Tes-Khu, Thema-Re, Aakhebu, Sekhennu, Ermenu, Khennuermen, Bun-A, Khu-Re, Athep* und *Am-Neter.*

Der Text, die sich auf diese Götter beziehen, lautet:

„Diejenigen, die in diesem Bild in ihren eigenen Körpern sind, verbinden sich mit Re im Himmel, um diesen Großen Gott zu empfangen, wenn er jeden Tag im Osten des Himmels unter ihnen erscheint. Sie selbst gehören zu ihren Hallen des Horizonts, aber die Gestalten, in denen sie in der Duat[290] haben, gehören zu diesem Kreis.“

d) Sobek
(Die Legende von der Vernichtung der Menschheit)

Wer auch immer die Worte dieser Geschichte für sich selber spricht[291], soll sich mit Olivenöl und dicker Salbe salben und an seinen beiden Händen Weihrauch als Sühneopfer haben, und hinter seinen beiden Ohren soll reines Natron sein, und auf seinen Lippen soll süß duftende Salbe sein.

Er soll mit einer neuen Doppeltunika bekleidet sein, sein Leib soll mit dem Wasser

---

290 Duat: Unterwelt
291 für sich selber sprechen: als Schutzzauber

260

des Nils gereinigt werden, er soll an den Füßen ein Paar Sandalen aus weißem Leder haben, und auf seine Zunge soll mit grünem Ocker ein Bild der Göttin Ma'at gezeichnet werden[292].

Wenn Thot diese Geschichte im Namen von Re rezitieren will, muß er drei Tage lang eine siebenfache Reinigung vollziehen, und die Priester und die einfachen Menschen sollen dasgleiche tun.

Wer die obigen Worte rezitiert, soll die Zeremonien vollziehen, die bei der Verlesung dieses Buches zu vollziehen sind. Und er soll seinen Standplatz in einem Kreis wählen ... ...[293] der jenseits von ihm ist, und seine beiden Augen sollen auf sich selbst gerichtet sein[294], alle seine Glieder sollen ruhen und seine Schritte sollen ihn nicht von diesem Ort wegtragen[295].

Wer von den Menschen diese Worte spricht, der wird sein wie Re am Tag seiner Geburt, und sein Besitz wird nicht weniger werden, und sein Haus wird nicht verfallen, sondern wird eine Million Ewigkeiten lang bestehen.

Dann umarmte der Alte[296] selbst den Gott Nun[297] und sprach zu den Göttern, die im Osten des Himmels hervorkamen:

„Lobt den Gott, den Alten, aus dem heraus ich entstanden bin. Ich bin derjenige, der die Himmel gemacht hat, und ich habe die Erde in Ordnung gebracht und die Götter erschaffen, und ich war bei ihnen für eine sehr lange Zeit. Dann wurde das Jahr geboren und ... ...[298] aber meine Seele ist älter als die Zeit.

Sie ist die Seele des Shu[299],

es ist die Seele von Chnum[300],

es ist die Seele von Heh[301],

es ist die Seele von Kek und Keket[302],

es ist die Seele von Nun und von Re,

es ist die Seele von Osiris, dem Herrn von Tettu,

es ist die Seele der Sobek-Krokodilgötter und der Krokodile,

es ist die Seele jedes Gottes, der in den göttlichen Schlangen wohnt,

---

292 Ma'at-Hieroglyphe auf der Zunge: ein beliebter Schutzzauber gegen Versprechen beim Vorlesen

293 Lücke im Text

294 seine Augen auf sich selber richten: konzentriert sein

295 die Schritte tragen einen selber nicht von dem Ort fort: man soll an dem Ort stehen bleiben

296 der Alte: der alte, abendliche Sonnengott Re

297 Nun: das Urwasser, der Urwasser-Gott

298 Lücke im Text

299 Shu: Luftgott

300 Chnum: Widdergott

301 Heh: Ewigkeit, Gott der Ewigkeit

302 Kek und Kereh: Nacht und Dunkelheit

es ist die Seele von Apophis im Berg Bakhau[303],
und es ist die Seele von Re, die die ganze Welt durchdringt. "

4. Krokodil-Verwandlung

a) Krokodil-Verwandlung
(Die Legende von Heru-Behutet und der geflügelten Scheibe)

In der Zwischenzeit war in Nubien erneut eine Rebellion ausgebrochen, und etwa ein Drittel der Feinde hatte sich in Form von Krokodilen und Nilpferden in den Fluss geflüchtet.

b) Krokodil-Verwandlung
(Die Legende von Heru-Behutet und der geflügelten Scheibe)

Aber sobald seine Feinde hörten, daß er kam, verwandelten sie sich in Krokodile und Nilpferde, um sein Boot zu zerstören und ihn zu verschlingen. Als das Boot des Gottes sich ihnen näherte, öffneten sie ihre Kiefer, um es zu zerquetschen, aber Horus und seine Anhänger kamen schnell zur Stelle und vereitelten ihr Vorhaben.

c) Krokodil-Verwandlung
(Totenbuch)

Bild: Ein Krokodil auf einem Pylon oder einer Türöffnung.
Text: *Das Kapitel der Verwandlung in ein Krokodil.*

Der gerechtfertigte Osiris Ani[304] spricht:
„Ich bin das Krokodil, das in der Angst wohnt,
ich bin das heilige Krokodil und ich verursache Zerstörung.
Ich bin der große Fisch in Kamui.
Ich bin der Herr, dem in Sekhem gehuldigt wird,
und Osiris Ani ist der Herr, dem in Sekhem gehuldigt wird. "

---

303 Bakhau: Berg des Sonnenaufgangs (Gebirge im Osten)
304 der gerechtfertigte Osiris Ani: Ani hat das Jenseitsgericht bestanden (er ist
„gerechtfertigt", d.h. freigesprochen) und ist daher nun zu einem Osiris geworden.

<u>**5. Krokodil-Wächter**</u>

Als starke Wesen bzw. Götter eignen sich Krokodile auch gut als Wächter, Türsteher und dergleichen mehr.

<u>**a) Krokodil-Wächter**</u>
(Das Buch von Am-Duat)

In einer Szene erscheinen fünf Götter:

1. Der Gott „Beschützer der Untergetauchten[305]",
2. der Gott Satiu,
3. der Gott Ankh-Ab mit Habichtskopf,
4. der Gott Bath-Resth mit Krokodilskopf, und
5. der Gott Anp-Heni mit Schakalkopf.

Der Text dazu lautet:

„Sie handeln als Wächter der Duat und derer, die in der Duat untergetaucht sind, und sie schützen das Boot und lassen es weiterfahren."

<u>**b) Krokodil-Wächter**</u>
(Totenbuch)

Bild: Ani und seine Frau Thuthu nähern sich im Jenseits dem ersten Arit, dessen Gesims mit den Symbolen der Macht, des Lebens und der Stabilität verziert ist. Am Eingang sitzen drei Götter – der erste mit dem Kopf eines Hasen, der zweite mit dem Kopf einer Schlange und der dritte mit dem Kopf eines Krokodils. Der Hase hält eine Kornähre in der Hand, die Schlange und das Krokodil jeweils ein Messer.

Text: *Der Name des Türhüters ist Sekhet-hra-asht-aru; der Name des Wächters ist Meti-heh; und der Name des Herolds ist Ha-kheru.*

<u>**c) Krokodil-Wächter**</u>
(Das Buch von Am-Duat)

Dieser Kreis, der Hetemet-Khemiu genannt wird, wird durch eine Tür betreten, die den Namen *Tes-Rakheftiu-ef* trägt. Darin befinden sich

---

305 Untergetauchte: Ertrunkene im Jenseits?

1. *Nut*, bärtig und mannshoch,
2. *Ta*, bärtig und mannshoch, und
3. *Sobeq-Hra*, krokodilköpfig.
Der Text dazu lautet:

„Diejenigen, die sich in diesem Bild befinden, sitzen auf ihren Webgeräten, die fest auf ihrem Sand stehen, gemäß dem Geheimnis, das Horus gemacht hat. Dieser Gott ruft laut zu ihren Seelen, in welchen Bereichen der beiden Aerti sie sich auch immer befinden mögen, und man hört den Klang der Stimmen derer, die in diesem Kreis eingeschlossen sind, der dem Klang des verwirrten Murmelns der Lebenden gleicht, wenn ihre Seelen zu Re schreien. Der Name dieses Kreises ist Hetemet-Khemiu.“

6.   Siegproklamation

Die Pharaonen lobten sich gerne selber. In diesem Zusammenhang war das Erlegen von Löwen, Krokodilen und Nilpferden eine passende (wahre oder frei erfundene) Selbstdarstellung.

a)   Siegproklamation
(Die Anweisungen des Amenemhet)

Ich habe die Löwen überwunden und die Krokodile verjagt.
Ich habe die Nubier unter meine Füße geworfen.
Ich habe die südlichen Nubier verjagt.
Ich habe die Asiaten wie Hunde in die Flucht geschlagen.

7.   Heilungszauber

Da der Krokodilgott Sobek sehr stark war, konnte man davon ausgehen, daß auch seine Magie sehr mächtig war und er daher auch in Heilungszaubern eine große Hilfe sein konnte. Mit Sobek konnte man den Krankheitsgeistern gut drohen …

a)   Buch für den halbseitigen Kopfschmerz
(aus dem Papyrus Chester Beatty)

Buch für den Schmerz in der Schläfe auf einer Seite.

Dies betrifft den Kopf des X, den Y geboren hat[306] – es betrifft den Kopfes des Osiris-Wenennefer, an dessen Kopf die göttliche Uräus-Schlangen erhoben worden sind.[307] Sie speien Feuer damit Du Dich[308] fernhältst vom Kopf des X, den Y geboren hat.[309]

Wenn Du Dich nicht fernhältst von der Schläfe des X, den Y geboren hat,
 werde ich Deinen Ba verbrennen,
 werde ich Dich vernichten,
 werde ich Dich zu Fall bringen,
 werde ich … … …[310] aus Dir,
 werde ich Dich fangen lassen,
 werde ich … … …
Wenn Du ein Gott bist,
 werde ich Deinen Ruheschrein niederreißen,
 werde ich Dein Grab, in dem Du bist, zum Einsturz bringen,
 werde ich verhindern … … …,
 werde ich verhindern, daß Du Dich zu den fähigen Bas[311] gesellst,
 werde ich verhindern, daß Du zu dem Geleit des Horus gelangst.
Wenn Du nicht … … …
 werde ich Feuer an die Herren von Heliopolis legen,
 werde ich den Kopf von … … … abschneiden,
 werde ich … … …
 werde ich den Kopf eines Nilpferdes im Vorhof des Seth abschneiden,

---

306 Hier sieht man einen Rest der alten matrilinearen Ordnung statt der späteren patrilinearen Ordnung: "X, Sohn der Mutter Y" statt "X, Sohn des Vaters Z".

307 Hier wird der Kranke X mit Osiris gleichgesetzt.

308 Du/Dich: der Kopfschmerz

309 Die Uräus-Schlangen, die sich ja auch am Kopf befinden, sollen den Kopfschmerz vertreiben.

310 Textlücke

311 fähige Bas: lebendige, freie, handlungsfähige Seelen

265

werde ich veranlassen, daß Sobek dasitzt, eingehüllt in die Haut eines Rebellen,

werde ich veranlassen, daß Anubis dasitzt, eingehüllt in die Haut eines Hundes,

werde ich ... ...,

werde ich veranlassen, daß die Sieben Hathoren als Rauch zum Himmel auffliegen,

werde ich ... ...

Dann wirst Du herauskommen aus der Schläfe des X, den Y geboren hat. Ich werde für Dich nicht ihre ... ... machen.

Zu rezitieren über ... ... auf feinem Leinenstoff, der an den Hals des Mannes gelegt wird.

b) <u>Zauberspruch, um einen Knochen aus der Kehle zu holen</u>
(Papyrus Leyden)

Dieser Zauberspruch ist nicht vollständig verständlich, weil die Bedeutung einiger Namen und der mit ihnen verbundenen Assoziationen und Analogien unbekannt ist.

Zauberspruch, um einen Knochen aus einer Kehle zu holen.

Ich bin der, dessen Kopf den Himmel und dessen Füße den Abgrund erreichen[312], der dieses Krokodil in Pizeme von Theben auferweckt hat;[313] denn ich bin Sa, Sime, Tamaho – das ist mein richtiger Name.[314]

Anouk, Worte, Habichts-Ei – das ist das, was in meinem Mund ist. Das Ibis-Ei ist das, was in meinem Bauch ist.

Und ich sage: Hoffnung Gottes, Knochen des Menschen, Knochen des Vogels, Knochen des Fisches, Knochen des Tieres, Knochen von wirklich allem, was es gibt.[315]

Zähle, was in Deinem Bauch ist – laß es zu Deinem Herzen kommen. Was in Deinem Herzen ist, das komme zu Deinem Munde. Was in Deinem Munde ist, das komme zu meiner Hand hier und heute, denn ich bin der, der in den sieben Himmeln

---

312 Der Gott, der von der Erde bis zum Himmel reicht, ist der Luftgott Shu – es könnte aber auch ein anderer „Großer Gott" gemeint sein. Zu dem Luftgott Shu würde passen, daß ein Knochen im Hals auch das Atmen erschwert.

313 Das Krokodil erscheint hier, weil Krokodile wie Eulen die unverdaulichen Nahrungsreste auswürgen. Der Patient soll den Knochen in seinem Hals ebenfalls auswürgen. Es handelt sich hier also um einen Analogie-Zauber, bei dem der Patient mit einem Krokodil gleichgesetzt wird.

314 Hier identifiziert sich der Heiler mit Wesen, die offenbar die Macht haben, dem Krokodil etwas zu befehlen.

315 Hier werden alle Arten von Knochen aufgezählt, die im Hals des Patienten stecken könnten.

ist, der in den sieben Heiligtümern steht, denn ich bin der Sohn des lebendigen Gottes.[316]

Sprich dies siebenmal[317] zu einem Becher Wasser und gib es dann der Frau zu trinken.

c) Zauberspruch, um einen Knochen aus der Kehle zu holen
(Papyrus Leyden)

Dieser Zauber ist mit einer medizinischen Anleitung verbunden. Warum sollte man auch nicht gleichzeitig auf beide Arten danach streben, eine Heilung herbeizuführen?

Spruch, der zu dem Mann gesprochen wird, wenn ein Knochen in seiner Kehle stecken geblieben ist.

Du bist Shlate, Late, Balate – das weiße Krokodil[318] [319], das unter dem ... ... des Feuermeeres ist, dessen Bauch voll von Knochen jedes Ertrunkenen ist.
Du wirst heute diesen Knochen für mich ausspucken, der wie ein Knochen wirkt, der ... ..., der ... ... wie ein Verband, der alles tut, ohne daß etwas fehlt[320]; denn ich bin ein Löwenvorderteil, ich bin ein Widderkopf, ich bin ein Leopardenzahn.[321]
Greif ist mein wahrer Name, denn Osiris ist der, der in meiner Hand ist, der Mann, der genannt wird, ist der, der meine ...[322]

Sprich diese Anrufung siebenmal über ein wenig Öl.

Halte das Gesicht des Mannes nach oben, gieße das Öl in seinen Mund, lege Deinen Finger und Deinen Fingernagel an die zwei Muskeln seiner Kehle, und lasse ihn

---

316 Hier soll das, was im Hals steckt, vom Magen aus aufsteigend (Magen → Herz → Hals → Mund) nach draußen geworfen werden.

317 Der Grund für das „siebenmal" ist unbekannt – aber es würde sicherlich Eindruck auf den Patienten machen, dieses Spruch siebenmal über dem Becher mit dem Wasser zu sprechen.

318 Auch dieser Zauber benutzt die Analogie zu dem Krokodil, das die Knochen und andere unverdauliche Teile der Tiere (und Menschen), die es gefressen hat, wieder auswürgt.

319 Ist das „Weiße Krokodil" der Krokodilgott? Da die Tiergottheiten in den Visionen bei fast allen Völkern als „Weiße Büffelfrau", „Weißer Elefant", „Großer Weißer Wolf" usw. gesehen werden, könnten auch in Ägypten die „Weiße Kuh", das „Weiße Nilpferd" und dieses „Weiße Krokodil" ihre Farbe aus den Visionen und Traumreisen der Priester, Heiler und Schamanen erhalten haben.

320 Von diesem Satz ist nur der Anfang verständlich.

321 In diesem Satzteil nimmt der Zauberer die Gestalt eines Gottes an („Invokation"), um die Macht zu haben, seinen Zauber zu auszuführen.

322 Der Sinn dieses Satzes ist möglicherweise, daß der Patient so wie Osiris wiedergeboren wurde, wieder gesund werden soll, d.h. den Knochen in seinem Hals ausspucken soll.

dann das Öl schlucken. Lasse ihn dann plötzlich aufschrecken[323], sodaß er das Öl, das in seiner Kehle ist, sofort ausspuckt. Dann kommt der Knochen mit dem Öl nach oben.

8.   Liebeszauber

Liebeszauber sind weltweit verbreitet und auch Ägypten ist da keine Ausnahme.

Die zweite sehr weit verbreitete Art von „Alltags-Zaubern" ist der Schadenszauber, der bei den Ägyptern jedoch im Zusammenhang mit Sobek zu fehlen scheint, was verwunderlich ist, da Sobek doch für Schadenszauber geradezu prädestiniert ist.

a) Liebeszauber
(Demotischer Magie-Papyrus)

An die großen Götter Ägyptens: Füllt eure Hände mit Flammen und Feuer; benutzt es, werft es auf das Herz der X, der Tochter von Y.

Dämon – laß sie abmagern, raube ihr Schlaf[324] – Du Mann von Amenti[325].

Möge das Haus ihres Vaters und ihrer Mutter und der Orte, an denen sie ist, ...

Laß sie rufen „Da ist eine Feuerflamme in ihr!" während sie spricht und sagt: „Erbarme Dich!". Sie steht draußen und murmelt „Erbarme Dich!"

Denn ich bin ein Gesandter des Geb.

Horus-Ron-Phre ist mein Name.

Reißt ihren Namen aus Ägypten aus für 40 Tage, 33 Monate, 175 Tage, die Ergänzung von 6 Monaten.

Gyre, Thee, Pysytu, Ekoimi, Atam!

Sprich dies siebenmal.

Benutze Krokodilkot, eine kleine Plazenta einer Eselin, zusammen mit Sisymbrium, sieben Oipi aus Antilopenkot, die Galle eines männlichen Ziegenbocks und die Erstlingsfrüchte des Öls.[326] Erhitze sie mit Flachsstängeln.

---

323 aufschrecken: plötzlich gegen den Hals drücken, in dem das Öl das Gleiten des Knochens erleichtert?

324 Die typischen Symptome von Liebessehnsucht und Liebeskummer, von denen der Zauberer hofft, daß sie durch den Liebeszauber in der Frau ihm gegenüber entstehen.

325 Amenti: Wächter-Gott am Jenseitstor im Westen, der in einem Baum am Rande der Wüste wohnt

326 Diese Zutaten lassen sich nicht alle übersetzen und die Bedeutung der anderen Zutaten sind auch nicht ganz klar. Sie müssen jedenfalls alle Assoziationen zur Sexualität haben.

Rezitiere das sieben Tage lang jeweils siebenmal. Salbe Deinen Phallus.[327] *Dann wirst Du bei der Frau liegen. Salbe dann auch die Brust der Frau.*[328]

b)   Sexuelle Vereinigung mit einem Krokodil
(Öllampe)

Öllampe 1

Auf dieser Öllampe aus der Römerzeit ist eine Frau zu sehen, die sich mit einem Krokodil vereint, dessen Penis deutlich zu sehen ist.

Die Deutung des Bildes ist sehr umstritten und es gibt viele verschiedene Varianten.

Unter anderem ist seine Verwendung in einem Liebeszauber denkbar – schließlich war das Krokodil (neben dem Widdergott Chnum) auch das Symbol der Zeugungskraft.

Auch hier ist wieder – wie so oft – ein Palmwedel über dem Krokodil abgebildet.

---

327 salben: vermutlich mit dem obengenannten Gemisch
328 unsichere Übersetzung

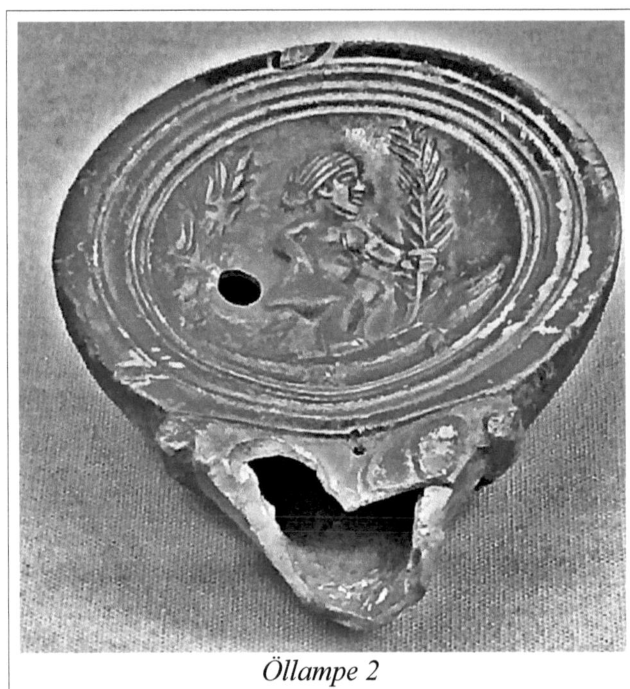
Öllampe 2

Das es von diesen Krokodil/Frau-Öllampen gleich noch eine zweite gibt, müssen diese Öllampen wohl eine Art „Standard-Zauber" gewesen sein.

Ob die für Liebeszauber verwendet worden sind oder zur Stärkung des Geistes eines Toten bei der Wiederzeugung im Jenseits, läßt sich nicht sicher sagen.

9. Orakel

In diesen Orakel-Anleitungen spielt das Krokodil nur eine untergeordnete Rolle. Sobek ist also nicht ausdrücklich ein Orakel-Gott

a) Räucher-Orakel
(aus dem Papyrus Leyden)

Anleitung zur schnellen Befragung eines Räuchergefäßes, damit die Götter eintreten und Dir die Antworten wahrheitsgemäß sagen: Lege die Schale eines Krokodil-Eies oder das, was darin ist, auf die Glut. Sie wird sofort verzaubert werden.[329]

Anleitung, um die Götter sprechen zu lassen: Lege einen Froschkopf auf die Glut in dem Räuchergefäß, dann sprechen sie.

Anleitung, um die Götter mit Gewalt herbeizurufen: Man legt die Galle eines Krokodils mit zerstoßenem Weihrauch auf die Glut in dem Räuchergefäß.

---

329 Wird hier ein Krokodil-Ei benutzt, weil das Krokodil, d.h. Sobek die Unterwelt und daher auch das Verborgene kennt?

Wenn Du willst, daß sie schnell wieder zu Dir kommen, dann lege Anisstängel auf das Feuer, zusammen mit der Eierschale wie oben gesagt. Dann wirkt der Zauber sofort.

Wenn Du einen lebenden Mann herbeiholen willst, dann lege Kupfersulfat auf die Glut in dem Räuchergefäß. Dann kommt er herein.

Wenn Du einen Geist herbeirufen willst, dann lege den Stein sa-wer mit dem Stein von ilkh auf die Glut in dem Räuchergefäß. Dann kommt der Geist herein.

Wenn Du das Herz einer Hyäne oder eines Hasen darauflegst, ist das ausgezeichnet.

b) Räucher-Orakel
(Papyrus Leyden)

Die Gefäßbefragung des Osiris:

Gepriesen sei er!
Osiris, König der Unterwelt,
Herr der Bestattung,
dessen Kopf in This und dessen Füße in Theben sind,[330]
der in Abydos Antwort gibt,
dessen ... ... in Pashalom ist,
der der unter dem Nubs-Baum in Meroë ist,
der auf dem Berg von Poranos ist,
der auf meinem Haus in Ewigkeit ist,
dem Haus von Netbeou in Ewigkeit,
der, dessen Antlitz wie das Gesicht eines Falken aus Leinen ist,
der Mächtige, dessen Schwanz der Schwanz einer Schlange ist,
dessen Rücken der Rücken eines Krokodils ist,
dessen Hand die eines Menschen ist,
der gegürtet ist mit einem Gürtel aus Mumienbinden,
in dessen Hand das Uas-Szepter ist.

Gegrüßt sei er,
Iaho, Sabaho, Atonai, Mistemu, Iauiu,
gegrüßt sei er, Michael, Sabael,[331]
gegrüßt sei er, Anubis in der Heimat der Hundegesichter,
er, dem diese Erde gehört, der eine Wunde auf einem Fuß trägt:

---

330 Osiris ist ganz Ägypten, d.h. das fruchtbare, schwarze Land im Niltal.

331 Hier werden nicht-ägyptische Götternamen verwendet. Schon damals machte das Fremde und Unbekannte in einem Zauber immer einen großen Eindruck ...

Verbirg die Finsternis in der Mitte,
bring mir das Licht,
komm zu mir herein,
sag mir die Antwort auf das, wonach ich heute hier frage.

Sprich dies neunmal, bis der Gott kommt und das Licht erscheint. Du musst es wieder in der Art tun wie bei der Erinnerung daran weiter oben. Das Gesicht des Jungen ist nach Osten gewandt und sein eigenes Gesicht nach Westen. Du rufst es in seinen Kopf herab.[332]

10. Weisheit

a) Weisheit
(Die Anweisungen der Ptah-Hotep)

Wenn Du gepflügt hast, dann sammle Deine Ernte auf dem Feld, und Gott wird sie unter Deiner Hand groß machen.
Fülle Deinen Mund nicht am Tisch Deines Nächsten ... ...[333]
Wenn ein schlauer Mann Reichtum besitzt, stiehlt er wie ein Krokodil von den Priestern.[334]

11. Zusammenfassung

Es ist ein schlechtes Omen, ein Krokodil zu sehen.

In der Magie wurden Statuen, Stelen, Amulette, Zaubersprüche verwendet, die sich auf Sobek oder andere Krokodilgötter beziehen. Krokodile können auch bei Heilungszaubern, Liebeszaubern und Orakeln helfen. Menschen und Götter können sich in den Mythen und in den Jenseitsvorstellungen in Krokodile verwandeln.

Isis schützt die Menschen wie ihren Sohn Horus („Harpokrates") gegen Krokodile.

---

332 Diese konkrete Imaginations-Anweisungen sind leider ein wenig unklar – insbesondere wird nicht gesagt, wer der „Junge" ist. Handelt es sich dabei um ein Medium? Die Erscheinung des Lichts ist ein häufiges Phänomen bei Invokationen und Evokationen.

333 Lücke im Text

334 Hier werden einige der sozialen Richtlinien der Ma'at beschrieben.

Die Menschen brauchen auch den Schutz vor der Vielzahl von Krokodilgöttern vor allem im Jenseits. Auch die Wächter an den Jenseits-Toren haben oft die Gestalt von Krokodilen.

Der Sieg über ein Krokodil ist ein Zeichen großer Kraft.

Man soll nicht gierig wie Krokodil sein.

Das „Weiße Krokodil" ist sehr wahrscheinlich der hellsichtig in einer Vision oder Traumreise wahrgenommene Krokodilgott, da die Tiergötter weltweit als große, weiße (in der Regel weibliche) Tiere der entsprechenden Art wahrgenommen werden.

IX Zwillinge unter Palmen

In den bisher betrachteten Texten, Statuen und Bildern findet sich zum einen oft ein Krokodil-Paar und zum anderen oft ein Palmwedel, seltener ein belaubter Zweig eines anderen Baumes, über den Krokodil.
Warum?

Das Krokodil-Paar erscheint an den verschiedensten Orten:

1. Das Motiv der zwei Krokodile muß schon alt sein, da es bereits im Pyramidenspruch 669 auftritt: *„die beiden Gefolgsleute des Gottes (Sobek-Re), die scharfe Zähne und lange Krallen haben.“*

2. Im Fayyum erscheint dieses Motiv gleich viermal:
- Im Tempel von Nakchias werden Soknobkonneus (*„Sobek, Herr von Konneus“*) und Soknob-raisis (*„Sobek, Herr von Raisis“*) gemeinsam verehrt.
- In Karanis haben die beiden Krokodilgöttern Pnepheros (*„Seelen-Träger“*) und „Petsuchos“ (*„Haus des Krokodils“*) einen gemeinsamen Tempel.
- Im Tempel von Medinet Madi gibt es im Allerheiligsten nebeneinander zwei Nischen für zwei Krokodil-Mumien.
- Im „Fayyum-Buch“ erscheinen mehrmals zwei Krokodile nebeneinander – u.a. als Sobek in der Tagesbarke und als Sobek in der Nachtbarke.

3. Dieses Motiv ist auch aus Oberägypten bekannt:
- Im Grab des Tutanchamun im Tal der Könige findet sich die Darstellung de Sobek auf seinem Thron. Vor seinem Thron und auch unter seinem Thron sind jeweils zwei Krokodile abgebildet.
- In al-Mahamid Qibli wurde eine Sobek-Stele gefunden, auf der oben zweimal Sobek abgebildet ist – die beiden Sobeks schauen sich gegenseitig an. Zwischen ihnen ist vermutlich die Sonne zu sehen. Unter ihnen sind 2x5 Krokodile abgebildet, die sich wieder als Paare anblicken.
- Ebenfalls in al-Mahamid Qibli wurden zwei Messer aus der prä-dynastischen oder früh-dynastischen Zeit gefunden, in deren Griffen jeweils ein Krokodil eingeritzt gewesen ist.
- Die beiden Krokodilgötter Sobek und Shema-nefer (*„der Schöne aus Oberägypten“*) wurden als Söhne der Neith angesehen.

4. Auch aus dem Süden des ägyptischen Reiches sind solche Krokodil-Paare bekannt:
       - In Kom Ombo wurden zwei Krokodile nebeneinander auf einem Sockel gefunden, die aus einem schwarzen Stein gefertigt worden sind.

5. Ein weiterer Fundort solcher Krokodil-Paare sind die Horus-Stelen:
       - Auf manchen Horus-Stelen steht der Gott Harpokrates mit seinen Füßen auf zwei Krokodilen, die sich wieder anschauen.

Diese Funde ergeben schon einige Hinweise:

- Es ist ein altes Motiv.
- Die Göttin Neith hat zwei Krokodil-Söhne.
- In den Sobek-Tempeln wurden mehrfach Krokodil-Paare verehrt.
- Die beiden Krokodil-Götter, die gemeinsam in einem Tempel verehrt wurden, trugen verschiedene Namen.
- Sobek erscheint auch mit zwei Krokodilen.
- Sobek erscheint weiterhin mit zwei mal zwei Krokodilen.
- Zwei Sobeks erscheinen mit 5x2 Krokodilen,
- Das Sobek-Paar erscheint auch als „Sobek in der Tagbarke" und „Sobek in der Nachtbarke" des Sobek-Re.
- Es gibt zwei 2 zusammengehörige Messer mit Krokodilgriff.

Der direkteste Hinweis ist sicherlich „Sobek in der Tagbarke" und „Sobek in der Nachtbarke" des Sobek-Re. Das würde bedeuten, daß Man „Sobek im Diesseits" von „Sobek im Jenseits" unterschied, also zwei verschiedene Sobeks kannte: einen „hellen Sobek" und einen „dunklen Sobek".

Da der Sonnenlauf auch diese zwei Seiten hat (Tag und Nacht) und Sobek als „Sonnenträger" angesehen wurde, paßt diese Deutung gut zu Sobek-Re.

Das altägyptische Weltbild orientiert sehr stark an dem Diesseits-Jenseits-Gegensatz: Kemi (Ägypten) und Am-Duat (Jenseitsgefilde), das Ostufer des Nils und das Westufer des Nils, die beiden Pylone vor dem Tempeleingang, die beiden Ruti (Löwen-Paar) am Sonnenaufgangs-Tor am Horizont usw. Diese Symbolik läßt sich bis zu den beiden Panthern der jungsteinzeitlichen Göttin von Çatal Höyük und zu den beiden Panther vor dem früh-jungsteinzeitlichen Tempeln von Göbekli Tepe und den beiden zentralen Pfeilern in diesen Tempeln zurückverfolgen.

Auch das Paar Oberägypten und Unterägypten sowie die Sonne und der Mond als Augen des Sobek könnten letztlich auf diese grundlegende Dualität zurückgehen.

Das Motiv „Sobek mit zwei Krokodilen" wäre dann „Sobek mit seinem Diesseits-Aspekt und seinem Jenseits-Aspekt".

Das Krokodilmesser-Paar könnte ebenfalls ein Hinweis auf die zweifache Natur des

Sobek sein – und sie werden natürlich auch Sobeks spitze Zähne symbolisieren.

Die zweite offene Frage war die Bedeutung der häufigen Darstellung eines Palmwedels über Sobek und über der Sonnenbarke des Sobek.

Der Palmwedel über der Sonnenbarke des Sobek-Re schließt schon einmal aus, daß der Palmwedel ein „Sonnenschirm" für den Krokodilgott ist. Wenn das so wäre (wie die Schirme der Götter in der indischen Symbolik), dann sollten auch die anderen Götter solche Palmwedel haben – was jedoch nicht der Fall ist.

Diese Palmwedel erscheinen oft und stehen wie selbstverständlich über dem Krokodilgott. Sie erscheinen auch immer ganz oben auf einem Bild – das kann Zufalls ein sein, aber auch Absicht.

Wenn man in die früheste Zeit der ägyptische Religion zurückgeht, erscheint die Palme des öfteren als Weltenbaum, auf den ein Vogel hinauffliegt, neben dem zwei Schlangenhalspanther stehen u.ä.

Diese Weltenbaum-Symbolik würde gut zu Sobek passen, da zum einen der Weltenbaum die Verbindung zwischen Diesseits und Jenseits ist, und zum anderen Sobek derjenige ist, der zwischen den beiden Welten hin- und herreist.

Zusammenfassung:
Die beiden bisher noch ungeklärten und etwas salopp als „Zwillings unter Palmen" benannten Motive stellen also sehr wahrscheinlich Sobek als den „Wanderer in den beiden Welten", als denjenigen, der sowohl das Diesseits als auch das Jenseits kennt und der sich in beiden Welten frei bewegen kann, dar.

X Die Entwicklung des Sobek

Die Entwicklung der Vorstellungen über den Krokodilgott lassen sich weitgehend rekonstruieren. Dies liegt auch daran, daß dieser Gott, da er die Verkörperung des Krokodils – sozusagen der „Krokodil-Geist" ist – stets „der starke Gott" gewesen ist.

1. späte Altsteinzeit
(50.000-10.000 v.Chr.)

Krokodile werden schon immer wichtig für die Menschen gewesen sein – auch schon in der Altsteinzeit und in der Jungsteinzeit – da sie so gefährlich für die Menschen gewesen sind.

Aus der späten Altsteinzeit – z.B. aus den Höhlenmalereien – gibt es keine Krokodil-Darstellungen, was allerdings auch ganz einfach daran liegt, daß es in der Gegend in Südfrankreich und Nordspanien, in der sich diese Höhlenmalereien befinden, damals (und auch heute) keine Krokodile gegeben hat.

Die ersten bildlichen Darstellungen von Krokodilen stammen aus der Jungsteinzeit (10.000-3.300 v.Chr.) und wurden in Afrika und Australien gefunden.

2. Jungsteinzeit
(10.000-3.300 v.Chr.)

Für die jungsteinzeitliche Merimde-Kultur in Ägypten (5000-4000 v.Chr.) ist die Jagd auf Krokodile nachgewiesen.

Die beiden östlichen Nachbarn Ägyptens zum einen in Sumer (5000-2340 v.Chr.) in Mesopotamien und zum anderen in der Harrappa-Kultur am Indus (6500-1800 v.Chr.) haben wie die ägyptische Kultur gemeinsame Wurzeln in der Jungsteinzeit im nördlichen Mesopotamien (Göbekli Tepe u.a.). Von diesen drei frühen Kulturen war die Harappa-Kultur die größte – sie war flächenmäßig größer als Ägypten und Sumer zusammen.

In Sumer wurden die Krokodile als Geister und Götter angesehen. Sie wurden wie in Ägypten mit dem Wasser, der Fruchtbarkeit und der Unterwelt assoziiert.

In der Harappa-Kultur sind ebenfalls Krokodile verehrt worden, wie die vielen Darstellungen von Krokodilen u.a. auf Ringen, Siegeln u.ä. zeigen. Ob sie dort als Gottheiten betrachtet wurden, ist unbekannt, da die Harappa-Schrift bisher noch nicht entziffert werden konnte.

In allen drei frühen Hochkulturen, die aus der früh-jungsteinzeitlichen Kultur in

Mesopotamien (Göbekli Tepe u.a.) entstanden sind – also Ägypten, Sumer und Harappa – sind die Krokodile Teil der Mythologie. Zumindest in Ägypten und Sumer sind sie auch als Götter angesehen worden – möglicherweise auch in Harappa.

Der Krokodil-Kult in diesen drei Ländern, die eine gemeinsame Wurzel in dem früh-jungsteinzeitlichen Nordmesopotamien haben, läßt vermuten, daß der Krokodil-Kult ein hohes Alter haben muß und aus der gemeinsamen Wurzel dieser drei Reiche in der frühen Jungsteinzeit in Mesopotamien in der Zeit zwischen ca. 10.000 v.Chr. und 7.000 v.Chr. heraus entstanden ist.

Da es im Euphrat und im Tigris jedoch keine Krokodile gab und die Menschen dort Krokodile erst frühestens ab 3.000 v.Chr. durch die Ägypter kennengelernt haben, kann der Krokodil-Kult nicht in Mesopotamien entstanden sein. Auch in den Tier-Reliefs und Tier-Gravuren von Göbekli Tepe, Nevali Cori und anderen Fundplätzen aus der frühen Jungsteinzeit in Mesopotamien gibt es keine Darstellungen von Krokodilen.

Folglich muß der Krokodil-Kult trotz der Ähnlichkeiten zwischen Ägypten, Sumer und Harappa unabhängig voneinander in Ägypten und Harappa entstanden sein – weil es zwar im Nil und im Indus Krokodile gab, aber nicht im Euphrat und im Tigris.

Wenn es ältere Wurzeln des ägyptischen Krokodil-Kultes geben sollte, müssen diese in der Bevölkerung des Niltals gesucht werden, die dort vor 6.000 v.Chr, gelebt haben, also vor der Einwanderung der Menschen aus Mesopotamien, die um 6000 v.Chr. den Ackerbau und die Viehzucht ins Niltal gebracht haben. Der ägyptische Krokodil-Kult könnte also altsteinzeitliche Wurzeln in Afrika haben, wo das Krokodil heimisch ist, aber er hat keine Wurzeln in Mesopotamien.

Eine andere offensichtliche Wurzel, die nicht nach Mesopotamien, sondern nach Afrika führen, ist der ägyptische Schamanen-Gott Bes, der völlig anders als alle anderen ägyptischen Götter aussieht.

Genetische Untersuchungen haben zudem gezeigt, daß die Ägypter enger mit den Menschen südlich der Sahara verwandt sind als mit den Menschen im Nahen Osten (Mesopotamien). Alle Jäger und Sammler, die vor den um 6.000 v.Chr. in Ägypten eingewanderten Bauern im Niltal gelebt haben, werden sich mit den Krokodilen auseinandergesetzt haben müssen. Daher es sehr wahrscheinlich, daß es damals irgendeine Art eines „prä-ägyptischen", also afrikanischen Krokodilgottes gegeben haben muß.

Dieser altsteinzeitliche afrikanische Krokodilgott ist der „Ur-Ur-Ur-Urgroßvater" des Sobek.

3. Afrika
(um 6000 v.Chr.)

Da die um 6.000 v.Chr. von Mesopotamien aus in das Niltal eingewanderten Bauern und Viehzüchter keine Krokodile kannten, werden sie die Krokodil-Vorstellungen der afrikanischen Jäger und Sammler, die damals im Niltal lebten, zunächst einmal einfach unverändert übernommen haben.

Noch heute werden die Krokodile am gesamten Verlauf des Nils bis zum Victoriasee und in dem dortigen Bereich der sechs großen Seen (Victoriasee, Tanganjikasee, Albertsee, Eduardsee, Kiwusee, Malawisee) verehrt. Auch im übrigen Afrika sind Krokodil-Kulte überall zu finden, wo es Krokodile gibt – also im Niltal und im gesamten Afrika südlich der Sahara außer an der Südspitze des Kontinents.

Natürlich lassen sich die Eigenschaften der Krokodil-Götter und Krokodil-Geister in diesen Kulten von den Eigenschaften der Krokodile selber ableiten, doch die Einheitlichkeit dieser Vorstellungen in ganz Afrika sowie ihre Übereinstimmung mit den ägyptischen Vorstellungen über Sobek ist schon beeindruckend.

Sobek ist ein **Gott**.
Das Krokodil wird in ganz Afrika als ein mehr oder weniger heiliges Tier angesehen. Das reicht vom Fluß-Wächter über das Totem bis zur Gottheit.

Sobek war in den Krokodil-Gauen eine Art **Totem**, d.h. es galten besondere Regeln für den Umgang mit ihnen.
Das Krokodil ist in ganz Afrika als Totem bekannt.

Sobek-Krokodile wurden in Ägypten in **Heiligen Teichen** gehalten. Sie wurden von den Priestern **ernährt**.
Im Einzugsbereich des Volta, also in Ghana und Burkina Faso in Westafrika, werden ebenfalls Krokodile in heiligen Teichen gehalten. Ihnen werden von bestimmten Familien mit Priester-Aufgaben Speiseopfer, sogar ganze geschlachtete Stiere, dargebracht.

Sobek ist der Bringer und der Wächter des **Wassers**.
Das Krokodil ist in ganz Afrika der Bringer und Wächter des Wassers. Krokodile werden auch als Wassergeister angesehen.

Sobek ist der Gott der **Zeugungskraft**.
In Gambia in Westafrika ist das Krokodil ein Symbol der Fruchtbarkeit.

Sobek ist der **starke** Gott.
Das Krokodil ist in Afrika ein Symbol der Stärke, der Kraft und des Überlebens.

Sobek hat **magische Kräfte**.

In Afrika werden Krokodile als Wesen mit magischen Kräften angesehen.

Sobek ist der **Gott der Pharaonen** und verleiht ihnen auch **militärisches Geschick**.

Das Krokodil verleiht in Gambia seinen Verehrern politische Macht. Es ist in ganz Afrika ein Symbol der Herrschaft.

Sobek ist der Gott des **Weges zwischen Diesseits und Jenseits**.

Die Krokodile spielen in Afrika bei der Symbolik von Leben und Tod eine große Rolle. Sie sind die Vermittler zwischen dem Diesseits (Land) und dem Jenseits (Wasser).

Sobek ist ein Gott der **Unterwelt**.

Die Krokodile in Afrika beschützen die Gräber der Ahnen; die Ahnengeister können die Gestalt von Krokodilen annehmen; und die Krokodile sind die Begleiter von Gottheiten und Ahnen.

In Ägypten wurden **Menschen-Mumien und Krokodil-Mumien** gemeinsam bestattet.

In Afrika werden oft Menschen und Krokodile zusammen dargestellt.

Sobek ist ein Gott der Verjüngung und der **Wiedergeburt** des Pharaos.

Krokodile treten in vielen Übergangsriten auf und sind in den Initiationsriten wichtig, da diese beiden Arten von Ritualen so gut wie immer Jenseitsreisen sind.

Sobek erscheint oft als **Wächter** von Orten.

Krokodile bewachen in Afrika Orte und zum Teil ganze Länder.

Sobek ist eine **Gefahr**, aber auch ein **Helfer**.

Die Krokodile werden in Afrika sowohl durch Rituale besänftigt als auch durch Rituale um Schutz gebeten. Sie werden wird fast immer sowohl positiv als auch negativ gesehen. Die Nuer am Nil haben die Krokodile zum einen als Totem angesehen, aber sie zum anderen auch gejagt und gegessen.

Sobek ist der **wilde** Gott.

Das Krokodil ist in Afrika ein Symbol der Wildheit.

Sobek ist ein **Urgott und Schöpfergott**.

In Afrika werden Krokodile als Urwesen und als Schöpfer angesehen.

Sobek sprach in manchen seiner Tempel durch die Priester **Orakel** für die Menschen.

Bei den Bagandas gab es auf der Insel Damba im Victoriasee einen Tempel, der den Krokodilen geweiht war. In diesem Insel-Tempel wohnte ein Medium, das die Krokodile durch sich selber hindurch zu den Menschen sprechen ließ.

Diese vollständige Einheitlichkeit bei den afrikanischen Krokodil-Mythen einschließlich der ägyptischen Sobek-Mythen läßt nur den Schluß zu, daß die Sobek-Mythen tatsächlich von den afrikanischen „Ureinwohnern" im Niltal und nicht erst von den mesopotamischen Einwanderern erschaffen worden sind.

Sobek ist somit ein afrikanischer Gott.

Ein Vergleich mit einigen afrikanischer Sprachen zeigt, daß keine der afrikanischen Bezeichnungen für „Krokodil" ähnlich wie „Sobek" oder „Suchos" klingt. Das läßt vermuten, daß diese beiden Worte aus der Sprache der Ägypter stammen und nicht von den afrikanischen Ureinwohnern im Niltal übernommen worden sind – zumal diese beiden Worten auch Bezüge zu der übrigen altägyptischen Sprache haben.

Die Namen für das Krokodil lauten in einigen afrikanischen Sprachen wie folgt:

- Hausa: Kada
- Igbo: Obo
- Kabiyé: Kazayay
- Lingala: Ngandó
- Sotho: Kopisi
- Swahili: Mamba
- Swahili: Mnyama
- Swahili: Nyama ya maji („Tiere des Wassers")
- Taqbaylit: Tizutar
- Xhosa: Isilumkisi
- Yoruba: Eje
- Zulu: Nyamas
- Zulu: Isilumkisi

Unser Wort „Krokodil" stammt aus dem Griechischen und ist aus „krókē drīlos", d.h. „Kies-Wurm" zu „Krokodil" zusammengezogen worden. Damit wurde ursprünglich die Eidechse bezeichnet. Das Krokodil ist also ein „großer Kies-Wurm" bzw. eine „große Eidechse".

4. prädynastische Zeit
(3300-3032 v.Chr.)

Die ersten ägyptischen Darstellungen von Krokodilen finden sich auf Vasen, Schalen u.ä. Bei diesen Darstellungen vom Typ „Krokodil im Wasser" ist noch keine mythologische Bedeutung erkennbar – was jedoch nicht bedeutet, daß die Krokodile nicht schon damals eine mythologische Bedeutung gehabt haben können, d.h. daß es nicht auch schon damals einen Krokodilgott gegeben haben könnte.

Aufgrund der großen Gefahr, die von den Krokodilen ausging, und aufgrund der großen Bedeutung des Krokodil im Kult der Frühzeit und des Alten Reiches wird man recht sicher von einem Sobek-Kult auch schon zu dieser Zeit ausgehen können.

Pharao Krokodil

Um ca. 3170 v.Chr. hat der Pharao Krokodil gelebt, dessen Symbol und Namenszeichen das Krokodil gewesen ist. Diese Funde stammen aus Tarchan, das ca. 50km nördlich von Kairo im Delta liegt.

Die Schriftzeichen in dem oberen der beiden Abbildung links stellen 1. den Horusfalken als den „Gott im Pharao" dar, 2. das Krokodil und die Hieroglyphe für „sh", und 3. die Hieroglyphe für „Tempel, Palast" (die aus Lehmziegeln gemauerte Front eines großen Gebäudes).

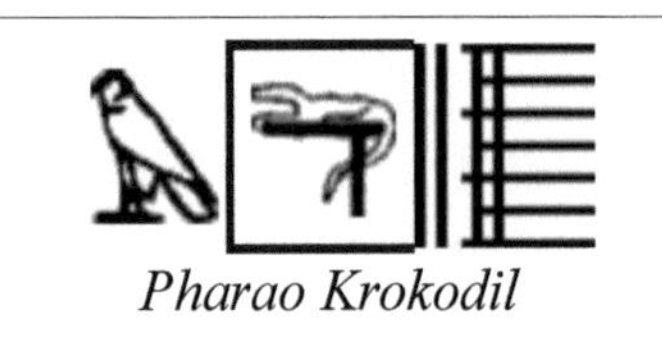

Pharao Krokodil

Bei der unteren der beiden Varianten ist ein Krokodil auf einer Standarte zu sehen, wodurch dies Krokodil sicher als Gottheit gekennzeichnet ist.

Abdruck des Rollsiegels des Pharaos

Auf dem Abdruck des Rollsiegel ist oben rechts wieder das Krokodil auf der Standarte zu sehen. Rechts außen, links außen und oben links ist ein einfaches Krokodil abgebildet.

Der Name dieses Pharaos lautete entweder „shenej·w", was „Pharao Krokodil" bedeuten würde, oder – was unwahrscheinlicher ist – „shen·det", was „Unterdrücker" bedeuten würde.

Auf jeden Fall ist dieses „Krokodil auf der Standarte" in dem Namenszeichen des Pharaos Krokodil und auf dem Rollsiegel der älteste sichere Nachweis für den Krokodilgott Sobek.

5. Frühzeit
(3032-2707 v.Chr.)

In der Frühzeit erscheint das erste Mal ein Mann mit einem Krokodilkopf, der dadurch eindeutig als der Gott Sobek erkennbar ist. Er trägt in seiner linken Hand das Uas-Szepter („Macht, Herrschaft") und in seiner rechten Hand das Ankh („Leben").

Sobek wurde schon in dieser frühen Zeit in Kom Ombo zusammen mit der Kuh-Muttergöttin Hathor und dem Mondgott Chonsu verehrt. Dies ist der älteste an einem konkreten Ort nachgewiesene Sobek-Kult.

6. Altes Reich
(2707-2216 v.Chr.)

Im Alten Reich war Sobek einer der wichtigsten Götter. Aus den Pyramiden, die in dieser Zeit erbaut wurden, stammen die ersten schriftlichen Überlieferungen über den Krokodilgott. Sie sind alle in dem Kapitel „Hymnen" angeführt worden.

Der wichtigste Kultort des Sobek war zu dieser Zeit Schedet im Fayyum. Allerdings scheint sein Kult in kleinerer Form auch in etlichen Dörfern am Nil verbreitet gewesen zu sein – und natürlich weiterhin auch in Kom Ombo.

Sobek wurde auch mit der Macht des Pharaos und mit militärischem Geschick assoziiert. Daher wurde Sobek auch als der Beschützer des ägyptischen Heeres und als Verteidiger des Pharaos angesehen.

Sobek wurde jedoch wie Seth sowohl als ein Beschützer vor Gefahren als auch als ein Feind angesehen. In der Osiris-Mythe verwandeln sich die Verbündeten des Seth in Krokodile, um Horus zu entkommen.

7. Erste Zwischenzeit
(2216-2037 v.Chr.)

Aus dieser unruhigen Zeit ist kaum etwas über Sobek bekannt.

8. Mittleres Reich
(2037-1781 v.Chr.)

Obwohl Sobek bereits im Alten Reich verehrt wurde, erlangte er erst im Mittleren Reich, vor allem unter dem Pharao Amenemhat III, der in der 12. Dynastie gelebt hat, eine große Bedeutung. Amenemhat III war die Förderung der Fayyum-Oase nahe dem heutigen Kairo ein großes Anliegen. Da diese sumpfige Region wie das Delta voller Krokodile war, ließ er im Fayyum mehrere Sobek-Tempel errichten.

In dieser Phase der altägyptischen Kultur entstand das bekannte Motiv des Sobek mit der Sonnen/Feder-Krone, da Sobek mit dem Falkengott Horus, der in dem jeweiligen Pharao wohnte, vereint wurde. Sobek wurde als Sobek-Re *„der im Osten aufsteigt und im Westen untergeht"* genannt.

Auch das Motiv des Krokodils mit Falkenkopf stammt aus dieser Zeit. Der Ansatz dafür war zum einen die Gleichsetzung des Horus mit Re und zum anderen der Krokodilgott als „Träger des Re". Diese Verschmelzung von Re, Horus und Sobek war natürlich auch im Interesse der Pharaonen, die dadurch unter dem Schutz eines gewaltig starken Gottes standen: Er vereinte in sich Sonne, Falke und Krokodil.

Zu dieser Zeit wurde Sobek als Sobek-Horus auch in die Familie „Osiris, Isis und Horus" aufgenommen. Dies lag vermutlich auch darin begründet, daß er zu dieser Zeit nicht mehr nur als „Jenseitsträger für Re" angesehen wurde, sondern wie Osiris auch als Totengott.

Der Sobek-Kult in Sumenu wurde nach dem Kult von Schedet der zweitwichtigste, vor allem während der Regierungszeit Amenemhats II.

9. Zweite Zwischenzeit
(1781-1550 v.Chr.)

Aus dieser unruhigen Zeit ist kaum etwas über Sobek bekannt. Sein Kult blieb zwar in mehreren Städten bestehen, aber er war nicht mehr einer der Staatsgötter.

10. Neues Reich
(1550-1070 v.Chr.)

Zunächst verlor Sobek-Horus deutlich an Bedeutung, doch er konnte gegen Ende des Neuen Reiches wieder an seine frühere Beliebtheit anschließen. Er wurde in dieser Epoche fast immer mit der Sonnenscheibe dargestellt.

Zu dieser Zeit wurde auch der Doppel-Tempel für Sobek und Horus in Kom Ombo erbaut.

Im Neuen Reich tauchte Sobek zudem des öfteren in den Unterweltbüchern auf.

11. Dritte Zwischenzeit
(1070-664 v.Chr.)

Auch aus dieser unruhigen Zeit ist kaum etwas über Sobek bekannt.

12. Spätzeit
(664-312 v.Chr.)

Im Kult des Sobek wurden ab dieser Zeit in Tempeln Krokodile in dafür geschaffenen Wasserbecken gehalten. Sie wurden als lebendige Erscheinungsform des Sobek aufgefaßt. Nach ihrem Tod wurden sie mumifiziert. In aller Regel wurde jedoch nur das kleinere westafrikanische Krokodil und nicht das große und deutlich gefährlichere Nil-Krokodil in den Tempeln gehalten.

Sobek wurde vor allem als ein Mann mit hellgrüner Haut und dem Kopf eines Krokodils und langem, schwarzem, geflochtenem Haar dargestellt.

13. Ptolemäerzeit (griechische Zeit)
(312v.Chr. - 395 n.Chr.)

Die bisherige Auffassung der Ägypter des Krokodilgottes als Sobek-Re blieb weiterhin prägend. Die Kultstätten des Sobek wuchsen in dieser Zeit weiterhin deutlich an. Der Hauptkultort war die Fayyum-Oase westlich von Kairo. In dieser Zeit trugen ca. 15% aller Bewohner des Fayyums Namen, die mit „Sobek" gebildet worden sind.

Durch die Sobek-Priesterschaft wurde die Wichtigkeit des Sobek in der bisherigen Religion zunehmend zu dem Bild des Sobek als dem Urgott, Schöpfergott und Allgott ausgebaut.

In dem „Fayyum-Buch", das zu dieser Zeit verfaßt worden ist, wird vor allem die tägliche Reise des Sobek-Re über den Himmel und durch die Unterwelt beschrieben. Von diesem Buch sind derartig viele Exemplare erhalten geblieben, daß es damals eine Art Bestseller gewesen sein muß.

Die Ptolemäer-Pharaonen sahen den Krokodilgott Sobek als ihren Urahn an und setzen ihn in seiner wichtigsten Erscheinungsform als Sobek-Re mit ihrem Sonnengott Helios gleich.

14. Römerzeit

(312v.Chr. - 395 n.Chr.)

Da die Griechen und Römer ihre Götter stets nur als Menschen dargestellt haben (von wenigen Ausnahmen wie Pan oder den Zentauren abgesehen), wurden die Tiergötter oft als „Gott mit Tier-Begleiter" dargestellt. Es gab auch Darstellungen des Sobek als Mann mit einer Krone aus Sonnenstrahlen und einem Krokodil in der Hand.

Kaiser Augustus hat das eroberte Ägypten auf einigen seiner Münzen als Krokodil, das an einen Palmwedel gekettet ist, darstellen lassen. Das macht deutlich, daß Ägypten damals das „Reich des Sobek" gewesen ist.

Sobek wurde auch in Nordsyrien, besonders in der Stadt Ebla, verehrt – obwohl es dort keine Krokodile gibt.

Aus dieser Zeit gibt es sehr viele Krokodil-Mumien aus Assiut und Kom Ombo.

15. Antike

Überraschenderweise wurden viele Sobek-Statuen nicht in Ägypten selber ausgegraben, sondern im gesamten Bereich des Mittelmeers. Das zeigt, daß der Sobek-Kult damals sehr weit verbreitet und sehr populär gewesen sein muß.

16. heute

Die Kenntnis des Gottes Sobek hat sich vermutlich vor allem durch sein Auftreten in dem weltbekannten Videospiel „Assassins' Creed" verbreitet. Er tritt auch in „Kung Fu Panda" auf.

Das Jenseits-Monster Ammit, das eine Mischung aus Nilpferd, Löwe und Krokodil ist, erscheint in dem MCU-Film „Moon-Knight", weiterhin in der Serie „The Kane Chronicles" und auch in dem Film „Primeval".

Mittlerweile gibt es eine reiche Tradition zeitgenössischer Sobek-Hymnen, Sobek-Darstellung und Sobek-Gestalten in online-Spielen u.ä.

Sobek ist cholerisch, mutig, kampfbereit, aggressiv, gierig, geil und hemmungslos und er ist ein Räuber, Eroberer und der Schutzgott des Pharaos. Er kann durch seine große Kraft („nacht") beschützen („sa") und dabei helfen, den Zustand des „schönen Friedens" („hotep", „nefer") zu erreichen. Dies ist dem Gott Sobek möglich.

Er bringt die Nilflut und die Fruchtbarkeit. Seine Geilheit und seine Zeugungskraft sind unermeßlich. Der Name „Sobek" bedeutet wahrscheinlich „Erzeuger". Er ist der an vielen Orten verehrte unsterbliche Urgott und der von allen angebetete Vater und Herr aller Götter. Als Sobek-Re ist er schließlich auch ein Jenseitsgott.

Die wichtigste Funktion des Sobek in den Mythen ist es, den Sonnengott Re am Morgen aus der Unterwelt zurück ins Diesseits zu bringen. Dabei trägt er die Sonnenscheibe auf seinem Haupt, die durch die beiden Federn der Maat (Seelenvogel; Diesseits und Jenseits), die beiden Hörner des Widdergottes Chnum (Wiederzeugung), die beiden Hörner der Kuhgöttin Hathor (Wiedergeburts-Göttin) und die zwei Uräus-Schlangen (wiedergeborene Ahnen, erwachte Kundalini) ergänzt wird.

Sobek ist der starke Gott (50), der an vielen Kultorten verehrt worden ist (30). Er ist der Gott der Zeugung und der Wiederzeugung (14), der die Nilflut bringt (15) und dadurch alles grünen läßt (11).

Seine Sippe wird ausgiebig beschrieben, aber er ist vor allem der Sohn der kriegerischen Delta-Göttin Neith (17). Da er die Sonne am Morgen aus der Unterwelt zurückholt, verband er sich mit Re zu Sobek-Re (17) und wurde auch zu einem Gott der Unterwelt (5). Auch die meisten seiner vielen Gestalten beziehen sich auf diese Vorstellungen (38): auf den Sonnengott Re, auf den Seelenvogel Horus und auf die Wiederzeugungskraft des Widdergottes Chnum, die Re im Jenseits braucht, um sich selber wiederzuzeugen und anschließend von der Göttin Hathor bzw. Nut wiedergeboren zu werden.

Die Suche nach dem toten Osiris in der Wasserunterwelt war eine naheliegende Ergänzung zu den Mythen des Sobek (6).

Als „Gott im Wasser" wurde er der Urinsel Atum gleichgesetzt und wurde dadurch zum Urgott (5), danach auch zum Schöpfergott (10) und zum allmächtigen Herrn der Welt (35). Die Triebfeder für diese Entwicklung war sicherlich die große Kraft des Sobek.

Auch der Kult des Sobek wird beschrieben (8) und auch Sobeks Schutz für den Pharao (4) sowie für die Menschen allgemein (5).

Doch das prägende Merkmal des Sobek ist bei all dieser Vielfalt stets die große Kraft des Krokodilgottes. Die 115 Schilderungen des Sobek als stark, als Sobek-Re, Urgott, Schöpfergott und als Allherr machen 45% der gesamten 258 Beschreibungen des Sobek aus. Der größte Teil der übrigen geschilderten Eigenschaften des Sobek passen ebenfalls zu seiner Stärke.

Der Kult des Sobek bestand aus Reinigungen, Räucherungen, dem Weg durch den Tempel zum Allerheiligsten, Hymnen an Sobek, Opfergaben, dem Salben und

Kleiden der Statue und der Invokation von Göttern. Dabei wurden auch Ritualgegenstände verwendet. Privat gab es Sobek-Stelen, öffentlich gab es Prozessionen. Eine Besonderheit des Sobek-Kultes waren die lebenden Krokodile bei den Tempeln sowie die Krokodil-Mumien.

In der Magie wurden Statuen, Stelen, Amulette, Zaubersprüche verwendet, die sich auf Sobek oder andere Krokodilgötter beziehen. Krokodile können auch bei Heilungszaubern, Liebeszaubern und Orakeln helfen. Menschen und Götter können sich in den Mythen und in den Jenseitsvorstellungen in Krokodile verwandeln.

Isis schützt die Menschen wie ihren Sohn Horus („Harpokrates") gegen Krokodile. Die Menschen brauchen auch den Schutz vor der Vielzahl von Krokodilgöttern vor allem im Jenseits. Auch die Wächter an den Jenseits-Toren haben oft die Gestalt von Krokodilen.

Es ist ein schlechtes Omen, ein Krokodil zu sehen.

Die Tempel des Sobek glichen den Tempeln anderer Götter: ein Weg entlang einer geraden Achse vom Eingangstor zwischen den beiden Pylonen (Türmen) aus durch den Vorhof und verschiedene Säulenhallen bis zum Allerheiligsten, in dem die Statue des Sobek auf einer Barke auf einem Steinsockel stand.

Dieser zentrale Teil des Tempels wurde durch verschiedene weitere Bauwerke ergänzt: Statuen anderer Götter in den Seitenkammern des Tempels, kleine Tempel anderer Götter, Geburtshäusern (kleine Tempel für junge, wiedergeborene Götter), Brunnen, Waschbecken, Wohnhäuser für Priester, Aufzucht-Anlagen und Wasserbecken für Krokodile, Räume für Krokodil-Mumien, Vorratsräume, Umfassungsmauern um die gesamte Anlage usw.

Das „Weiße Krokodil" ist sehr wahrscheinlich der hellsichtig in einer Vision oder Traumreise wahrgenommene Krokodilgott, da die Tiergötter weltweit als große, weiße (in der Regel weibliche) Tiere der entsprechenden Art wahrgenommen werden.

Die Wurzeln des Sobek sind sehr wahrscheinlich die in ganz Afrika einschließlich Ägypten ausgesprochen einheitlichen Krokodil-Mythen, die in dem Charakter der Krokodile gründen. Diese Mythen werden daher wohl auch schon um 6.000 v.Chr. nicht viel anders gewesen sein, als Ackerbauern und Viehzüchter aus Mesopotamien im Niltal eingewandert sind und zusammen mit den dortigen afrikanischen Jägern und Sammlern die ägyptische Kultur begründet haben, die dann um ca. 3.250 v.Chr. zu dem altägyptischen Pharaonen-Reich geworden ist, in dem der Sobek-Kult von Anfang an vorhanden gewesen ist.

Bücher von Harry Eilenstein

Magie für Anfänger
- Telepathie für Anfänger (60 S.)
- Telepathie für Fortgeschrittene (52 S.)
- Telekinese für Anfänger (52 S.)
- Analogien für Anfänger (56 S.)
- Omen und Orakel für Anfänger (52 S.)
- Lebenskraft für Anfänger (60 S.)
- Meditation für Anfänger (56 S.)
- Kundalini für Anfänger (100 S.)
- Hypnose für Anfänger (56 S.)
- Kampfmagie für Anfänger (172 S.)
- Auto-Movement für Anfänger (56 S.)
- Chakra-Magie für Anfänger (148 S.)
- Astralreisen für Anfänger (56 S.)
- Astrologie für Anfänger (120 S.)
- Astrologische Quadrate für Fortgeschrittene (72 S.)
- Partnerhoroskope für Anfänger (100 S.)
- Silberschnüre für Anfänger (52 S.)
- Zaubersprüche für Anfänger (60 S.)
- Ritual-Magie für Anfänger (56 S.)
- Mandalas für Anfänger (68 S.)
- Geldzauber für Anfänger (56 S.)
- Liebeszauber für Anfänger (52 S.)
- Invokationen für Anfänger (52 S.)
- Evokationen für Anfänger (60 S.)
- Geister für Anfänger (52 S.)
- Elfen für Anfänger (56 S.)
- Magie-Forschung für Anfänger (140 S.)
- Magie-Romantik für Anfänger (60 S.)
- Selbsterkenntnis für Anfänger (52 S.)
- Einweihungen für Anfänger (60 S.)
- Drogen-Kabbala für Anfänger (216 S.)
- Zahlensymbolik für Anfänger (60 S.)
- Die Sprache des Mondes – für Anfänger (116 S.)
- Zaubergesänge für Anfänger (100 S.)
- Zukunftschau für Anfänger (60 S.)
- Schamanismus für Anfänger (52 S.)
- Schwitzhütten für Anfänger (52 S.)
- Magische Gegenstände für Anfänger (68 S.)
- Übertragungen für Anfänger (68 S.)
- Zaubertränke für Anfänger (64 S.)
- Magie-Gesten für Anfänger (252 S.)
- Da'ath-Magie für Anfänger (64 S.)
- Magie-Heilungen für Anfänger (68 S.)
- Kornkreise für Anfänger (348 S.)
- Feng Shui für Anfänger (96 S.)
- Tao für Anfänger (112 S.)
- Magie für Anfänger – Sammelband   I (696 S.)
- Magie für Anfänger – Sammelband   II (664 S.)
- Magie für Anfänger – Sammelband III (580 S.)
- Magie für Anfänger – Sammelband IV (700 S.)
- Magie für Anfänger – Sammelband   V (676 S.)
- Magie für Anfänger – Sammelband VI (640 S.)
- Tierkreis-Götter für Anfänger (116 S.)

Magie
- Handbuch für Zauberlehrlinge (408 S.)
- Wie man das Pentagramm-Ritual zum Leben erweckt (308 S.)
- Tarot (104 S.)
- Physik und Magie (184 S.)
- Die Synthese von Physik und Magie (200S.)
- Die Magie-Formel (156 S.)
- Schwarze Löcher in der Magie (56 S.)
- Krafttiere – Tiergöttinnen – Tiertänze (112 S.)
- Schwitzhütten (524 S.)
- Mythen und Magie der Harfe (116 S.)
- Drei Adeptus Major Rituale (192 S.)
- Drei Adeptus Exemptus Rituale (120 S.)
- Zwei Infans Abyssi Rituale (128 S.)

Traumreisen
- Traumreisen zu Heilpflanzen (700 S.)
- Traumreisen zum kabbalistischen Lebensbaum (132 S.)

Meditation
- Der Lebenskraftkörper (230 S.)
- Die Chakren (100 S.)
- Das Chakren-System mit den Nebenchakren (296 S.)
- Organe und Chakren (64 S.)
- Die platonischen Körper in den Chakren (156 S.)
- Meditation (140 S.)
- Drachenfeuer (124 S.)
- Kundalini I (676 S.)
- Kundalini II (672 S.)
- Reinkarnation (156 S.)
- einsgerichtet (140 S.)

Astrologie
- Astrologie (496 S.)
- Photo-Astrologie (428 S.)
- Die astrologischen Aspekte (88 S.)
- Horoskop und Seele (120 S.)

Kabbala
- Kursus der praktischen Kabbala (150 S.)
- Eltern der Erde (450 S.)
- Blüten des Lebensbaumes:
    1. Die Struktur des kabbalistischen Lebensbaumes (370 S.)
    2. Der kabbalistische Lebensbaum als Forschungshilfsmittel (580 S.)
    3. Der kabbalistische Lebensbaum als spirituelle Landkarte (520 S.)
- Logik und Wirkung der Analogie (700 S.)

Eilenstein, Frater V.D., Knecht, Büdenbender
- Magie heute – Berichte aus der Praxis (288 S.)

Harry Eilenstein, David Eilenstein
- Ninja und Magie (112 S.)

Büdenbender, Eilenstein
- Chaos, Alk und Magic (436 S.)

<u>**Religion allgemein**</u>
- Die sieben Schritte des Lebens (428 S.)
- Muttergöttin und Schamanen (168 S.)
- Totempfähle (440 S.)
- Der Urriese (168 S.)
<u>**Jungsteinzeit**</u>
- Göbekli Tepe (472 S.)
- Die Göttin von Göbekli Tepe (144 S.)
- Die Rituale von Göbekli Tepe (112 S.)
<u>**Ägypten**</u>
- Hathor und Re 1: Götter und Mythen im
  im Alten Ägypten (432 S.)
- Hathor und Re 2: Die altägyptische Religion
  – Ursprünge, Kult und Magie (396 S.)
- Isis (508 S.)
- Ma'at (200 S.)
- Sobek (296 S.)
<u>**Indogermanen**</u>
- Die Entwicklung der indogermanischen
  Religionen (700 S.)
- Wurzeln und Zweige der indogermanischen
  Religion (224 S.)
<u>**Christentum**</u>
- Christus (60 S.)
- Die Biographie des Teufels (144 S.)
- Die Magie der Propheten Elias und Elisa (96 S.)
<u>**Psychologie**</u>
- Über die Freude (100 S.)
- Das Geheimnis des inneren Friedens (252 S.)
- Das Beziehungsmandala (52 S.)
- Gefühle und ihre Verwandlungen (404 S.)
- einsgerichtet (140 S.)
- Liebe und Eigenständigkeit (216 S.)
- Von innerer Fülle zu äußerem Gedeihen (52 S.)
- Kreative Hochzeits-Rituale (56 S.)
<u>**Heilung**</u>
- Die Symbolik der Krankheiten (76 S.)
<u>**Kunst**</u>
- Herz des Tanzes – Tanz des Herzens (160 S.)
- Die Wurzeln der Kunst (60 S.)
- Wege zur Musik-Improvisation (32 S.)
<u>**Drama**</u>
- König Athelstan (104 S.)
<u>**Roman**</u>
- Maran der Schamane (548 S.)
- Maran der Zauberlehrling (676 S.)
- Maran der Harfner (700 S.)
- Maran der Krieger (700 S.)
- Maran der Magier (900 S.)
- Maran der Weise (900 S.)
- Maran der Wanderer (872 S.)

<u>**Entwürfe für die Zukunft**</u>
1. Die 12 Stile des Tierkreises (164 S.)
2. Die 12 Gedanken zur Energie (108 S.)
3. Die 12 Phänomene der Schwingungen (60 S.)
4. Die 12 Qualitäten des Wassers (92 S.)
5. Die 12 Fundamente des Wohnens (96 S.)
- Sammelband 1 „Natur" [Band 1-5] (492 S.)
6. Die 12 Grundprinzipien einer umfassenden
   Gesundheit (32 S.)
7. Die 12 Zonen des menschlichen Körpers (80 S.)
8. Die 12 Zutaten der Ernährung (60 S.)
9. Die 12 Flüge der Bienen (148 S.)
10. Die 12 Sichtweisen auf Drogen und Genußmittel (96 S.)
11. Die 12 Möglichkeiten der ganzheitlichen Medizin (92 S.)
12. Die 12 Ansichten über das Impfen (36 S.)
- Sammelband 2 „Gesundheit" [Band 6-12] (504 S.)
13. Die 12 Leitlinien der Erziehung (44 S.)
14. Die 12 Richtungen des Denkens (84 S.)
15. Die 12 Arten des Lernens (56 S.)
16. Die 12 Seiten einer umfassenden Bildung (36 S.)
17. Die 12 Ansätze zu effektivem Handeln (76 S.)
18. Die 12 Konzepte der Arbeit (48 S.)
19. Die 12 Arten der neuen Technologien (36 S.)
20. Die 12 Betrachtungsweisen der künstlichen
    Intelligenz (48 S.)
21. Die 12 Eigenheiten des Geldes (40 S.)
22. Die 12 Funktionen der Steuern (56 S.)
23. Die 12 Betrachtungsweisen der Sozialberufe (60 S.)
- Sammelband 3 „Bildung" [Band 13-23] (520 S.)
24. Die 12 Strategien der Macht (64 S.)
25. Die 12 Anforderungen an ein neues Wertesystem (48 S.)
26. Die 12 Bausteine einer neuen Gesellschaftsform (52 S.)
27. Die 12 Tore zur Sophikratie (80 S.)
28. Die 12 Pfade zum Frieden (48 S.)
29. Die 12 Säulen des Naturrechts (60 S.)
30. Die 12 Grundlagen der Beziehungen (52 S.)
- Sammelband 4 „Gesellschaft" [Band 24-30] (416 S.)
31. Die 12 Spielfelder des Fußballs (108 S.)
32. Die 12 Wege der Kunst (60 S.)
33. Die 12 Wurzeln eines erfüllten Lebens (44 S.)
34. Die 12 Bereiche des Bewußtseins (56 S.)
35. Die 12 Tempel der Religionen (84 S.)
36. Die 12 Aspekte eines einheitlichen
    spirituell-physikalischen Weltbildes (72 S.)
37. Die 12 Dynamiken der Verwandlung (44 S.)
- Sammelband 5 „Psyche" [Band 31-37] (380 S.)

291

die „Anfänger"-Reihe
- The Synthesis of Physics and Magic (192 p.)
- Telepathy for Beginners (60 p.)
- Telepathy for Advanced Learners (52 p.)
- Telekinesis for Beginners (56 p.)
- Life Force for Beginners (76 p.)
- Kundalini for Beginners (104 p.)
- Astral Projection for Beginners (60 p.)
- Meditation for Beginners (60 p.)
- Prophecy for Beginners (60 p.)
- Ritual Magic for Beginners (64 p.)
- Magic Chant for Beginners (108 p.)
- Invocations for Beginners (52 p.)
- Evocations for Beginners (62 p.)
- Auto-Movement for Beginners (60 p.)
- Elves for Beginners (56 p.)
- Hypnosis for Beginners (56 p.)
- Love Magic for Beginners (52 p.)
- Money Magic for Beginners (60 p.)
- Magic Objects for Beginners (64 p.)
- Shamanism for Beginners (52 p.)
- Chakra-Magic for Beginners (148 p.)
- Language of the Moon – for Beginners (128 p.)
- Self Knowledge for Beginners (60 p.)
- Da'ath-Magic for Beginners (64 p.)
- Astrology for Beginners (112 p.)
- Number Symbolism for Beginners (64 p.)
- Mandalas for Beginners (76 p.)
- Crop Circles for Beginners (344 p.)
- Feng Shui for Beginners (96 p.)
- Magic Research for Beginners (140 p.)
- Magic for Beginners – Anthology I (636 p.)
- Magic for Beginners – Anthology II (616 p.)
- Magic for Beginners – Anthology III (684 p.)
- Magic for Beginners – Anthology IV (580 p.)

Eilenstein, Frater V.D., Knecht, Büdenbender
- Living Magic (261 S.) (= „Magie heute")

sonstige englische Ausgaben
- The Biography of the Devil (140 S.)
- The Synthesis of Physics and Magic (192 S.)
- The Chakra-System with the Minor Chakras (304 S.)